중국과 아랍, 세계경제 질서를 재편하는가?

실크로드의 부활

THE NEW SILK ROAD

중국과 아랍, 세계경제 질서를 재편하는가?

실크로드의 부활

초판 1쇄 펴낸날 | 2010년 10월 25일

지은이 | 벤 심펜도르퍼
옮긴이 | 홍순남
펴낸이 | 조남철
펴낸곳 | (사)한국방송통신대학교출판부
　　　　110-500 서울시 종로구 이화동 57번지
　　　　전화　　　02-742-0954
　　　　팩스　　　02-742-0956
　　　　출판등록　1982년 6월 7일 제1-491호
　　　　홈페이지　press.knou.ac.kr

출판위원장 | 김무홍
편집 | 신경진 · 김신혜
디자인 | *design* **Bbook**
인쇄 | 신흥P&P

ISBN 978-89-20-00396-7 03320
값 13,000원

※ 잘못 만들어진 책은 바꾸어 드립니다.

실크로드의 부활

벤 심펜도르퍼 지음 | 홍순남 옮김

THE NEW SILK ROAD

이 책은 현대를 사는 사람이라면 누구나 읽어야 할 이야기다. 뉴 밀레니엄 시대는 9·11테러가 세계 질서에 끼친 새로운 지각변동과 함께 시작되었다. 서구가, 이슬람 문화라는 이유를 들어 아랍 세계를 테러리즘의 온상이라고 경계하는 한 중동은 중국과 가까워질 수밖에 없으며 아랍인들은 중국을 친구로 삼을 수밖에 없다. 이는 실크로드의 이슬람 무역회랑Islamic Corridor을 재현하는 역사의 순환이다. 서구가 깨닫지 못하는 사이에 중국은 개미군단이라 불리는 개인 무역상들의 활발한 활동에 힘입어 거대한 코끼리로 변했다. 이제 중국은 정치, 경제, 문화, 역사 전반에 걸친 대국이다. 중국의 저가 상품은 세계를 지배하고 중국은 가장 큰 세계시장으로 변모하고 있다. 돈이 있는 중국은 누구나 탐을 내는 시장이 된 것이다.

에너지 자원국인 아랍 세계는 자기들을 증오하고 경계하는 서구 대신 친절하게 예우하는 중국을 친구로 선택했다. 이는 냉전체제에서 갓 독립했던 이집트의 나세르 대통령이, 자본도 기술도 주지 않는 서구 대신 소련을 친구로 선택했던 역사를 다시 보는 것 같다. 오랜 역사를 자존심으로 내세우는 중국과 아랍 세계는 역사의 유산을 응집력으로 하여 더욱 가까워지고 있다. 중국에는 이슬람교를 믿고 아랍어를 사용하는 무슬림이 2000만 명 있다. 그중 1800만 명이 후이족(回族)과 위구르(維吾爾)족이다. 분리를 주장하며 독립운동을 벌이는 신장(新疆)성의 위구르족은 중국과 불편한 관계라 경계대상이지만, 한족(漢族)으로 동화하면서도 고유의 이슬람 문화를 지킨 후이족은 아랍어와 이슬람 문화유산으로 아랍인들을 중국에 끌어들이는 중요한 역사유산이다. 저들이 원하는 가격의 상품을 구하려고 중국의 이우(義烏) 시를 방문한 아랍인들은 언어에 따른 불편을 전혀 겪지 않는다. 특히 이우는 지리적으로 실크로드의 종착역인 시리아의 다마스쿠스와 연결되는 이슬람 회랑의 중요한 목적지이기도 하다. 중간 지점에 있는, 걸프 산유국인 두바이(아랍어로 '작은 메뚜기' 라는 뜻)의 부상은 걸프 지역 인구 300만 명의 삶을 바꾸어 놓고 있다. 두바이는 모든 것을 세계 최고의 것으로 장식하면서 실크로드의 중간거점이 돼 중개무역지로 자리 잡았다. 다마스쿠스와 두바이의 차이나 시티는 중국의 부상을 설명하는 중요한 사례다.

이 책의 저자 벤 심펜도르퍼는 중국의 표준어인 보통화(潛通話, 만다린어)와 아랍어 격식체를 재미있는 시각으로 풀어 문화적인 유연성을 설명한다. 그는, 중국이 보통화를 사용하여 국내의 언어생활을 통일한 언어정책이 중국에서 사회주의 성공에 크게 이바지한 반면 아랍 세계가 코란 언어인 격식체 아랍어를 강조한 것은 대외적인 통일을 위한 이슬람 정책이었다고 평가한다. 이 책을 쓰기 위해 수년에 걸쳐 현장을 방문하고 사람들을 만나 인터뷰한 벤 심펜도르퍼는 현장감이 넘치는 생생한 이야기로 '실크로드' 라는 커다란 무역로를 하나하나 증명해 보인다. 벤

이라는 이름으로 보아 그에게는 아랍인의 피가 흐를지도 모른다. 중국어와 아랍어를 유창하게 하는 미국인이, 더럽고 지저분한 장소를 직접 찾아다니며 그곳 사람들과 함께 먹고 자고 이야기한 노력은 학자로서 존경하고 본받을 좋은 학습태도다.

특히 벤 심펜도르퍼의 이야기는 세세한 설명으로 독자가 현장에 같이 있는 듯한 느낌을 준다. 저자는 인터뷰와 방문을 통해 이야기의 작은 실마리들을 확인하고 재구성하다가 의문이 생기면 답을 찾아 중국이든 아랍이든 현장을 다시 찾아가는, 마치 명탐정 셜록 홈즈의 모습까지 보여 준다. 이라크에서 미군이 철수하는 것을 아랍 정치인들과 경제인들이 더 반대하더라는 이야기나 그것을 밝힌 증거는 정말 놀랍고 흥미롭다. 미군이 이라크에서 철수하면 즉각 달러 가치가 하락하며 이는 새로운 경제위기가 될 위험이 있다는 이야기다. 모든 이야기가 흥미롭고 재미있어 꼭 추리소설 같다. 중국의 에너지 전쟁을 중국의 입장에서 설명하며, 에너지 확보를 위해 서구보다 더 노력하고 있다는 전략적 분석에선 정말 감탄이 절로 나온다.

이슬람의 금기인 젊은 여성 노동력에 대한 분석도 무척 재미있다. 이 문제만 해결되면 아랍도 중국처럼 경제적으로 발전할 수 있다는 가설이다. 전통 의상인 히잡을 착용하는 한 이슬람 여성들은 사회와 격리돼 있다고 서구는 생각한다. 아프가니스탄 전쟁은, 히잡을 강제로 착용케 하여 여성을 가혹하게 차별하고 착취하는 오마르 탈레반 정권에 대한 서구의 응징이었다. 남성 중심인 이슬람 사회에서는 여성의 사회활동에 대한 제약이 크다. 이에 비해 중국은 노임이 싼 젊은 여성 노동력에 힘입어 경제적으로 부상할 수 있었다고 저자는 설명한다. 이는 중국의 새로운 문화혁명 같은 경제 환경의 변화다. 이슬람 여성이 사회로 나와 생산활동에 기여하기를 바란다면, 아랍 세계에 가장 적합한 경제성장 모델은 중국이 될 것이라고 저자는 말한다. 중국 여성들도 19세기 전까지는 세 치(약 10cm)도 안 되는 전족을 했으며 이슬람 여성들처럼 시장에서 물건을 사고팔 때도 가족과 동행해야 했다. 오늘날의 중국 여성들은 사우디아라비아의 리야드에서도 히잡을 착용한 채로 인터넷을 이용해 중국 상품을 팔고 있다. 이런 중국 여성 무역상인들보다는 이우의 기숙사형 공장에서 일하는 젊은 여성 노동력에 대한 설명이 피부에 더 와 닿는다.

미국 CNN 방송이 알자지라 방송에 밀려 힘을 잃은 이야기와, 알자지라 방송을 통해 중국 문화를 아랍의 가정에 전파한 중국의 미디어 정책에 관한 설명—〈중국의 창〉이라는 프로그램을 만들어 알자지라 방송을 통해 아랍의 가정을 파고든 중국의 정책과 아랍어로 인터뷰를 하는 중국 관료들의 이야기로 언어의 중요성을 보여줌—은 현재 우리가 보아 알고 있는 이야기여서 읽을수록 재미있다.

석유나 미디어, 여성문제, 언어, 종교 등에 대한 이야기들은 아랍 세계를 잘 알 수 있게 하는 것이다. 또한 외부 세계에 접근하는 중국의 경제정책 등도 중국을 생생하게 이해할 수 있는 이야기들이다. 직접적으로 미국에 관한 것은 없지만 실제로는 모두 미국과 관계되어 있어 은연중 미국의 정치도 공부할 수 있다. 이 책은 대통령, 총리, 국회의원들은 물론 모든 경제인, 직장인, 학생들 심지어 주부들도 읽어야 할 이야기다. 오늘날의 평평한 세계를 더 잘 알아야 하기 때문이다. 이 책을 접하게 해준 한국방송통신대학교 출판부에 감사한다.

옮긴이 홍 순 남

왜 아랍은 서구를 등지고 중국과 손잡는가

3대륙의 교차로에 위치한 아랍 세계는 한때 무역 중심지였다. 아랍 상인들은 엄청난 거리의 육로와 해상을 이용해 아시아, 아프리카, 유럽으로부터 상품을 실어 날랐다. 하지만 전 세계 힘의 중심은 결과적으로 유럽으로 옮겨 갔으며 아랍 세계의 운은 끝이 났다. 아시아와 유럽을 연결하는 실크로드를 여행하던 아랍의 카라반은 거의 사라져 버렸다. 이는 주목할 만한 상업 시대의 종말을 의미하는 것이다. 그러나 힘의 중심축이 다시 한번 옮겨졌다. 지금 아랍 세계는 부흥하고 있다. 두바이의 스카이라인은 번쩍이는 고층빌딩으로 가득 채워지고 시리아의 비즈니스 거리는 외국 은행을 위한 자리로 변했으며 카이로의 5성 호텔은 휴가를 즐기는 아랍인들로 붐빈다. 걸프 국가들은 과거에 조상들이 그랬듯이 전 세계에서 사람과 상품들을 실어 나르기 위해 어마어마한 규모로 항공 수송 수단을 건설하고 있다.

아랍 세계의 부흥이 동시에 중국의 부흥을 가져온다고 강하게 주장하지만 꼭 그렇지만은 않다. 한때 실크로드로 연결된 무역 파트너였던 중국의 경제부흥은 오늘날엔 아랍 세계를 위한 촉매가 되고 있다. 중국의 석유 수요는 아랍 경제를 위한 연료가 되고 중국 공장들은 두바이와 리야드의 냉난방이 잘 되는 쇼핑몰에 꽉 차 있는 소비재를 휘젓는다. 2001년 9월 이후 일어난 일련의 사건들은 역사가 긴 두 대륙을 강력하게 하나로 연결시키고 있다. 아랍 세계와 서구의 관계는 점점 긴장되고 있으며 그 전략적인 동반자의 하나로 부흥하는 중국이 자리 잡았다. 중국의 부흥은 아랍 세계와 유럽의 관계를 차단하는 길이 되고 있다. 실크로드의 부활은 세계적인 힘의 중심이 언제나 유럽에 있는 것은 아니라는 사실을 적당한 시기에 각인시켜 준 것이다. 중국의 부흥은 두 자릿수의 성장과 소비재 수요의 증가로 언론의 헤드라인을 장식했지만 아랍 세계의 부상은 잘 알려지지 않았다. 그러나 아랍 경제권은 지난 수십 년 동안 가장 빠른 속도로 팽창해 왔다. 특히 아랍 산유국의 성장률은 4마리의 용이라는 아시아 경제권의 성장률과 같다. 최근 이 지역 정부들이 사회기반시설 건설을 위하여 많은 오일 달러를 사용하는 것을 보면 석유는 아직도 경제성장에 중요한 동력이다. 하지만 이제는 아랍 세계의 성장동력이 석유만은 아니다. 아랍 정부들이 무역장벽을 허물고 금융시장을 개방하는 등 비석유 분야의 확장을 장려해 두바이, 오만, 카타르는 금융과 관광의 허브로 자리 잡고 있으며 사우디아라비아조차 점진적으로 외국인 투자자들에게 문호를 개방하고 있다.

아직 아랍 세계의 변화가 눈에 보일 정도는 아니다. 이는 실크로드의 활력소가 정부나 기업이 아닌 개인이기 때문이다. 이들의 행동은 마치 개별적인 한 가닥의 실과 같다. 중국의 해안도시 이우(義鳥)에서 혼자 무역업에 종사하는 아랍 상인에 관한 이야기는 쉽게 간과된다. 그러나 이 한 가닥의 실은 다른 수천 개의 실과 함께 짜여 거대한 무역회랑(실크로드)을 이룬다. 실크로드는 카이로, 다마스쿠스, 리야드 같은 아랍 도시뿐만 아니라 중국의 정치적 수도인 베이징(北京)과 중국 전역에 흩어진 상업 소도시에서 무역의 작은 실낱들을 찾고 있다. 이 책의 각 장은 실크로드 경제 부흥에 대한 서로 다른 전망을 보여 준다. 이 책의 이야기들은 얼핏 보기에는 서로 관계가 없는 것 같지만 실질적으로는 세계의 한 부분으로 서구가 지배하던 세기가 끝난 후에 동양이 부상하고 있음을 나타내는 거대한 세계 균형의 단면이다.

이 여행의 시작은 2001년, 더 구체적으로는 9·11 이후다. 중국은 그해에 세계무역기구wTO에 가입했다. 2001년 이후에 발생한 사건들은 아랍 세계의 부상에 박차를 가했다. 나는 내가 특별한 위치에 있다는 것을 깨달았다. 1990년대 초 나는 암만, 베이루트, 다마스쿠스에서 산 적이 있다. 그 후 중국경제 전문가로 대형 외국 투자은행 두 곳을 위해 홍콩에서 거의 10여 년간 활동했기에 서로 관계가 없는 개별적인 사건들이 충돌해서 어떻게 아랍 세계와 중국을 밀접한 관계로 만들어 갔는지 조사해 볼 수 있었다. 그리고 경제 위기로 미국과 유럽의 경제 모델이 약화되었다고 보았다. 또 여전히 그 사건들은 개별적인 사건으로만 조사되고 아랍 세계의 발전이 중국의 부상과는 관계가 없는 다른 이야기로 다루어지는 것에 주목했다. 나는 바로 그 작은 사건들을 연결시키기 위해 이 책을 쓰기로 했다.

이 책은 두 부분으로 나뉘어 있다. 전반부는 새롭게 떠오르는 실크로드의 경제적인 실낱들을 조사하고 있다. 경제전문가로서 나는 통계에 의존해야 하는데 통계는 이야기 전체를 설명하지 못한다. 그리고 아랍 상인들이 중국의 도시를 외면하고 아랍 상업도시로 가는 이유를 구체적으로 설명하지 못하고, 아랍 상인들을 끌어들이기 위해 모스크를 짓는 중국 관리들에 대해 설명하지 못하며, 또 두바이에서 다마스쿠스까지 널리 퍼져서 활동하다가 여성 영웅이 돼 금의환향하는 중국 여성 무역업자들에 관해서도 설명하지 못한다. 사실 오늘날 재편되고 있는 세계 무역을 설명하는 데는 이런 이야기들이 훨씬 더 유익하다. 제1장은 세계 언론이 무시하기 일쑤인 개인적인 이야기들을 모았다. 이러한 이야기들은 유가 급변동, 실업률 증가, 이라크에서의 투쟁과 달리 신문의 헤드라인을 차지하지 못한다.

제2장은 유가상승을 조사했다. 중국의 부상은 유가를 배럴당 거의 150달러까지 끌어올렸다. 아랍 무역상들은 이우와 같은 중국 무역도시에서 큰 이익을 얻고 있다. 아직도 베이징의 정책 결정자들은 석유가 부족해 많은 공장이 문을 닫아 실업자가 수백만 명이나 발생하는 것을 우려하고 있다. 석유는 아랍 세계와 중국의 관계에 가장 중요하며 불가분의 관계를 만드는 요소다. 2006년 5월 중국 주석 후진타오(胡錦濤)가 리야드를 방문했다. 사우디아라비아의 국왕 압둘라가 베이징을 방문한 지 4개월 만이다. 아랍 세계에서 차지하는 중국의 위상을 서구는 어떻게 보고 있을까? 아랍 세계와 중국의 관계는 보이는 것보다 훨씬 복잡할 것이다.

아랍 산유국들은 석유 가격 급등으로 얻은 엄청난 부를 계속 축적했다. 오늘날 운용자산이 1조 4000억 달러가 넘어 세계에서 가장 규모가 큰 아랍 국부펀드는 금융시장의 거인이며 외국 투자은행들은 아랍 펀드를 조금이라도 얻기 위해서 파워포인트 홍보 자료를 가지고 아부다비와 리야드로 몰려간다. 제3장은 아랍 국부펀드의 성장과정을 추적했다. 예를 들면 중국에 있는 아랍인들의 상업 거점 도시에서 아랍 국부펀드가 성장한 것은 실크로드의 또 다른 중요한 부분이다. 1930년대의 석유 발견처럼 아랍의 자본으로 아랍 세계의 모습이 바뀔 것이라고 나는 확신한다. 아랍 국부펀드의 출현은 세계 금융시장에 중요한 함축적 의미를 가진 변화다. 특히 서구의 신용위기와 은행파산 등의 소용돌이 속에서는 더욱 그렇다. 그러나 아랍 세계가 중국을 중요하게 여기는 것은 석유나 부의 창출보다 더 큰 의미를 갖는데 이는 아랍이 중국에 자극을 받는다는 점이다. 아랍의 대통령이나 총리 등 정치지도자들은 1990년대 초부터 정기적으로 중국을 방문했다. 아랍 정치지도자들은 5000억 달러가 채 안되던 중국 경제가 오늘날 3조 3000억 달러 규모로 성장하는 것을 지켜보았다. 이들은 또한 상하이의 스카이라인이 점점 더 높아지는 것과 베이징에 사업본부를 개설하려는 유럽의 다국적기업들을 지켜보았다. 제4장은 중국의 경제성장을 시리아와 이집트 같은 아랍 국가들의 급속한 경제성장과 사회 안정을 동시에 이룰 수 있게 하는 비전을 제시하는 방법으로 검증하였다. 중국의 경제성장은, 청년 노동인구 증가로 인해 일자리를 창출해야만 하는 아랍 지도자들이 중국을 모델로 삼을 수밖에 없게 만들었다. 심지어 내전으로 만신창이가 된 이라크조차도 중국을 좇고 있다.

아랍 세계의 경제 부상은 장담할 수 없다. 중국의 성장은 젊은 여성에게 크게 의존하고 있다. 중국의 젊은 여성들은 동부 해안 지역의 기숙사형 공장에서 일하려고 여러 지역에서 왔다. 아랍 세계가 중국의 도시 선전(深圳) 시의 네온 불빛과 여성 근로자 군단을 그대로 복제할 수는 없다. 더구나 유연하지 못한 노동시장 때문에 아랍 청년 근로자들의 실업률도 높은 형편이다. 아랍 정부는 일자리를 창출해야 하고, 지역 경제의 성장뿐만 아니라 사회 안정까지도 책임지고 보장해야 한다. 중국이 아랍 정부의 이런 노력을 도와주는지 방해하는지는 분명하지 않다. 지금까지 중국의 수출공장들은 아랍에 있는 유사업종 공장들 대신 아랍 세계에 생산량 대부분을 수출하고 있었다. 2008년까지도 중국의 수출공장들이 물품을 제대로 만들지 못했지만 이는 초기의 상황이었을 뿐이다. 제5장은 오늘날 아랍 세계 여성과 청년의 역할을 토의했다.

아랍 세계의 부상과 아랍·중국 관계는 경제에만 국한된 것이 아니다. 이 책의 후반부는 실크로드의 문화적 요소들을 검토한다.

아랍 미디어의 부상도 아주 중요하다. 알자지라 방송과 아랍 뉴스 방송사들은 단지 변화의 첫 신호일 뿐이다. 오늘날 중국 관료들은 알자지라 방송에 출연하여 직접 아랍어를 사용하면서 평범한 아랍 가정에 다가가고 있다. 그들은 아랍의 방송사를 적이 아닌 유익한 친구로 보고 있다. 오늘날 아랍 세계에서 중국어를 사용하는 미디어는 아랍의 경제 변화에 대한 중요한 자료다. 실크로드 경제권은 세상을 보는 CNN이나 유럽의 시각에 대한 도전이다. 제6장에서는 알자지라 방송의 효과와 새로운 미디어의 출현을 조사했다. 알자지라 방송은 아랍 세계의 선봉장이다. 중국은 알자지라 방송의 성공을 알기 때문에 이 방송을 통해 자신들의 메시지를 세계에 알리려고 한다.

언어는 실크로드를 형성하는 또 다른 문화 요소다. 중국에서는 하루에 30달러도 안 되는 돈으로 아랍어를 구사하는 중국인 통역사를 구할 수 있는데 미국에서 안보기관들은 아랍어를 구사하는 믿을 만한 미국인 통역사를 구하려고 애쓰고 있다. 중국의 수십억 인구에 묻혀 있는 무슬림은 쉬 눈에 띄지 않는다. 하지만 아랍 상인에게 통역사로 고용된 다부진 체격의 '마중' 처럼 그들은 스스로 중국과 아랍을 맺어 주는 중요한 요소가 된다. 중국 정부도 아랍 자본과의 관계에 언어가 중요함을 인식하고 있다. 중국은 지난 수십 년 동안 아랍어에 능통한 관료를 양성했다. 당시만 해도 서구에서는 이슬람 국가에 투자하는 것을 이상하게 생각했다. 영어가 세계의 언어지만 제7장에서는 오늘날처럼 변화하는 세계에서는 영어만으로는 충분치 못하다는 것을 설명한다.

이 책의 이야기에는 미국이 없다. 이 책에서 설명하는 사건들이 일어나고 있는 세계의 반대편에 있는 미국은 지리적으로 불리하지만, 점점 더 좁혀지는 세계는 거리가 주는 제약을 극복할 수도 있게 한다. 그러나 새로 재편되는 세계에서 미국 정부나 기업들이 기득권을 유지하기는 어려워 보인다. 2001년 이후 세계 GDP에서 미국이 차지하는 비율은 감소했다. 전 세계 무역량에서 미국과 서구 간의 무역량이 차지하는 비율도 줄어들고 있다. 이것은 일시적인 통계가 아니라 세계경제의 장기적인 변화다. 이것은 역사적인 경제 세력과 무역로가 부활함을 뜻한다. 현재로서는 그들의 부상은 필연적이다. 이제 미국은 새로운 '과거 세계'에서 자신의 자리를 찾아야만 한다. 그런데 미국이나 다른 유럽 국가들이 이와 같은 변화에 대한 준비를 마쳤는지는 알 수 없는 일이다.

무엇보다 나는 변화의 속도에 충격을 받았다. 10년도 채 안되는 기간에 중국은 투자자들의 관심 지역이 되었다. 우리는 사무실에 앉아서 관심 없는 투자공동체를 대상으로 임시 보고서만 작성하고 있었던 것이다. 오늘날 중국은 세계의 경제계를 거대한 코끼리처럼 활보한다. 마찬가지로, 부흥하는 아랍 세계에 대한 설명에 사람들이 얼떨떨한 표정을 지었던 것을 기억한다. 이제 투자자들은 두바이에 있는 외국 은행가들의 숫자를 보고 아랍 세계의 부상을 진지하게 생각하게 됐다. 분명한 것은 아랍 세계가 수세기 동안의 쇠퇴기에서 벗어나기 시작했다는 것이다. 이는 중요한 변화다. 실제로 중국의 부상은 더욱 실질적이고 강력한 변화를 만들고 있다. 우리는 문화적·경제적으로 역사적인 우월

성을 주장하는 두 세력을 관찰했으며, 이 책이 이런 변화에 길잡이가
됐으면 한다.

Chapter 1

THE NEW

아랍 세계, 실크로드를 타고
중국을 재발견하다

SILK ROAD

아랍 세계, 실크로드를 타고 중국을 재발견하다

외국 무역상인의 메카, 중국의 이우(義烏) 시

이우는 중국에서는 작은 도시다. 인구 100만이 채 안되며 북쪽으로 부유한 이웃 도시인 상하이(上海)와 원저우(溫州)의 그늘에 가려 있었다. 그러나 이우는 특별한 도시다. 이우는 세계에서 가장 큰 소비상품 도매시장이며 외국 무역상인의 메카라고 자부한다. 나는 시리아의 한 무역상에게서 이우에 대해 들었다. 그 도시에 아랍 상인이 많으냐고 묻자 그는 껄껄 웃으면서 "아랍 상인이 많은 것이 아니라 아랍 상인 모두가 이우에 있답니다"라고 대답했다. 믿을 수 없어서 직접 가서 알아보기로 했다. 이우에 도착했을 때는 살을 에는 듯한 바람이 부는 한겨울이었다. 작은 공항을 황급히 빠져나와 따뜻한 택시를 잡아탔다. 우리는 새로 만든 고속도로를 타고 외곽 지역으로 갔다. 그곳은 마치 미국의 거대한 쇼핑몰 같았다. 안을 들여다보니 중동 시장처럼 세계의 모든 상점, 시장, 노점상 들이 소란스럽게 뒤얽혀 다투고 있었다.

그곳에는 개인 점포가 1만 8000개나 있다. 대개 주인이 혼자 운영하는 점포는 1㎡도 안 되게 좁다. 상점에는 물건 샘플이 가득하며 도매만 취급한다. 안내책자에 따르면 이곳에는 샘플이 32만 개 있다. 그리고 이 도시에 널려 있는 창고에는 제품이 수천 개나 쌓여 있다. 당신은 이우 어딘가의 창고를 떠난 상품을 가득 실은 배가 전 세계로 가는 것을 볼 수 있을 것이다. 헬륨이나 수소가스가 주입된 장난감을 전시한 상점이 수백 개, 플라스틱으로 만든 조화를 전시한 상점이 수백 개, 주방식기를 전시한 상점이 수백 개다. 이런 시장을 빠른 걸음으로 지나간다고 생각해 보라! 이우의 전시장들은 세계 도처에서 상인들이 들어오는 소비주의와 세계화라는 쌍둥이 신을 모신 거대한 사원이다.

이우에 대해 중국인들도 감동하기는 마찬가지다. 이우를 방문했던 보시라이(薄熙來) 중국 무역장관은 이우 시 지방정부에 장난감이나 주방식기 같은 소형 소비상품에 대한 무역 색인을 만들라고 지시했다. 이 도시가 중국의 전체 소형 소비상품 부문에서 중요한 위치를 차지하기 때문에 국가경제에 반영할 수 있는 정확한 인덱스(물품도감)가 필요함을 깨달았던 것이다. 이우 시 정부는 무역장관의 제의를 민감하게 받아들였다. 무엇보다 보 장관은 공산당 원로 지도자이며 마오쩌둥(毛澤東) 이후 전환기에 놓인 중국의 영향력 있는 정치지도자 8인 중 한 사람의 아들이다. 오늘날 이우의 전시장을 걷노라면 색인 조사에 포함된 상점들이 색인 목록 자체라는 것을 알 수 있다. 즉 상점 하나가 바로 색인지수다. 그리고 이 지수는 소형 소비상품에 대한 세계의 수요를 보여 주는 지표다.

유럽에서는 이우를 잘 모른다. 이 도시의 행운은 2000년 초에 시작됐다. 반면에 이곳에서 차를 달려 북쪽으로 세 시간 거리에 있는 원저우 시는 1990년대 초에 이미 수출 모델이 됐다. 그러나 이우는 다르다. 이 도시는 대형 유통업체인 월마트나 까르푸가 아니라 주로 개인 무역상들에게 물건을 판다. 그래서 유럽의 언론은 이우에 관심을 보이지 않는다. 이우는 선진국보다 저개발 국가에 잘 알려져 있다. 이우의 전시장을 걸을 때면 외국 무역상을 10여 명 만나는데 그중에는 카이로, 라오스, 부다페스트에서 온 사람이 꼭 있다. 이 도시는 진정한 국제도시다. 무역상들은 통역하는 사람을 대동하고 둘 혹은 세 사람이 함께 다닌다. 이들은 집으로 돌아가기 전에 2~3일간 이우를 그저 '방문'할 뿐이다. 이들은 모두 이우 열풍에 걸린 것이다.

이우는 무엇이 특별한가? 이 도시는 몇 달러짜리 저가 물건들을 판다. 파는 사람은 적은 양도 팔 수 있어서 좋고 저개발국의 무역상들은 자기 나라에 돌아가 노점에서 팔 물건을 살 수 있어서 좋다. 이들은 단일 품목의 물건을 수천 개가 아니라 수백 개씩 구입한다. 이우는 적재적소를 찾았고 타이밍도 좋았다. 개발도상국가들은 한창 경제 붐이다. 생필품 가격 파동으로 많은 경제 부문에 현금이 필요해졌고, 정부도 외국 수입상들에게 국내시장을 개방했다. 이와 같은 환경은 격동적인 조화다. 이우에 무역상들이 홍수처럼 몰려오는 것은 개방도상국가들에 소비의 붐이 끝났다는 것을 의미한다. 미국에 DVD를 파는 것을 잊어라, 유럽에 신발을 파는 것도 잊어라. 이우는 선물용품, 장난감, 하드웨어 등을 개발도상국에 파는 행운을 잡았다.

종교 '아이콘'을 파는 조그만 상점에 가니 루마니아 상인이 기독교 성인들의 사진을 고르고 있었다. 중국인 주인은 조심스럽게 그의 옆에서 있었다. 사진들은 14세기 이탈리아풍인데 검은색 신부복을 입고 찬란한 금빛 후광이 빛나는 기독교 성인을 그린 것이었다. 값싼 플라스틱으로 만들어 1달러도 되지 않는 이 그림들은 동유럽 가정의 벽에 걸릴 운명이었다. 어떤 것은 그림의 후광에 작은 전구를 넣어 마치 크리스마스 트리같이 번쩍인다. 물건에 매료된 루마니아 상인은 자세히 보기 위해 진열선반에서 샘플을 꺼내고 있었다. 반대편 선반에는 역시 값싼 플라스틱으로 만든 이슬람교 성물이 가득했다. 이것이 이우의 참모습이다. 이우는 세상에서 가장 큰 소비상품 시장이다. 이곳에서는 종교나 국적에 상관없이 누구든지 물건을 살 수 있다. 토머스 프리드먼은 그의 책 《세계는 평평하다》에서, 중국에서 만들어진 축제용 램프가 이집트에서 판매되는 과정을 통해 이를 설명했다. 이우에서 이집트 축제 램프를 가져오는 것을 예로 들어 보자. 한 이집트 무역상이 이우의 전시장에서 팔고 있는 중국산 축제용 램프가 이집트의 축제용 램프와 유사하다는 것을 알아챘다. 그 무역상은 중국인 상점 주인에게 이집트 시장에 맞게 모양을 바꾸는 조건으로 램프를 수천 개 주문한다. 상점 주인은 다른 이집트 무역상에게 팔 것까지 계산해서 주문량의 두 배를 만들어 낸다. 만약 성공한다면, 다른 중국 상점 주인들도 똑같은 램프를 만들어 팔 것이다. 순식간에 이집트 축제용 램프는 이 도시의 모든 전시장에서 팔려 나갈 것이다. 이런 일은 이집트 축제용 램프만이 아니라 여타 저개발국가의 다른 상품에도 벌어질 수 있는 일이다.

　이우의 성장은 중국으로 몰려드는 수많은 사람과 관련돼 있다. 2000년 한 해에 아프리카, 중동, 라틴아메리카에서 56만 6000명이 중국을 방문했다. 2007년 방문객 수는 거의 5배가 되는 274만 명이었다. 이 엄청난 증가는 이우와 남쪽의 광저우(廣州)에서 박람회가 열리는 매년 10

월이 정점이다. 박람회는 월마트나 까르푸 같은 판매망을 갖지 못한 영세한 무역상들에게 인기가 있다. 박람회장은 그들에게 도매상인들을 만나고 모든 상품을 조사할 수 있는 기회다. 이 두 도시를 방문하는 무역상은 수만 명으로 흡사 옛날 페르시아 시장의 무역상인들 같다.

이는 광저우에서 이우까지의 여행담이다. 내 기억에 중국 국내선 항공기에는 항상 중국인보다 외국인이 많았다. 이 점은 무척 중요하다. 한번은 번쩍이는 누런 금니를 하고, 검은 옷을 입은 나이 지긋한 루마니아 여성들이 단체로 앉은 좌석 옆에 앉게 됐다. 중국어도 영어도 할 줄 모르는 그들과 기내 잡지에 그림을 그리면서 이야기를 나누었다. 또 그 후에는 묵직한 황금 십자가를 목에 건 콥트인 신발 제조업자 옆에 앉아 여행했다. 그는 카이로 외곽에 구두공장을 가지고 있지만 그 공장은 비워둔 채 이우에서 신발을 수입하고 있었다. 그는 양손바닥을 위로 올리면서 "어쩌겠소?" 했다. "나는 살아야 하오. 내 공장에서 신발을 만드는 것보다 중국에서 수입하는 것이 더 싸니 말이오." 그는 1년에 네 번 이우를 방문해 새 신발을 주문한다. 나는 그런 이유로 이우를 찾는 사람들을 많이 만났다. 그들의 이야기는 대개 비슷했다.

아랍 무역상, 이우를 발견하다

2001년 9월 사건 이후 처음 이우를 발견한 사람은 아랍 무역상이었다. 이들은 비자 규제로 미국 여행이 점점 힘들어지자 이우를 찾게 되었다. 이름이 비슷하다는 이유로 리스트에 오른 테러 용의자로 몰려 구속된 아랍 무역상에 관한 일화는 많다. 2000년 미국을 여행한 아랍 사람은 25만 명이 넘었는데 2007년에는 그 수가

17만 명으로 급감했다. 미국 사람들은, 아랍 사람들이 애틀랜타나 시카고 방문을 꺼린다는 사실에 어쩌면 안도할지도 모른다. 그러나 세계는 변했다. 비자를 받지 못한 아랍 무역상들이 서방 여행을 포기하는 대신 중국의 이우를 찾게 된 것이다.

이는 유럽에는 불행한 일이다. 거의 10년 만에 아랍 무역상들의 주머니가 두둑해졌기 때문이다. 유가는 최고로 치솟았으며 아랍 경제는 호황을 맞았다. 2004년에서 2007년까지 선진 세계의 경제성장률이 2.9%인 것에 비해 아랍의 평균 경제성장률은 6.0%였다. 두바이의 건설 산업은 이 지역의 새로운 부를 잘 설명해 준다. 두바이는 야자수 모양의 인공섬Dubai Palm Island, 세계 최대 쇼핑몰, 세계 최고층건물 등을 건설하고 있다.

중요한 것은 아랍 국가들이 침체된 경제를 살리기 위해 1990년대부터 수입을 허용한 점이다. 세계무역기구WTO는 1990년에서 2005년 사이에 아랍에미리트, 사우디아라비아 등 7개 아랍 국가의 가입을 허용했다. 지난 10년간의 경기침체 이후 아랍 국가들은 돈을 가졌을 뿐만 아니라 아랍 무역상들이 외국상품을 수입하기가 전보다 훨씬 쉬워졌다. 그 결과 무수한 아랍 무역상이 해외로 눈을 돌렸다. 그러나 유럽행 비자를 얻기가 어려웠다. 그들은 이 문제를 대체할 곳을 찾아야 했다.

때마침 중국이 적절한 대안이 되었다. 2001년 12월 WTO에 가입한 후 중국은 소비재 수출이 연간 30%로 급증하고 북아시아 공장에서 중국 본토로 보내기 위해 생산하는 제품도 엄청나게 많아졌다. 그러나 베이징 당국의 진짜 수완은 2001년 9월 사건 이후 비공식적으로 비자 규제를 완화하면서 발휘된다. 뚜렷한 정책변화는 없지만 중국이 외국투자가들과 외국 달러를 끌어들이려고 애쓰는 것은 분명하다. 이집트인이 이집트 주재 중국대사관에서 비자를 받는 데는 하루면 되지만 미국 비자를 신청해서 받기까지는 평균 18일이 걸린다. 나와 이야기를 나눈 아랍 무역상 대부분이 중국 비자를 받는 데 24시간도 걸리지 않았다고 말했다. 중국은 비즈니스를 위해 개방한 것이다.

이우에서는 중국의 개방정책을 분명히 느낄 수 있다. 거리에서는 아랍 무역상을 쉽게 만난다. 이 도시를 방문한 나는 택시로 '붉은 영빈관'에 갔다. 이우에 처음 오는 아랍인이 제일 먼저 찾는 그곳은 아랍 공동체의 한 시설물이다. 붉은 영빈관은 나무가 별로 없는 안마당을 끼고 지은 산만하고 복잡한 종합건물이다. 그 건물은 이우에 있는 아랍인들을 위한 호텔, 사무실, 식당, 이슬람 모스크 등으로 구성돼 있다. 이 건물을 걷다가 마당에 앉아서 차를 마시며 잡지를 읽던 팔레스타인 사람 라시드를 만났다. 우리는 꽤 오래 이야기를 했고 나는 이우에 있는 아랍 공동체에 대해 더 잘 알게 됐다. "물어 보고 싶은 것 있으면 내 사촌에게 물어 보세요." 그는 내 팔을 잡아 끌었다. 우리는 잡담을 하면서 노스처우저우 거리를 10분가량 걸었다.

이윽고 라시드는 나를 한 아랍 식당으로 안내했다. "내 사촌이 여기서 일해요. 내 사촌과 꼭 이야기해 봐요. 내 사촌은 이우에서 수년간 살았어요." 여느 중국식당을 아랍 장식들로 꾸민 이 식당은 어울리지 않는 여러 문화가 융합된 형태였다. 커다란 플라스틱 야자수를 식당 구석에 세워 마당으로 꾸미려고 애쓴 흔적이 보였다. 나는 라시드의 사촌과 한 시간가량 잡담을 나누었다. 그는 중국 처녀와 결혼해 이우에서 10년째 살고 있었다. "우리는 이 도시에서 처음으로 아랍 식당을 열었어요. 그러나 그때부터 모든 게 변했어요"라고 그가 말했다. 그는 담배를 꺼내 물었다. "요 몇 년 동안 아랍인이 너무 많아졌어요. 정말 믿을 수 없어요. 작년에는 이 거리에 아랍 식당이 세 배로 늘었지만 아직은 식당 수보다 아랍 상인이 더 많아요. 그러니 장사에는 좋은 일이지요. 불만은 없습니다.”

2004년만 해도 이 도시에는 아랍 식당이 세 개밖에 없었다. 그러나 2008년에는 거의 20배로 늘었다. 베이징이나 상하이 등 중국의 어느 도시에서도 아랍 식당이 이렇게 늘어나지는 않았다. 아랍 식당들은 붉은 영빈관 주변에 몇 개의 블록을 이뤄 각 지역에서 온 아랍인들에게 음식을 제공한다. ‘알악사’ 식당은 저녁을 먹으러 오는 팔레스타인 사람들로 만원이고, ‘알다마스쿠스’ 식당은 대부분이 단골인 시리아 사람으로 붐빈다. 이 조그만 중국 해안도시에서 아랍인들은 레바논 음식인 ‘타보울리’도 이집트 음식인 ‘코샤리’도 먹을 수 있다.

처음으로 이 도시를 찾아온 사람은 예멘 사람이었는데 그때가 2004년이었다. 아라비아 반도 남쪽 끝 산악 지역에 있는 예멘은 아직도 부족주의가 강하며 가난한 국가다. 그래서 많은 예멘 사람이 인접 국가인 사우디아라비아로 노동이민을 간다. 2004년 유가가 급등했을 때 제일 큰 혜택을 본 나라는 사우디아라비아였다. 사우디 정부는 근 10년간 내핍생활을 하다 다시 돈을 쓰기 시작했고 일반 가정에서도 소비재 수입품을 점점 많이 구입했다. 그러자 사업가 기질이 있는 몇몇 예멘 노동자가, 소비가 살아나면 돈을 번다는 것을 알아채고는 건설현장에서 노동자로 일하는 것을 포기하고 중국으로 건너가 이우에 정착했다. 그들은 이우의 전시장 쇼핑몰에서 사우디아라비아로 수출할 수 있는 값싼 소비상품을 찾아냈다.

이우에서 예멘 사람을 만나는 것은 놀라운 일이 아니다. 예멘인들은 타고난 상인들이다. 그중 예멘 동부지역 하드라모우트 부족이 가장 탁월하다. 이 지역은 무역풍의 혜택을 누리던 곳이어서 결과적으로 '하드라미' 상인들은 전 세계로 퍼졌다.

알 카에다의 오사마 빈 라덴이 하드라미 부족 출신이다. 빈 라덴은 이 지역에 느슨한 추종자 네트워크를 구축했다. 그들은 사우디아라비아에서 중국까지 무역로를 개척한 예멘 사람들과는 다르다. 오사마 빈 라덴의 테러로 하드라모우트 출신을 포함해 아랍 무역상들에게 비자 규제를 강화한 것이 결과적으로 이들을 중국의 품으로 보냈다. 즉 최근 수년 동안 일어난, 겉보기에는 독립된 사건들이 실제로는 서로 영향을 주고받았다는 말이다.

예멘인의 뒤를 이어 팔레스타인인들이 들어왔다. 이들은 국내의 폭력 사태를 피해 중국에서 행운을 잡으려고 왔다. 그중에 무함마드 나세르가 있다. 웨스트뱅크 출신인 스무 살 청년 무함마드는 이우에 먼저 와서 살고 있던 사촌들의 권유를 따라 3년 전에 이곳에 왔다. 사촌들은 이우에 정착해서 아랍 식당을 여러 개 운영하고 있었다. 나는 무함마드를 노스처우저우 거리에 있는 그의 사무실에서 만났다. 가죽 벨트를 사우디아라비아에 파는 무함마드는 '이우는 아랍 세계를 위한 가장 큰 소비 시장'이라고 설명했다. 강한 악센트로 더듬거리는 중국어를 구사하지만 아무런 문제가 되지 않는 무함마드는 중국에서 잘살 생각은 없다. '집을 사고 결혼할 만큼만 돈을 모으면 팔레스타인으로 돌아갈 것'이라는 그는 가족을 멀리 떠나 해외에 있는 이슬람 공동체에서 사는 것이 얼마나 힘든지 잘 안다.

이집트 무역상인과 시리아 무역상인들은 다른 아랍인들보다 늦게 이우에 왔다. 중동에서 상대적으로 가난한 이 두 국가에는 유가가 오른 것이 아무런 의미가 없었다. 나는 이우의 쇼핑몰 철물점 코너에서 드라

이버를 구경하다가 다마스쿠스에서 온 시리아 상인과 부딪혔다. 친구와 이야기하는 그에게서 시리아 악센트가 나와서 나는 성큼 걸어가서 말을 걸었다. 그는 다마스쿠스에 팔 물건을 사러 이 도시에 온 지 겨우 3일이 됐다고 했다. 내가 이 도시에서 이렇게 많은 아랍인을 만나리라고는 생각지 못했다고 말하자, 그는 주위 쇼핑몰 안에 있는 아랍인들을 가리키며 "이곳은 또 다른 아랍 도시입니다"라고 말했다. 과장은 좀 있지만 그의 말은 사실이다. 이우는 아랍 세계와 중국 간의 무역이 늘면서 번영하고 있다. 이는 석유 가격이 오르고 아랍 세계 전역에서 일어난 경제개혁에서 얻은 반사이익이다.

이들 아랍 상인은 조상의 발자취를 따라 가고 있다. 최초의 아랍 상인들은 오래전에 서쪽 지중해에서 동쪽 중국을 연결하는 무역로인 실크로드를 따라 이곳에 도착했다. 이 무역로를 따라 대추야자 열매, 향신료, 이슬람 문화 등이 동쪽으로 넘어왔으며 오렌지, 장미, 비단 등은 서쪽으로 이동했다. 카라반들은 약탈을 일삼는 산적이나 죽음에 이르는 탈진을 무릅쓰고 이 도시 저 도시로 질풍처럼 여행했다. 이 길을 따라 카라반들은 무서운 타클라마칸 사막을 지나기도 하고 페르시아 평원의 요새에서 쉬기도 했다. 서기 200년부터 1500년 동안 번창하던 아랍 세계와 중국 간의 무역은, 중앙아시아를 소용돌이에 빠뜨린 정치적 혼란으로 실크로드가 너무 위험해지자 쇠퇴했다. 결과적으로 유럽 신흥세력이 무역항로를 새로 개척했다.

초기의 아랍 상인들은 사라졌다. 그러나 기억에서마저 사라진 것은 아니다. 많은 아랍 상인이 중국에 정착하여 한족(漢族)에 동화됐다. 중국어로 말하는 그들의 후손들은 중국인처럼 보이지만 아직도 이슬람교를 지키고 있다. 그들이 바로 후이족(回族)이다. 아랍계 중국인 후이족은 아람 세계와 중국의 오래된 관계를 설명하는 명백한 증거다. 그들은 땅이 아니라 자신들의 종교를 인정받고 있는 중국의 소수민족일 뿐이다. 중국에는 또 다른 중국 무슬림이 존재한다. 중국의 무슬림은 2000만 명에 달하며 그중 절반 정도가 후이족이다. 그들의 조상이 이 나라 전역에 흩어져 정착했기에 그들은 지리적으로 멀리 떨어져 산다. 1600년 이후 실크로드를 여행하는 아랍 상인의 수는 차츰 줄어들었고 오늘날 후이족은 초기 아랍 상인들이 이곳에 살았다는 흔적일 뿐이다.

후이족만 아랍 상인들을 환영하는 것은 아니다. 이우 시 당국도 아랍 상인들이 오는 것이 시 경제에 좋다고 생각한다. 2004년 시 당국은 이슬람 모스크를 하나 짓기로 했다. 이는 주목할 만한 결정이다. 이우 시민은 절대다수가 한족이다. 극히 일부가 기독교도다. 모두가 현재 무슬림은 아닌 것이다. 그런데도 사람들은 모스크가 더 많은 아랍 상인을 이 도시로 끌어들인다고 생각한다. 이우가 5성급 호텔을 몇 개 짓기로 결정하면서 이 도시의 실용주의는 이미 증명됐다. 시 당국은 더럽고 시끄러운 숙박시설로는 더 많은 상인을 이 도시로 오게 할 수 없다고 생각했다. 여기에는 '고급 호텔을 지으면 그들이 올 것'이라는 기대감이 어느 정도 작용했다.

이우는 모스크 건설에 그치지 않았다. 훗날 시 당국은 이슬람 성직자 또는 이맘(예배를 인도하는 성직자)을 요청했으며 베이징 정부는 마춘전을 파견했다. 그는 베이징에서 공부를 마치기 전 이미 중국 이슬람 지역인 신장에서 내 친구와 함께 공부했다. 그가 공부한 곳은 중국 전역에 산재한 이슬람 대학 중 한 곳이다. 이맘은 좋은 직업이다. 연봉이 1만 3000달러나 되는데 이는 평균 국민소득의 6배다. 마춘전이 이우에 도착했을 때 모스크는 아직 완성되지 않았다. 예배장소로 붉은 영빈관 맨 위층을 사용했으며 예배에 참가하는 무슬림은 100명을 넘지 않았다. 그러나 마춘전이 온 뒤 예배에 참가하는 무슬림이 갑자기 600명으로 늘어 넓은 장소가 필요해졌다. 2005년 9월 모스크가 완성되어 예배를 드릴 때는 1000명이 넘었다.

그때도 이우 시 당국은 아랍 상인을 유치하는 새로운 방법을 찾고 있었다. 이 부서 책임자인 진커창은 무슬림 아랍 상인들이 더 편하게 살 수 있는 방법을 계속 찾고 있다고 〈차이나 유스 데일리〉 기자들에게 유쾌한 어조로 말했다. 시 당국은 이슬람 학교를 지을 계획을 세웠다. 현지 중국인 학교를 다니는 아랍 상인의 자녀들이 돼지고기가 제공되는 학교 급식을 먹을 수 없어 날마다 모스크에 가서 점심을 먹는다는 사실을 알았기 때문이다. 시 당국은 처음에는 모스크 부속 유치원을 짓고 그 뒤를 이어 초등학교, 중·고등학교를 지으려는 계획을 세웠다. 이우 시 당국은 아랍인을 위한 학교를 세우면 더 많은 아랍 상인이 부인과 자녀들을 이 도시에 보내 살게 할 것이라고 생각한 것이다. 결국 이우 시 당국은 대규모 아랍 공동체를 만들기로 했다. 이우만 그런 것은 아니다. 중국의 다른 도시들도 새로 모스크를 지었다. 물론 중국 전역에는 남부 해안의 무역항 취안저우(泉州)처럼 오래된 모스크가 있는 곳도 있다. 취안저우는 한때 바다를 통해 오는 아랍 상인들에게 가장 인기 있는 목적지였다.

이와 같은 모스크 건설은 2001년 이후 중국과 유럽이 어떻게 다른지를 반영한다. 오늘날 유럽에서 아랍 상인들을 끌어들이기 위해 정부가 직접 모스크를 짓는다는 것은 상상하기 힘들다. 테러를 두려워하는 유럽인들은 이슬람 모스크를 지역사회의 안보를 위협하는 요소로 생각하는 경향이 있다. 최근 수년간 보스턴, 쾰른, 런던 등 수많은 서구 도시에서 모스크 신축을 반대했다. 이런 반대운동은 특히 남부 유럽에서 격렬했다.

중국도 보안검색 체계가 엄격하다. 나와 자유롭게 이야기를 나누던 아랍 상인들도 활동에 제약을 받았다는 사실은 인정한다. 홍콩 신문들은 2001년 이후 아랍 상인들이 더욱 철저히 검색을 받게 된 이야기들을 보도했다. 그러나 중국 당국의 정책은 과거 제국주의 통치자들과는 사뭇 달랐다. 예를 들면 당나라 지배자들은 아랍 상인을 비롯한 모든 외국인에게 특정한 도시의 특별 구역에서만 살게 했다. 외국인들이 당나라의 통치자들에게 복종하는 한 무역은 자유롭게 허용됐다. 이는 실크로드 무역을 번창하게 하려는 조치였다. 지금도 똑같은 일들이 일어나고 있다.

이우는 생산비가 높아지고 위안화의 가치가 올라가는 등의 취약점을 무릅쓰고 경쟁력을 유지하려 애쓰고 있다. 아랍 상인들이 중국에서 조그만 선물용품이나 해머 등을 구입하는 양은 해마다 줄어들 것이다. 대신 플라즈마 TV와 자동차 등의 구입은 늘어날 것이다. 이는 더 이상 저가 소비재만이 능사가 아니라는 의미다. 왁자지껄한 이우의 쇼핑몰은 2001년 이후 중국이 유럽 국가들과는 다른 방법으로 아랍 세계에 접근하고 있음을 보여 준다. 이우 시 자치위원회는 아랍 상인을 끌어들이기 위해 모스크를 짓기로 했다. 다른 도시들도 아랍 투자가들을 위해 아랍어에 능통한 관리들을 채용했다. 이는 서로 경제 이익을 나누고 역사적인 관계를 만드는 방법이다. 이제까지는 이런 방법이 상당한 성과를 냈다.

실크로드의 종착역 이우, 세계경제를 재편하다

이우에서 일어나고 있는 일들은 세계경제의 표면에서 일고 있는 거품일 뿐이다. 이제까지 설명한 이야기들은 간과되기 일쑤였다. 대신 유럽은 중국 생산 공장에서의 월마트 10억 달러 구매 건, 유럽에 홍수처럼 밀려오는 중국산 의류와 신발, 석유에 대한 중국의 갈증과 국제유가 상승 등과 같이 쉽게 관찰되는 현상들에 주목해 왔다. 이는 하나같이 '뉴스 가치'가 있는 소재들이다. 그렇다 할지라도 이우의 이야기들은 세계경제가 점진적으로 재편되어 가고 있음을 알려 주는 상징이다. 이우에 아랍 상인들이 오는 것은 수백 년 전 그네들의 조상이 왔던 것을 그대로 반영하며, 세계의 거대한 무역로를 재건하는 데 일조하고 있다. 세계경제 재편은 더욱 강하게 이루어지고 이는 동시에 아랍 세계와 유럽의 관계를 악화시키고 있다.

이는 실크로드로 비유하면 이해가 될 것이다. 실크로드는 길 하나로 이루어진 무역로가 아니다. 이 길은 중국, 중앙아시아, 중동으로 뻗어 있는 아주 작은 길 수천 개로 만들어졌다. 모든 상인들이 중국에서 지중해까지 먼 길을 전부 여행하는 것도 아니다. 그렇게 되면 비용과 시간이 많이 들고, 너무 많은 시간을 머나먼 타국에서 보내게 된다. 상인들은 물건을 팔기 위해 이 길의 일부분만 여행한다. 궁극적으로 중국 비단을 사는 사람과 파는 사람으로 만들어진 수많은 연결고리를 통해 유럽으로 가는 길이 만들어졌다. 실크로드는 상인들 수천 명이 만든 땀의 결실이다. 오늘날도 마찬가지다. 그런데 이우는 실크로드의 한쪽 끝에 있다. 그래서 나는 아랍 세계의 다른 쪽 끝에서 일어나고 있는 변화에 대해 더 많은 자료를 찾기로 결심했다. 이우에 관한 조사는 시리아의 수도 다마스쿠스에서 시작해야 한다고 생각했다. 이 도시는 한때 초기 실크로드 상인들의 중요한 터미널이었다.

실크로드를 따라 다마스쿠스에 가다

다마스쿠스는 이우에서 아주 먼 곳이다. 시리아의 수도인 이 도시의 역사는 기원전 8000년까지 거슬러 올라가 도시 거리에는 로마, 이슬람, 유럽 시대의 건축 양식이 혼합돼 있다. 이 오래된 도시에 빽빽이 들어찬 건물 사이로 한낮의 뜨거운 태양열이 파고든다. 그러나 밀집한 건물 사이에 얽혀 있는 좁은 길은 꽤 선선하다. 이 거리는 동쪽 게이트에서 서쪽 게이트까지, 다마스쿠스 구도시로 곧게 통하는 얇은 조각들로 이루어진 것 같다. 그래서 '스트레이트'라고 불린다. 여기는 '타루수스의 사울'이 사도 바울로 인도된 바로 그곳이다. 또 십자군 전쟁의 영웅 살라딘 이슬람 장군이 묻힌 곳이기도 하다. 중심 쇼핑가인 '수크 알 하미디에'는 1800년대 오스만투르크 제국이 건설했다. 간간이 작은 문들이 난 골목길은, 다마스쿠스 특유의 길고 가느다란 흰색 돌과 검은색 돌로 꾸며진 커다란 노천시장으로 통한다. 이 시장은 실크로드를 따라 온 상인들이 야영하면서 물건을 사고팔던 곳이다.

나는 이우에서 만났던 시리아 상인을 여기서도 만났는데, 이처럼 다마스쿠스에서 중국 도시의 흔적을 보는 것은 놀라운 일이 아니다. 한번은 나이 많은 운전수가 모는 낡은 택시를 탔다. 앞좌석이 망가져서 뒷좌석에 앉았던 나는 한동안 잡담을 하다 중국으로 화제를 돌렸다. 나는 중국에서 시리아 상인을 많이 만났다고 말하면서 여기 아랍까지 중국 수입품이 홍수처럼 밀려오는 것을 어떻게 생각하느냐고 물었다. "하미디에 수크에 가보세요"라고 말하며 선물용품과 장난감을 파는, 중심가가 시작되는 작은 골목길에 대해 설명하던 그는 "모든 물건을 중국에서 수입합니다"라고 의기양양하게 말했다. 나는 그 모든 것은 이우에서 수입하는 것이라며 내기를 걸었는데 내가 옳았다. 후에 나는 이 골목길을 찾아 갔다. 골목은 온통 번들번들 색칠한 선물용품과 장난감이 들어 있는 박스로 뒤죽박죽이어서 마치 이우의 쇼핑몰을 걷는 것 같았다. 특히 똑같은 선물용품과 장난감용품을 취급하는 이우 상점가인 B1 670에서 B1 1040까지의 점포지역을 걷는 것 같았다.

이 골목의 노점은 수백 년의 역사를 가지고 있다. 노점들은 아버지가 아들에게 물려주며 대를 이어온 것이다. 예를 들어 '파디 알 샴시' 가 그렇다. 파디의 노점은 부식된 돌로 이루어진 거대한 석판으로 지어졌다. 곧 부서질 것 같은 나무 차양이 한낮의 열기를 막아 주고 있었다. 100년 전부터 과일과 향신료를 팔던 이 노점은 다른 것은 그대로인 채 선물용품과 완구류를 판다. 파디의 부친은 1970년 말 중국과 장사를 시작했다. 중국이 외부 세계에 개방정책을 취하던 때였다. 파디의 부친은 뒤늦게 이우를 방문했지만 이곳에 기회가 많다는 것을 금세 알았다. 그는 귀국해서 아들에게 이런 사실을 이야기하면서 이우에 가보라고 권했다. 아버지 말을 듣고 처음 이우를 여행했던 파디는 그 후로 1년에 다섯 번씩 이우를 방문한다. 그의 상점을 둘러보면서 얼마나 많은 물건을 이우에서 가져와 파느냐고 물었다. 그는 껄껄 웃으면서 자기 이외의 모든 물건을 이우에서 가져온다고 말했다. "그 이상은 모르겠는데요."

노점상 거리를 따라 걸어 보니 모든 노점에서 이우의 물건을 파는 것 같았다. 보고 있으려니 웃음이 나왔다. 그날은 마침 밸런타인데이였다. 밸런타인데이는 시리아에서는 특별한 날이 아니지만 이우의 공장에서는 밸런타인데이 선물을 만들어 낸다. 그러니 이우를 방문한 아랍 상인들은 '러브 미'라고 적힌 중국산 모피 베개로 노점상 골목을 가득 채운다. 다마스쿠스 구시가지에 밸런타인데이 선물이 그득한 진풍경이 연출되는 것이다. 지금 이곳에서 팔고 있는 이것들이 수백 년 전 이곳 같은 상점에서 팔던 중국산 비단과 무엇이 다른가. 파디의 조상들은 그때도 이 상점의 주인이었을 것이다. 이는 다마스쿠스와 이우 같은 도시에서 일어나는 변화로 조성되는 무역 연결고리에 역사적인 지속성이 있음을 의미한다. 이런 변화는 정말 중요하다.

압둘 미다니도 실크로드를 형성하는 하나의 실낱이다. 어느 여름날 다마스쿠스에 있는 사무실에서 그를 만났다. 그는 아버지의 가업을 이어온 원사 장사꾼이다. 그의 사무실은 구시가지의 성벽 안 깊숙한 곳에 있으며 500년의 역사를 지니고 있다. 나무 버팀목으로 지지한 건물 벽은 밀짚, 석회반죽, 돌 등을 섞어 만들었다. 건물 자체가 좁고 더러운 거리 위에 불안정하게 놓여 있어서 유능한 시리아 상인을 만날 거라고 기대할 만한 그런 곳은 아니었다. 그러나 역사를 중요하게 생각하는 시리아인인 압둘 미다니는 이런 누추한 사무실을 행복한 마음으로 운영한다. 압둘 미다니만 그런 것이 아니다. 이 도시의 다른 유능한 상인들도 이 구시가지에 사무실을 갖고 있다. 게다가 허름한 사무실은 방해만 하는 정부로부터 재산을 감추는 데 유용하다.

압둘 미다니는 미국에서 원사를 수입했다. 그는 이 수입 원사를 시리아 방직공장으로 보내거나 시리아를 거치지 않고 바로 직접 제3국으로 실어 나른다. 그러나 2001년 이후에는 중국에서 원사를 수입하고 있다. 그는 중국의 성장으로 이익을 보는 많은 아랍 상인 중 한 사람일 뿐이다. "나는 미국에 가기가 두렵다"고 그는 말한다. "나는 미국 세관에 멍청하게 앉아서 그들이 내 뒷조사를 하게 내버려두고 싶지 않다. 내 이름이 테러리스트 혐의자 명단에 있는 이름과 같을지 누가 알겠나? 그렇지만 중국인들은 나를 옛 친구처럼 대한다. 그들은 내 숙박비를 대고, 식비도 지불한다. 이는 과장이 아니다." 압둘 미다니가 과장했을지도 모른다. 그렇다고 해도 아주 부풀린 이야기는 아니다. 아랍 상인 가족들을 위해 모스크를 짓고, 이맘을 고용하고, 이슬람 학교를 짓기로 결정한 이우 시 당국이 그의 말을 뒷받침한다.

압둘 미다니는 이우를 방문하는 다른 아랍 상인과는 다르게 야망이 있었다. 그는 최근에 상하이의 쉬후이(徐匯) 거리에 사무실을 열었다. 몇 달 뒤 그의 사무실을 찾아 갔다. 상하이 사무실은 강철과 유리로 만든 고층건물에 있었다. 다마스쿠스에 있는 그의 사무실과는 비교가 되지 않는다. 압둘 미다니는 중국인 직원을 네 명이나 두고 다마스쿠스 구시가지에 있는 낡은 사무실에서 상하이 사무실 중국인 직원들과 인터넷을 통해 이야기한다. 본사가 다마스쿠스에 있는 것이 문제가 되긴 하겠지만 그의 중국인 직원들은 시리아인과 일하는 것을 꺼리는 것 같진 않다. 아이러니가 뒤얽힌 이야기지만, 압둘 미다니는 지금 중국의 원사를 미국에 수출하고 있다. 그는 과거 미국에 있던 거래관계를 이용해 구매자를 찾고 있으며 때로는 위험을 무릅쓰고 미국을 방문한다. 그러나 대부분은 다마스쿠스와 상하이 두 도시를 왔다 갔다 한다.

아랍 상인들이 무역의 흐름을 재구성한 것은 중국이 유럽을 재빠르게 쫓아갔기 때문이다. 2000년 아랍 세계에 대한 중국의 수출액은 60억 달러였다. 이는 미국(400억 달러), 독일(120억 달러), 영국(90억 달러) 다음으로 많은 액수다. 그것이 2006년에는 300억 달러로 급부상해 영국과 독일을 앞섰으며 400억 달러인 미국을 바짝 쫓고 있다. 그러나 통계가 모든 것을 말해 주지는 않는다. 예를 들어 아랍에 대한 미국 수출의 큰 부분을 차지하는 것은 아랍에미리트UAE 국영 항공사가 주문하는 항공기다. 아랍에미리트 항공이 호황을 누리는 이유가 두바이에서 베이징, 상하이, 홍콩으로 가는 승객, 즉 아랍 상인이 급증했기 때문임을 생각할 때, 아이러니하게도 미국이 UAE 국영 항공사에 항공기를 판매하는 데 중국이 크게 일조하고 있다는 것을 알 수 있다.

실제로 아랍에미리트는 아랍 세계와 중국 간의 무역을 위해 편리한 항로를 제공한다. UAE 국영 항공사는 2008년 직원을 7000명 증원했고 370만 명이나 되는 승객을 태웠다. 또한 현재 에어버스 380을 58대 소유하고 있는데 모두 발주가 끝난 상태다. UAE 국영 항공사의 580억 달러에 달하는 182여객기 전체 주문량은 항공 역사상 단일 항공기 최대 주문으로 기록되고 있다. 두바이는 여객과 화물운송에 세계 최대 규모의 허브를 건설하겠다는 계획을 가지고 있다. '알막툼' 공항은 연간 1억 2000만 명을 수용한 반면 런던 히드로 공항은 2007년에 6800만 명이 이용했다. 공항은 단순한 미래 계획서Statement of Intent가 아니다. 아시아, 중동, 아프리카의 교차로에 위치한 두바이는 3대륙 간의 무역이 활기를 띠면서 이미 크게 혜택을 받고 있다. 두바이는 어마어마한 공항 확충 계획을 세운 상태다.

아랍 세계로 진출하는 중국 상인들

실크로드를 통한 무역은 일방통행이 아니다. 아랍 상인들이 중국에 가는 것처럼 중국 상인들도 아랍에 간다. 나는 아랍 국가들을 여행하다가 아주 생활하기 불편한 곳에서도 중국인들과 마주치는 것에 놀랄 때가 많다. 중국 최고의 수출품은 값싼 소비재, 예를 들어 1달러짜리 양말이나 10달러에 살 수 있는 DVD 플레이어 등이라고 알려져 있다. 그러나 중국이 가장 많이 수출하는 것은 '사람'이다. 1800년대 중반, 외국 상인들에 의해 '조약항'들이 개항하면서 중국인들의 해외이주도 가능해졌다. 그 결과 중국인 노동자들은 캘리포니아나 호주의 금광 등에서 일하려고 홍수처럼 몰려갔다. 이로써 '차이나타운'이 생겼으며 아직도 세계 대부분의 대도시에 '차이나타운'이 남아 있다. 이와 유사한 현상은 지금도 나타나고 있다. 중국 당국은 1950년대부터 1980년대까지 여행을 엄격히 통제했다. 그 후 중국은 해외이주를 완화했으며 표면적으로는 중국 상인들이 홍수처럼 몰려갔다. 실제로 2000년에서 2007년 사이 중국을 떠난 사람은 3000만 명 이상이다.

내가 시리아에서 만난 중국 상인의 예를 보자. '아드라 자유무역지대'는 시리아 수도인 다마스쿠스에서 차로 30분 거리에 있다. 이곳은 EU에서 수입한 산업중장비들과 대형 중고화물차들이 산더미처럼 쌓여 있는 곳이다. 화물차들이 디젤 매연을 뿜어내며 흘린 기름으로 바닥은 미끄럽다. 아드라 자유무역지대는 쾌적하지는 않지만 이라크로 가는 물건을 선적하는 거점으로 번창해간다. 내가 방문했을 때, 이 자유무역지대의 출입을 관리하는 경비가 팔을 과장되게 벌려 화물차들을 가리키며 농담조로 말했다. "이게 다 미국 덕분이죠." 이란, 이라크, 시리아에서 온 강인해 보이는 사람들은 군복 재킷을 입고 이 지역을 질주한다. 이들은 목숨을 걸고 트럭을 몰아 바그다드로 가는 운전수들이다. 한 화물운수회사 대표의 말을 빌리면 이라크 전쟁이 한창 격렬할 때는 이 자유무역지대를 떠난 트럭의 10%가 목적지에 도달하지 못했다고 한다. 그러나 돈은 좋은 것이고 새로운 운전수들은 넘쳐난다. 아드라 자유무역지대는 바로 혼란한 이웃국가들에 비해 상당히 안정돼 있었기에 경제적 이익을 취할 수 있었다.

나는 '차이나시티' 사의 총지배인 저우동원을 만나기로 했다. 처음에는 빌딩을 찾으려고 했다. 트럭 운전사들에게 물어보니 '차이나시티'는 들어 본 적도 없다고 했다. 아드라 자유무역지대를 여기저기 돌아다니다가 붉고 굵은 글씨체로 쓴 회사 간판을 단 다부진 2층 건물을 하나 찾았다. 최근에 지은 이 건물은 수십 개의 점포를 대여할 수 있는 상품 전시홀이다. 나는 다마스쿠스 주재 중국대사관이 운영하는 웹사이트에서 처음으로 '차이나시티'에 대해 읽었다. 이 웹사이트는 시리아에서 장사를 하려는 중국 상인들을 위한 포럼을 열고 있다. "나는 개인 사업을 합니다. 판매망 없이 시리아에서 물건을 팔 수 있는 방법은 없을까요?" 하고 한 상인이 문의를 한다. 그러면 대사관 직원이 차이나시티 전화번호를 알려주며 차이나시티와 접촉하라고 권한다. 나는 그 번호로 전화를 걸어 시리아를 방문해서 총지배인 저우동원을 만나기로 약속했다.

그날은 중국의 설이었다. 설인데도 불구하고 친절하게 나를 만나 준 저우 여사는 제일 좋은 옷을 입고 화장을 곱게 한 채 건물 정문에서 나를 기다리고 있었다. 처음에 우리는 차이나시티의 전시장을 둘러보았다. 그 홀은 가구, 전자제품, 산업장비 등 잡동사니 집합소였다. 저우는 이라크 관리들이 최고의 고객이라고 설명했다. "이라크 치안이 악화되면서 이라크 관리들은 직접 물건을 사러 바그다드에서 옵니다." 그리고 나서 직영하는 간이식당을 보여 주었다. 이 식당에서 어떤 종류의 음식을 파냐고 물으니 상하이 음식을 판다고 말했다. 베이징 요리를 좋아한다는 내

말에 그녀는 코를 찡끗했다. 그녀의 비즈니스 파트너들은 모두 저장(浙江)성 출신이었다. 저장은 이우에서 차로 몇 시간 거리에 있는 곳이다. 이는 당연한 일이다. 중국 상인 대부분이 동부 연안지역에 있는 여러 지방에서 몰려왔는데 특히 광둥(廣東), 푸젠(福建), 저장 지방에서 왔다.

저우 총지배인은 주목할 만한 판매전략을 갖고 있다. "우리는 이곳에 같은 제품을 단지 두 회사만 전시할 수 있도록 허용할 겁니다. 그 이상은 안 되지요. 출품 회사들은 경쟁적으로 가격을 내릴 것입니다." 많은 중국인이 국내의 무자비한 경쟁을 피해 해외로 왔는데, 똑같은 생각을 한 다른 중국인과 해외에서 경쟁하게 된 것은 아이러니다. 시리아는 아직은 경쟁이 없는 신선한 땅이고 다른 개발도상국가들에 비해 중국 상인들의 수도 적다. 그러나 결국은 더 많은 중국 상인이 올 것이며 이윤폭도 떨어질 것이다. 저우 여사와 그녀의 협력업체들은 차이나시티 전시장에 들어오는 제품을 규제하여 이익을 독점하려고 한다. 그들은 차이나시티에 제품을 전시한 회사들에 여러 가지 조언을 해주는데, 이는 다른 중국 상인들이 수입과 투자에 대한 시리아의 규정이 너무 까다로워서 독자적으로 사업을 운영하기 어렵다는 것을 깨닫고 다른 지역을 선택하길 바라는 마음에서다. 이는 훌륭한 전략이다.

저우나 그녀의 동료들이 자기네 이익을 지키려는 마음은 충분히 이해할 수 있다. 나도 예전에 중국 제조업자로부터 전자 코란electronic Qurans 한 박스를 구매한 적이 있다. 전자 코란에는 이슬람 성경 전체가 들어 있으며 오디오 낭송도 된다. 도매가로 30달러였는데 좀 비싸다고 생각했고, 중국인 친구들도 같은 생각이었다. 나는 전자 코란을 산 후 시장조사를 하기 위해 다마스쿠스로 가져갔다. 이 장치는 아직 신상품이며 이 도시에서는 한국에서 만든 제품이 유일하게 팔리고 있음을 알게 됐다. 시리아 친구들에게 전자 코란을 얼마에 사겠느냐고 묻자 60달러에서 80달러 정도로 값을 매겼다. 기대 이상의 가격이었다. 어쨌든 당시 1인당국민소득이 약 3000달러이던 시리아에서 전자 코란의 마진은 괜찮은 편이었다. 중국 상인들이 자기 상품을 팔기 위해 시리아 같은 경제개발 국가들을 찾아 가는 것은 놀랄 일이 아니다. 결국 이 시장에 더 많은 중국 상품이 넘쳐나서 저우와 협력업체들은 치열한 경쟁에 직면할 것이다. 그러나 지금은 마진이 커 적당한 때다.

저우나 차이나시티도 예외가 아니다. 아랍 세계 전역에 차이나시티를 모방한 새로운 버전이 퍼져 있다. 그러나 이우의 아랍인들처럼 이런 곳의 대부분이 유럽에는 알려져 있지 않다. 중국 상인들은 모두 비슷한 특징을 보인다. 첫째 운용비용을 줄이기 위해 협력하고 소비자들을 한 장소로 끌어들이는 경향이 있다. 둘째 지역 공동체에 섞이기보다 그들끼리 함께 먹고 사는 경향이 있다. 이것이 바로 차이나시티가 사내에 간이식당을 만든 이유다. 총지배인인 저우 자신도 아드라 자유무역지대에서 멀지 않은 곳에 산다. 그러나 차이나시티와 그 모방 버전들은 아랍 세계와 중국 간의 무역이 늘어나는 데 중국 상인들이 중요한 역할을 한다는 것을 보여 준다. 아랍 상인 수천 명이 이우에 갔다. 마찬가지로 많은 중국 상인이 아랍 세계로 갔다. 그리고 그들은 한 빌딩에 거주하며 침투하기 힘든 시장에 교두보를 건설했다.

두바이는 세계 최대 쇼핑몰을 지었다. 두바이 외곽 황량한 지역에 건설한 이 빌딩은 '드래곤 마트'라고 하는데 중국산 상품을 독점 판매하는 최대 규모의 건물을 짓기 위해 전시 공간으로만 15만 평방미터가 사용됐다. 드래곤 마트의 외양은 커다란 용이 꿈틀거리는 모양이다. 크게 벌린 입은 방문객을 맞이하고 긴 몸통을 지나 꼬리까지 전시장이 있다. 어느 여름날 그곳을 방문하고서 큰 감명을 받았다. 드래곤 마트의 좌판 주인은 중국 제조업자와 판매망이 없는 개인들이다. 도매와 소매를 같이 하기 때문에 주말이면 가족을 동반한 구매자로 발 디딜 틈이 없다. 저장 출신 상인들이 이슬람 전통의상을 입은 아랍 여인들과 흥정하는 것을 보노라면 역사 속으로 거슬러 올라가는 느낌이다.

드래곤 마트는 '나킬'이라는 두바이의 부동산개발회사가 지었다. 이 회사는 야자수 모양으로 설계된 세계 최대의 인공섬 '팜 아일랜드'도 건설했다. 나킬의 모회사인 '두바이 월드'는 세계에서 가장 큰 항만회사로서 급작스레 변하는 중국과의 무역 흐름을 지켜볼 수 있는 특별한 위치에 있었다. 이 회사는 2004년 드래곤 마트를 건설했는데 그때는 이우를 방문하는 아랍 상인의 수가 껑충 뛰었을 때였다. 이 회사는 이우보다는, 정책적으로 아랍 상인들이 단기간 체류할 수 있게 장려하는 두바이가 무역중개지가 되기를 바랐다. 나킬 사는 처음에는 차이나중동 투자회사와 드래곤 마트 운영계약을 체결했다. 그러나 서비스 불만 문제가 제기된 후 나킬 사가 드래곤 마트의 운영을 책임지고 있다. 오늘날 드래곤 마트는 아랍 세계와 중국의 무역관계가 성장했음을 보여 주는 기념비다.

모든 아랍 국가가 차이나시티 또는 드래곤 마트를 가지고 있는 것은 아니다. 몇몇 아랍 국가는 외국인이 자국에서 상품을 판매하는 것을 허용하지 않는다. 사우디아라비아와 이집트가 좋은 예다. 그래도 모든 사람을 막을 수는 없다. 중국 상인들이 카이로에서 가가호호 다니며 의류와 전자제품을 판다는 이야기가 있다. 심지어 농촌의 마을을 찾아다니며 물건을 판다는 말도 들었다. 그러나 카이로와 리야드의 시장에서 물건을 파는 중국 상인이 수천 명이나 된다는 것은 놀랄 일이다. 대부분의 상인이 두바이나 시리아의 차이나시티 같은 공식적인 유통로를 통해 물건을 판다. 또는 인터넷을 이용해 아랍 바이어를 만나거나 무역 박람회에 제품을 전시하기 위해 주기적으로 아랍 국가들을 방문하기도 한다. 특히 중국 상인들은 인터넷 판매를 애용한다. 사실 가장 큰 무역 웹사이트 알리바바www.alibaba.com의 이름도 아랍 세계에서 딴 것이다.

'알리바바'는 《천일야화》에 나오는 이야기지만 아랍의 오리지널 버전에는 없는 이야기다. 그것은 18세기에 앙투안 갈랑이 《천일야화》를 번역하며 추가한 것이다. 20년 이상을 시리아에서 살며 아랍학을 연구한 갈랑은 북부 도시인 알레포의 한 이야기꾼한테서 그 이야기를 들었다고 주장했다. 그의 주장엔 반론의 여지가 있긴 하지만 그에 개의치 않고 지금 알리바바 이야기는 중국을 포함한 전 세계에 퍼져 있다. 이것이 '잭 마'가 새 웹사이트 이름을 알리바바로 한 이유다. 그는 커다란 야망을 가지고 중국인은 물론 중국어를 모르는 사람도 알 수 있는 이름을 찾은 것이다. 미국의 한 식당에서 식사를 하던 중에 문득 알리바바라는 이름을 생각해 낸 잭 마는 웨이터를 불러 '알리바바 이야기'를 아느냐고 물었다. 그 웨이터는 알리바바 이야기는 알지 못했지만 비밀 문의 패스워드인 '열려라 참깨'는 알고 있었다. 그는 여러 나라를 방문하면서 똑같은 질문을 했고 언제나 긍정적인 대답을 들었다.

알리바바닷컴은 현재 전 세계 기업 간 거래 웹사이트 중 가장 큰 사이트이며 중국뿐만 아니라 해외에 유사한 사이트가 많이 생겼다. 알리바바는 중국어와 영어로 운영된다. 그중 중국 수출업자들이 해외시장을 뚫고 들어가 성공할 수 있는 이유를 보여 주는 것은 중국어 사이트다. 이 웹사이트는 중국에서 판매자와 구매자를 긁어모은다. 그러나 더 중요한 것은 이 웹사이트에서 사용자들이 서로 경험을 교환하고 채팅 포럼에 궁금한 점을 묻는 데 있다. 아랍 세계에 수출을 원하는가? 포럼에

글을 올려라. 저장에 사는 공구 제조업자가 다른 사용자에게 이집트에 수출하여 대금을 받는 방법을 물을 수도 있다. 충칭(重慶)의 자동차 부품 제조업자가 사우디아라비아의 자동차 수입관세 인하에 관한 정보를 올리거나 광둥의 한 회사가 시리아 라사키야 항으로 보낼 물건을 선적한다는 광고를 할 수도 있다.

중국 상인들의 가상 공동체는 강력한 장치다. 예를 들어, 최근 어느 회사가 한 이집트 고객에게 주문을 받았다. 이집트 고객은 계약서, 영수증, 영사 통지서를 요구하는데 그가 아직 영사 통지서를 만들지 않은 상태라면 '내가 이 일을 처리하는 방법을 알려 주세요. 우리 회사는 대개 선적에 40일이 걸립니다. 언제가 가장 적기일까요?' 등의 질문을 올려 여러 개의 답을 들을 수 있다. 룽펜치라는 블로거는 '이집트 고객에게 직접 물어볼 수도 있지만 체면손상이 걱정된다면 그러지 말고 알리바바에 구체적인 질문을 하십시오. 그때는 고객이 모든 것을 당신에게 말해 줄 것입니다' 라고 조언했다. 알리바바에는 이와 유사한 질문과 답이 수천 개나 올라와 있다. 알리바바는 소상인과 중간상인들을 도와주는 강력한 자료다.

알리바바닷컴이 중국의 수출 신장에 기여하고 있음은 절대로 인정받지 못할 것이다. 나를 포함한 경제학자들은 워싱턴 어느 정치인의 분노나 주요 언론의 헤드라인 등 큰일에만 관심을 가지는 경향이 있다. 그러나 알리바바는 바이어들이 제조사가 어느 지방에 있든지 개의치 않고 입찰에 참가할 수 있게 했고 이와 같은 치열한 경쟁은 값을 내리게 하는 데 도움을 주었다. 홍콩에 이웃해 있는 중요한 도시 선전에 본사를 둔 그린 테크놀로지 사의 영업 매니저를 통해 나는 이런 사실을 분명히 알았다. 그 매니저에게 알리바바를 어떻게 생각하느냐고 묻자 "우리는 더

이상 그 사이트를 이용하지 않습니다"라고 말했다. "알리바바는 경쟁이
너무 심합니다. 이 사이트를 이용하는 제조업자들이 많아서지요. 차라
리 경쟁이 없는 사우디아라비아에 직접 판매하는 것이 더 좋습니다."

1장에서 소개한 개별적 이야기들은 중요하다. 이미 수천 명에 달하
는 개인 상인의 노력으로 무역 흐름이 달라지고 있다. 중국이 짧은 시간
에 아랍 세계의 가장 중요한 무역 파트너가 될 수 있었던 요인은 개인
상인들의 노력 때문이다. 그것은 또 유럽이 일자리도 생산성도 잃었다
는 의미이기도 하다. 일견, 중국이 선진국과 개도국 양쪽에서 시장을 점
유한 것과 같은 현상을 세계 어디서나 볼 수 있다. 그러나 이 이야기들
은 엄청난 변화의 일부분일 뿐이다. 그들은 새롭게 떠오른 실크로드를
엮는 독립된 한 가닥의 실올이다. 한 올 한 올의 실낱으로 존재한다면
그들은 무시되기 십상일 것이다. 하지만 그들이 힘을 합한다면 세계경
제를 주름잡는 강력한 힘이 될 것이다.

다음 장에서는 석유, 자산, 미디어 등 큰 주제들에 초점을 맞추었다.
그러나 실크로드의 부상을 부추기는 것은 개인들이다. 대기업이 지배하
는 유럽에서는 개인 상인들의 이야기를 지나치기 쉽다. 아랍 세계를 여
행하다 보면, 아직도 중국에 대한 이야기를 한 보따리 가지고 있는 아랍
인이 많다는 것을 발견할 수 있다. 때로는 개인적인 이야기거나 대개의
경우 중국과 무역하는 친구나 친척에 관한 것이다. 그것은 마찬가지로
세계의 경제 변화에 관한 중요한 신호를 말해 준다. 그리고 그들이 하는
이야기들은 경제자료나 기업 보고서를 통해 항상 분명히 드러나지는 않
는다.

아이러니하게도 미국과 유럽에서는 인터넷의 가치가 부각되면서 개
인의 힘이 인정받게 되었다. 블로그, 페이스북, 이베이 등의 성장은 개

인의 힘을 증명한다. 이들의 활약은 유럽의 매체들이 광범위하게 기록했다. 유럽의 미디어는 자국의 안보를 위해 주로 이들의 활동을 조사하고 그 활동에 직접 관여했다. 아랍 세계와 중국 간에 일어나는 변화뿐만 아니라 이우의 전시장과 쇼핑몰이든 다마스쿠스의 전통 재래시장이든 개인 활동으로 나타나는 변화들을 직접 조사했다. 아랍과 중국 상인 간의 협력은 인터넷 페이스북에서 만난 두 친구의 협력과 별반 다르지 않다. 사실 그들의 협력은 이미 아랍 세계와 중국 간에 엄청난 양의 물건과 돈이 오간다는 것을 피부로 느끼게 한다.

유럽에 대한 도전은 아랍 상인의 요구와는 관계없이 결정됐다. 보안 문제는 가까운 장래에 해결될 공산이 크지만 아랍 상인들은 계속 유럽을 방문하기가 어렵다고 생각할 것이다. 다행스럽게도 유럽 경제권은 점점 더 고부가가치형 상품과, 전화로 사고팔 수 있는 서비스의 형태로 거래되는 상품의 가치가 계속 커질 것이다. 그러나 이와 같은 유럽의 접근방법은 일반적인 아랍인과 유럽인 사이에 장벽을 쌓을 위험이 있어 재고할 필요가 있다. 왜냐하면 현재 실크로드의 상인들은 이미 중국에 호의를 보이며 유럽에 등을 돌리기로 했기 때문이다. 이들은 과거 한때 거대한 무역 파트너였던 아랍과 중국 두 지역을 연결할 새로운 길을 건설하기 위해 초석을 교체하고 있다.

Chapter 2

THE NEW

중국의 석유자본과 세계의 오일 경쟁

SILK ROAD

중국의 석유자본과 세계의 오일 경쟁

중국, 석유 수요 증가로 아랍 산유국에 의존하다

1937년 3월, 미국의 지질학자인 막스 슈타인케는 사우디아라비아를 횡단하는 운명적인 여행을 했다. 그는 캘리포니아 스탠더드 오일 컴퍼니 소속 탐사 팀의 일원이었다. 슈타인케와 그의 동료들은 동부 해안도시인 다란에 베이스캠프를 설치했다. 부인들은 후에 인도 봄베이에서 배편으로 도착했다. 정말 힘든 임무였다. 탐사 팀은 2인용 임시 거처에서 생활했다. 그곳에서는 나무도 볼 수 없었고, 여름 기온은 화씨 50도에 육박했다. 중국인 요리사인 차우 리와 프랭크 당은 오로지 볶음국수와 빵만으로 음식을 만들었다. 이것이 광활하고 알려지지 않은 아라비아 사막을 탐사하는 지질학자들을 위한 최소한의 보상이었다. 그해 3월 탐사 팀은 승용차 두 대와

픽업트럭 석 대를 나눠 타고 떠났다. 미국 기자 월리스 스테그너의 기록이 남아 있다.

리야드를 여행하던 탐사 팀은 왕족인 이븐 질루위에게 존경을 표하기 위해 호푸프에 머물렀다. 이 왕족은 생각지도 않은 손님이 오면 장난을 치는 버릇이 있었다. 이븐 질루위가 작은 소리로 "커피"라고 소곤거리면 경호원이 갑작스럽게 사나운 소리로 "커피"를 복창한다. 처음 온 사람은 기겁을 하며 앉았던 방석에서 펄쩍 튀어 오른다. 후에 탐사 팀이 리야드를 여행하던 중에 바디아 궁전에서 사우디아라비아 황태자를 알현한 적이 있다. 그들은 아침에 수백 마리 당나귀가 우물에서 물을 퍼 정원으로 흘러가도록 수로로 물통을 끌어 올렸는데 그때마다 나는 나무 도르래가 삐걱거리는 소리에 놀라서 잠을 깼다. 사우디아라비아 황태자는 탐사 팀에 궁전을 보여 주었다. 그곳에는 서로 다른 시각을 가리키는 고전풍의 시계들로 가득찬 방도 있었다. 황태자는 자기 시계들이 전 세계 각 나라의 시각을 알리게 하고 싶다고 말했다.

이 여행에서 슈타인케는 사우디아라비아의 지질구조에 대한 자료를 만들었다. 당시 그는 사우디아라비아의 지질구조를 모르고 있었지만 그의 자료는 10년이 더 지난 1948년에 세계에서 제일 큰 '가와르' 유전을 발견하는 데 일조했다. 가와르 유전은 다란과 리야드 사이에 있는데 280킬로미터가량 뻗어 있어 괴물 같다. 전 세계 매장량의 5%가 매장돼 있으며 하루 평균 500만 배럴의 원유를 생산할 수 있어, 미국의 일일 석유소비량의 4분의 1을 공급할 수 있다. 캘리포니아의 스탠더드 오일 회사는 가와르 유전을 발견하여 부를 쌓았으나 그 행운은 오래가지 못했다. 1980년 사우디아라비아 정부는 유전 독점사용권을 완전 통제하여 사우디아라비아 아람코 회사로 이름을 바꿨다. 오늘날 사우디아라비아의 아람코 사는 세계에서 가장 큰 석유회사로 시가 총액은 엑슨모빌의 거의 두 배다. 2009년은 슈타인케가 처음으로 사우디아라비아를 횡단한 지 만 70년이 되는 해였다. 석유 발견으로 아랍의 미래는 변하고 있다.

아랍에는 전 세계 석유매장량의 28%가 있으며 그 대부분이 수출된다. 2004년과 2008년 사이 유가가 배럴당 30달러 미만에서 150달러로 치솟았을 때 이는 엄청난 횡재였다. 1배럴은 단지 1배럴일 뿐이다. 그런데 급작스럽게 파는 사람보다 사는 사람이 많아졌다. 아랍 세계 모든 국가가 해야 할 일은 같은 양의 석유를 계속 생산하는 것이다. 2004년에서 2007년 사이 무역흑자는 1000억 달러에서 1800억 달러로 급증했다. 이는 중국의 무역 흑자가 증가하는 것과 거의 일치한다. 또한 걸프 산유국의 모든 주민에게 매년 3000달러가 더 돌아갈 수 있는 액수다. 아랍 경제의 건강성은 1배럴의 석유가격과 긴밀하게 연결돼 있다. 따라서 결국에는 석유가격이 떨어질 것이라는 데 위험이 있다. 그렇게 되면, 소비와 투자를 위한 펀드들이 사라지는 것처럼 석유가 가져온 부의 잔치도 끝날 것이다.

과연 그런 날이 올까? 아랍 산유국들은 유가가 배럴당 30달러로 다시 내려가지 않을 것이라고 생각한다. 이제 아랍 세계는 골리앗이 되었다.

중국은 주체할 수 없을 만큼 석유에 목마르다. 2001년 이후 중국 경제는 초고속으로 변화했으며 석유수입이 엄청나게 증가했다. 나는 홍콩에서 JP모건의 중국 경제 전문가로 활동하면서 중국의 변화를 지켜보았다. 전 세계가 별안간 중국을 발견한 것 같았다. 많은 의뢰인은 중국이 엄청난 양의 석유를 수입하는 이유를 알려고 야단법석을 떨었다. 그 이유는 첫째, 수출 공장들은 개인용 컴퓨터나 겨울용 재킷 같은 상품을 만들기 위해 석유를 사용했다. 이런 공장들은 전기발전기 연료로 석유를 사용했으며 운송 트럭을 움직이는 데도 석유를 사용했다. 둘째, 자가용의 폭발적인 증가로 가솔린 수요가 크게 늘었다. 셋째, 중국 정부는 2006년부터 건설용 석유 비축에 들어갔다. 지금 나는 주요 이유 중에서 단지 세 가지를 말했을 뿐이다.

중국에 석유가 없는 것이 아니다. 중국은 일일 370만 배럴을 생산하는 세계 5위 산유국으로 이란(430만 배럴) 바로 다음이며 멕시코와 같은 수준이다. 문제는 새로운 유전이 개발되지 않아 숫자에 예민하다는 데 있다. 만일 중국이 석유를 수입하여 보충하지 않는다면 2030년에는 생산이 감소하겠지만 현재 알려진 매장량으로 앞으로 10년까지는 오일피크일 것으로 추정하고 있다. 틀림없이 새로운 유전이 발견될 것이다. 이를테면, 베이징과 인접한 보하이(渤海) 지역에서 새로 발견된 유전 같은 것이다. 이렇게 새 유전이 발견돼도 국내 석유생산량이 소비량을 따라가지 못하는 상황을 바꿀 가능성은 희박하다. 1993년 중국이 석유 순수입국이 된 후 석유 수입은 5년마다 두 배로 증가하고 있다.

이 숫자들이 사실을 말해 준다. 1980년대 세계 석유소비에서 중국이 차지하는 비율은 3%에 불과했지만 2007년에는 9%를 차지했다. 중국은 세계 제2의 석유소비국으로 일본을 앞질렀다. 미국은 아직도 세계 석유소비의 27%를 차지하는 최대 석유소비국으로 당분간은 이 자리를 내놓지 않을 것이다. 그러나 세계 석유시장에서 소비국 순위는 항상 변하고 있다는 사실이 중요하다. 중국이 세계 석유소비의 9%를 차지했다는 것은 2004년에서 2007년 사이 세계 석유소비 증가량의 거의 40%를 중국이 차지했다는 뜻이다. 이와 같은 수요 증가는 세계 석유시장을 압박하여 2004년 이후 유가 급등을 유발하여 아랍 세계에 이득을 주고 있다.

물론, 유가 상승이 오로지 중국 때문이라고 설명할 수는 없다. 세계 경제는 2001년 첨단산업의 거품이 꺼지는 상황을 극복하고 지난 수십 년 이래 가장 건전한 성장기를 누렸다. 중국을 비롯한 수많은 개도국 경제도 역시 튼튼하게 성장해 석유 수요 증가세에 더욱 박차를 가했다. 게다가 석유 공급은 제한을 받았다. 대다수 산유국들은 1990년대에 석유 개발투자 부족으로 예비생산 능력이 거의 한계점에 와 있었다. 게다가 석유소비국들이 효율적인 관리를 선호하게 되면서 석유 재고를 제한했다. 지정학적인 긴장요인도 한몫을 했다. 즉 계속되는 이라크 전쟁과 나이지리아와 베네수엘라의 정정불안 등 부수적인 요인들도 유가를 기록적으로 올리는 데 일조했다.

유가 상승은 아랍 경제에 직접적인 효과를 주었다. 아랍 상인들은 오일 달러를 가지고 이우의 거리로 벌떼처럼 몰려왔다. 아랍인의 방문은 유가가 폭등했던 2004년 이후로도 수년간 계속 증가했다. 그들은 마치 장난감, 선물용품, 가정용품 등에 굶주린 소비자들처럼 계속해서 이우를 찾아왔다. 아랍 산유국의 경제는 한동안 활황세를 이루었다. 두바이의 고층건물은 계속 높아지고 있다. 두바이 당국은 아랍 석유를 이용해 금융 재정 분야의 중간 거점으로 이 도시를 육성하고 있다. 바레인과 카타르도 두바이를 좇고 있다. 사우디아라비아도 석유 이후의 시대를 위해 거대한 사회기반사업을 시작했다. 유가와 아랍 경제는 아주 튼실한 고리로 연결돼 있다. 부분적으로 중국 때문이기도 하지만 유가 상승은 변형적인 효과를 가져왔다.

그런데 석유는 높은 가격을 계속 유지할 수 있을까? 국제에너지기구 IEA는 그렇게 생각하는 것 같다. IEA는 유가가 2015년까지 계속 배럴당

60달러 이상을 유지하다가 2030년까지 배럴당 108달러로 폭등할 것이라고 예상한다. IEA는 1970년대 석유파동 이후에 창설된 기구다. 이 기구의 일차적 기능은 석유파동이 다시 발생하면 비상시 석유공급 관리를 조정하는 것이다. 그 후 이 국제기구의 역할은 확대되어 현재 100명 이상의 분석관이 한 팀이 되어 회원국들의 자료를 비교·분석하고 해석한다. 금융시장 투자가들도 이 기구의 견해를 중시하며 〈파이낸셜 타임스〉, 〈워싱턴 포스트〉, 〈뉴욕 타임스〉 등은 정기적으로 이 기구의 연례 보고서를 게재하고 있다.

IEA는 배럴당 60달러도 너무 적게 잡은 것이라고 우려하고 있다. 이 기구는 신규 오일 생산을 위한 투자를 늘려 오래된 유전의 생산 감소량을 보충해야 하며, 그러지 않을 경우 2015년이면 유가가 폭등하여 공급 위기를 통제할 수 없는 상황이 올 것이라고 경고했다. 아랍 산유국들은 이미 세계 석유시장을 좌우하는 힘을 가지고 있으며 향후 10년 동안 그 힘은 점점 커질 것이다. 현재 발견된 세계 석유매장량 대부분이 아랍 세계에 있으므로 석유 생산에 대한 대부분의 투자가 아랍 세계에 집중될 것이다. 이와 같은 불균형을 이유로 IEA는 이란을 포함해 아랍 세계가 세계 석유생산에서 차지하는 비율이 현재 28%에서 2030년에는 39%로 더 높아질 것으로 예측하고 있다.

만약 그렇다면, 아랍 산유국들은 경건한 태도로 꾸준히 중국의 성장을 뒷받침할 것이다. IEA는 2015년이면 중국이 세계 석유수요 증가율의 3분의 1을 차지할 것으로 예상한다. 이는 현재 중국의 연평균 성장률 7.5%에서 나온 분석이다. 이 수치는 내 관심을 끌었다. 2007년 중국의 성장률은 이 수치의 거의 두 배인 12.0%였다. 당시 나는 고객에게 2015년까지 평균 성장률이 8.5%로 아주 전망이 좋다고 말했다. 만일 인플레이션이 빠르게 진행되고, 중앙은행이 이자율을 별안간 높인다면 성장률이 매우 둔화될 위험도 있다. 그러나 IEA는, 중국의 경제성장률 예측치가 너무 낮게 평가된 것이라면 예상보다 에너지 수요가 많아지고 유가는 더 높아질 것이라고 경고했다.

중국의 중요한 파트너, 사우디아라비아

사우디아라비아는 석유 산업의 거인이다. 완전히 사막으로 둘러싸인 내륙에 위치한 수도 리야드는 고전적인 아랍 도시로 4층 이상 되는 건물도 별로 없다. 작열하는 태양은 평평한 이 도시를 내리쬐 도시의 벽에서 모든 색을 빼앗았다. 가장 가까운 항구와도 아주 멀리 떨어져 있는 이 황량한 곳에 건설된 수도의 환경은 가혹하다. 이웃 두바이와 비교해도 끔찍하다. 두바이에는 40층 이상 되는 건물이 10개가 넘는데 리야드에는 단 두 개다. 내가 리야드를 처음 방문했을 때는 여름철의 펄펄 끓는 용광로 같은 날씨에서 35도로 기온이 내려가 아주 선선했다. 사우디아라비아에는 처음 방문한 것이었다. 나는 주로 지중해 연안 아랍 국가들에서만 살았기 때문에 팔레스타인의 오렌지 숲, 레바논의 푸른 계곡, 시리아의 대리석 궁전들과 단순 비교하여 사우디아라비아를 황량한 사막으로만 생각했다.

세계 석유생산량의 13%를 차지하고 석유를 더욱 더 증산할 수 있는 사우디아라비아는 세계 석유공급에 막대한 영향력을 가지고 있다. 사우디아라비아가 배럴당 유가를 정할 수는 없지만 자국의 생산량을 조절해 유가에 영향을 줄 수 있다는 것은 확실하다. 석유시장이 사우디의 석유광물자원부 장관 알리 알 나이미의 말 한마디에 영향을 받는 것은 놀랄 일도 아니다. 베이루트, 리야드, 테헤란에서 열린 OPEC 회의를 취재했던 블룸버그 TV 기자는 "알 나이미 장관은 우리가 함께 취재하고 싶은 유일한 관리였다"고 회상했다. 기자들은 회담이 열리는 건물 앞에서 마치 파파라치처럼 장관을 기다렸으며 그가 나오면 팝스타인 양 모두 그를 쫓아갔다.

사우디아라비아는 중국의 중요한 파트너다. 중국은 사우디아라비아에서 1일 평균 50만 배럴을 수입한다. 이는 중국이 아랍 세계에서 수입하는 석유의 절반이 넘는 양이다. 사우디아라비아 다음으로는 오만에서 1일 평균 30만 배럴 정도를 수입한다. 오만은 주로 초저유황 원유를 생산하는데 초기에는 중국의 고유황 원유 정제시설을 억제하려고 한 탓에 타깃이 되기도 했다. 현재 중국의 사우디아라비아산 원유 수입은 급속히 증가하는 것에 비하여 오만산 원유 수입은 거의 정체상태다. 세 번째로 중국에 원유를 많이 파는 나라는 예멘인데 하루 평균 10만 배럴도 못 된다. 예멘의 알리 압둘라 살레 대통령은 2004년 중국을 방문해서 중국 지도부와 중국 회사의 예멘 내 석유개발권을 인정하는 에너지 협정을 체결했다. 그러나 살레 대통령 방문 후 중국의 예멘산 원유 수입은 오히려 줄었다.

이라크의 생산량은 알려지지 않고 있지만 전쟁 전 수준으로 생산량을 높이려 노력하고 있다. 이라크는 원유 매장량이 세계에서 세 번째로 많다. 게다가 1980년대 말부터 석유개발을 제한하고 있음을 고려할 때 석유매장량이 어마어마하리라는 것은 짐작할 수 있다. 중국은 1990년대에 사담 후세인 정권과 여러 가지 협정을 체결했다. 그중에는 이라크 남부 알 아흐다브 유전에 관한 협정도 있다. 이라크 신정부는 이와 같은 협정들을 새로 제정한 석유법에 효율적으로 포함시켰다. 잘랄 탈라바니

이라크 대통령은 이라크 석유부 장관과 함께 2007년 6월 중국을 방문했다. 이라크 석유부 장관은 알 아흐다브 유전개발협정은 여전히 유효하다고 발표했다. 중국 국영 석유회사는 제일 먼저 이라크와 석유개발협정을 체결하고 싶은 듯했다.

그러나 사우디아라비아의 매장량이 1위다. 이는 사우디아라비아가 중국과 밀접한 관계를 갖기 원하는 유일한 이유다. 사우디아라비아는 거의 70여 년간 미국, 예를 들면 1930년 석유가 발견된 후 처음부터 사우디아라비아의 석유 생산을 지원한 캘리포니아 스탠더드 석유회사 같은 미국의 석유회사들에 의존해 온 것을 우려하고 있다. 사우디아라비아의 석유 생산지역에 있는 전기설비 회사들은 미국형 플러그를 사용하고 있다. 이는 첫 번째 맺은 관계의 중요성을 설명하는 흔한 예에 불과하다. 9·11 사태와 그로 인한 반사적인 반사우디아라비아 정서는 양국관계를 긴장시키며 이라크와 레바논 전쟁은 양국관계를 더욱 악화시킨다. 미국은 일방적으로 이스라엘에 호의적이고 제국주의의 야망을 가졌다는 이유로 비난을 받는다. 사우디아라비아가 미국 의존에서 벗어나기 위해 중국을 선택한 것은 놀랄 일이 아니다.

양국관계의 역사는 비교적 짧다. 정통 이슬람 국가와 사회주의 아시아 국가는 파트너가 되기 어려웠다. 그러나 1999년 중국의 장쩌민(江澤民) 주석이 리야드를 방문한 후 양국관계가 변화하기 시작했다. 중국 주석의 방문으로 양국은 오일협력협정을 맺었다. 이 협정은 사우디아라비아 정부가 중국 투자회사에 석유탐사와 개발기회를 주고 중국은 사우디아라비아에 석유정제산업 부문을 개방키로 하는 것이었다. 이 협정은 중국이 문호를 개방하여 사우디아라비아로부터 석유를 수입하게 하는데 일조했다. 하지만 그 양은 미미한 수준이었다. 새로 발견된 사우디아라비아 유전의 대부분이 중국의 정제시설에는 적합하지 않은 원유이기 때문이다.

그런데 2006년 양국관계는 크게 발전했다. 2006년 1월 사우디아라비아 압둘라 국왕이 기업인들로 구성된 수행원 수백 명과 함께 베이징을 방문했고 장쩌민의 후계자인 후진타오 주석은 4월 리야드를 답방했다. 이는 후진타오 주석의 첫 번째 해외순방이었는데 워싱턴을 먼저 방문하고 리야드를 두 번째로 방문했다. 리야드를 두 번째로 방문한 것은 선언적 의미가 크다. 더욱이 후 주석의 워싱턴 방문은 '국빈방문'이 아니라 '공식적인 방문'이라는 외교적 용어를 사용했다. 백악관의 공식만찬도 없었다. 베이징 측은 이와 같은 미국의 태도를 냉대로 생각했다. 반면 사우디아라비아에서는 모든 각료를 다 만났다. 워싱턴에서 받은 대우와 비교하자면, 그는 사우디아라비아 의회에서 연설이 허용된 두 번째 외국 지도자였다. 중국과 사우디아라비아의 관계는 급속히 강화되는 것처럼 보였다.

사우디아라비아와 중국의 관계에서는 조건이 별로 없었다. 후진타오 주석은 왕국을 방문하는 동안 정치 이야기는 한 마디도 하지 않았다. 후 주석의 연설은 전쟁이나 군사력으로는 문제를 영원히 해결할 수 없으며 분쟁은 정의롭고 공평하게 다뤄야 하며 의견이 다르면 정치적인 방법으로 중재해야 한다고 조심스럽게 강조하는 내용이었다. 또한 민주주의나 인권문제에 대해서도 언급하지 않았다. 나는 TV에서 그의 연설을 들었다. 실업문제, 반정부 무장세력 활동 증가, 이웃 국가의 내전상태(이라크) 등 여러 가지 도전 상황에 처한 사우디아리비아 국회의원들에게 후 주석의 연설은 듣기 좋은 이야기로 중국의 내정불간섭 정책을 강조한 것이었다.

또한 석유화학 분야에 있어서 양국 간의 금융과 기술협력 관계가 증진됐다. 2007년 사우디아라비아 아람코 사는 중국의 최대 석유회사인 '시노펙(中國石化)'과 푸젠 지방의 취안저우 정유시설의 생산량을 일일 8만 배럴에서 24만 배럴로 증산하는 협정을 체결했다. 이는 브루나이의 하루 석유생산량과 같다. 중국은 합작투자로 엑슨모빌의 지분 25%, 사우디아람코의 지분 25%, 시노펙의 지분 50%를 가지고 있다. 이 정유공장은 고유황 원유를 취급할 것이며 새로 건설한 국가석유전략비축기지 근처에 건설할 예정이다. 그와 같은 고유황 정유공장들이 아프리카의 비싼 저유황 원유 대신 사우디아라비아에서 수입하는 고유황 원유를 정제할 것이기 때문에 중요하다. 그에 대한 답례로 사우디아라비아는 2004년 사우디아라비아에 대한 천연가스 탐사권과 생산권을 중국의 시노펙에 허용했다.

무역관계도 또한 성장하고 있다. 예를 들면 사우디아라비아 투자청이 홍콩에 지사를 설립했는데 이 투자청은 사우디아라비아의 새로운 모습이다. 사우디아라비아는 최근 외국인 투자자를 위한 야심찬 조치를 취했다. 더욱이 아직도 거대한 관료사회와 규제에 대한 장애물이 남아 있지만 세계은행은 2008년 기업활동을 편리하게 하는 기구로 사우디아라비아 투자청을 1위에 올렸다. 사우디아라비아 투자청의 홍콩지사는 이러한 새로운 환영의 표현이다. 사우디아라비아의 최대 투자회사 중 하나인 자밀 그룹 같은 일부 사우디아라비아 투자가들은 중국에 공장을 설립했다. 건설자재를 생산하는 자밀 사의 공장은 주로 사우디아라비아에 있었는데 사우디 국내시장에 자재를 공급하기 위해 중국에 새로운 철강공장을 건설한 것이다.

2003년 미국은 사우디아라비아에서 가장 많은 석유를 수입했다. 양국이 가까워지는 것이 걱정됐을까? 그러나 그 후부터 전체 석유수입에서 사우디아라비아의 비중은 서서히 줄고 있다. 이 감소량은 단순히 고유황 원유에 대한 아시아의 수요가 급증했음을 반영한 것일 수도 있지만 어떤 사람은 이를 전략 변화의 신호탄으로 본다. 2006년 초 후진타오 주석이 사우디아라비아를 방문했을 때 미국 국방대학교 교수 리처드 러셀은 〈월스트리트 저널〉에 중국과 사우디아라비아는 미국의 이익을 위협하는 전략적 관계를 구축했으며 가장 위험한 것은 이들 관계 발전의 대부분을 워싱턴이 알지 못하고 지나가는 것이라고 주장했다.

믿을 수가 없었다. 리야드에서는 중국인을 거의 보지 못했지만 두바이에서는 그렇지 않았다. 사우디아라비아 정부가 외국 투자자들의 투자를 장려하고는 있지만 아직도 외국 상인들이 방문하려면 사우디 현지 회사의 초청장이 있어야 한다. 또한 사우디아라비아는 자국에서 외국인이 산매활동을 하는 것을 금하고 있다. 이는 중국 상품을 팔고자 하는 중국 상인들에게는 엄청난 장애물이다. 사우디아라비아 관리들은 현지 사업가들 중에 '차이나시티' 건설에 관심을 가진 사람이 있다고 말은 하면서도 아직도 리야드에 '차이나시티'를 건설하는 것을 금하고 있으며 이를 승인할 계획도 없다. 한동안 사우디아라비아에서 중국 상품을 판매하는 것은 이우에 기지를 세운 예멘 상인들처럼 주로 사우디아라비아 무역회사들이었다.

물론 중국도 노력하고 있다. 중국의 지방행정부들은 사우디아라비아에 10여 개 팀의 무역사절단을 파견했다. 사우디아라비아의 상공회의소에서 온 오마르 바흘라이와는 머리를 흔들면서 이렇게 말했다. "중국사절단은 너무 많고 조직적이다. 결국 우리는 중국인 무역사절단을 1년에 4개 팀으로 제한할 수밖에 없었다. 각 사절단에 얼마나 많은 기업인이 참여하든 상관없다. 그러나 1년에 4개 이상의 무역사절단이 오면 우리는 1년 내내 중국인만 접대해야 한다.” 나는 이야기를 들으면서 웃을 수밖에 없었다. 이는 중국을 단순한 독립체로 보는 데서 오는 오해다. 오히려 중국은 유럽의 큰 나라들과 크기가 비슷한, 30개가 넘는 지역들의 결합체라고 할 수 있다. 그리고 그 지방들은 각자 수출시장을 개척하기 위해 치열하게 경쟁하고 있다.

나는 중국대사관 산하 경제담당 부서에 연락했다. 중국 대사관은 킹 파드 거리 외곽에 있었다. 건물 옥상에는 아무런 깃발도 없어서 대사관을 찾는 데 한 시간 이상 걸렸다. 리야드의 대부분 거리가 비슷비슷하다. 거리 이름에 관심을 갖는 사람도 별로 없다. 결국에는 이집트인 경비에게 전화를 걸어 이름이 새겨진 조그만 청동판이 외벽에 부착된 이 건물을 안내 받았다. 나는 경제담당 부서에서 일하는 중국 관리와 만나기로 약속이 돼 있었다. 우리는 한동안 중국어로 이야기했다. 영어는 잘하는 편이지만 아랍어는 하지 못하던 그 관리는 자진해서 녹음을 허락했다. 오래 이야기를 했지만 그는 중국과 사우디아라비아의 관계가 다른 아랍 국가들보다 특별히 돈독하다는 것을 내게 납득시키지 못했다.

베이징에서도 마찬가지였다. 나는 10년 가까이 리야드에서 활동하고 있는 한 미국인 투자가를 만났는데, 그는 “내가 베이징에 처음 왔을 때 사우디아라비아와 관계를 갖고 싶어 하는 모든 중국 관리의 전화를 받았다”고 회상했다. 이해할 수가 없었다. 왜 사우디아라비아 사람이 아닌 미국 사람에게 전화를 했을까? 사람들을 만나는 일은 확실히 풍부한 경험을 축적하는 것이다. 이 사람의 경험은 내게는 값진 자료다. 아직도 베이징에는 아랍에 대한 경험을 가진 사람이 몇 안 되며 이 사람은 그중 하나다. 대사관 직원을 제외하고는 중국에 살고 있는 사우디아라비아 사람은 거의 없다. 이우에서 만난 아랍 상인들에게도 물었다. "당신은 이 도시에서 사우디아라비아 무역상인들을 만난 적이 있습니까?" 그들은 모두 고개를 저었다.

사우디아라비아가 중국에 대해 신중하게 접근하는 이유를 밝히는 것은 어려운 일이 아니다. 비록 사우디아라비아가 미국에 대한 의존도를 줄이고 싶어 하지만 관계를 완전히 끊기를 바라는 것은 아니다. 무엇보다도 미국은 여전히 세계 최대 석유 소비국이며 사우디아라비아에 군사지원을 하는 중요한 국가다. 미국 주재 사우디아라비아 대사인 투르키 알 파이잘 왕자는 한 인터뷰에서, "중국이 미국보다 꼭 좋은 친구는 아니지만 복잡하지는 않은 친구다"라고 말했다. 오마르 바흐라이와도 비슷한 말을 했다. "우리는 미국과 함께 가톨릭적 의미의 결혼을 했다. 그러나 우리는 무슬림이기도 하다. 그래서 아내를 한 명 이상 둘 수 있다." 리야드는 실제로 베이징과 긴밀히 연결되고 있지만 이 말의 뜻은 리야드와 베이징의 관계보다는 리야드와 워싱턴의 관계에 더 무게를 둔 말이다.

중국의 입장에서도 석유의 대외의존도가 높아지는 것은 우려할 만한 일이다. 특히 중국은 한 산유국에 의존하는 것을 걱정하고 있다. 그런 점에서 사우디아라비아는 특별히 도전을 받고 있다. 그렇다. 사우디아라비아는 석유가 풍부하지만 변덕스러운 이웃들과 함께 정통 이슬람이자 역사적으로는 미국과 친밀한 나라다. 그래서 중국은 사우디아라비아와 관계를 강화하는 한편으로 앙골라, 카자흐스탄 같은 대체 석유공급원이 될 수 있는 국가들과도 가까워지려고 정열적으로 활동하고 있다. 후진타오 주석의 리야드 방문도 중요했지만 그는 2001년 이후 앙골라를 두 번이나 방문했다. 그때는 베이징과 리야드 간에 새로운 전략적

축을 건설하는 표증이 별로 없었다. 후 주석은 서구의 오일 안보에 대항하겠다는 듯 모든 국가를 방문하여 우정의 악수를 나눴다.

세계의 석유전쟁

2003년 《*The Battle in Protecting Key Oil Route*》라는 온라인 소설이 중국어로 발간되었다. 이 소설은 중국과 미국 간의 해전을 묘사한 책으로 눈을 뗄 수 없을 정도로 흥미진진한 읽을거리다.

국제 유가가 배럴당 100달러 선이 붕괴되어 고유가가 지속되고, 중국이 소비하는 석유의 70%를 수입에 의존하는데, 그중 대부분이 말라카 해협을 통과하고 있다. 조심스럽게 준비한 제국주의 세력들이 중국의 평화적 성장에 두려움을 느껴 뻔뻔스럽게도 싱가포르에서 단지 100마일 떨어진 말라카 해협에서 해군 기동훈련을 한다. 코드명은 '필수 통로를 확보하라Control the Vital Passage' 이다.

이야기는 네댓 페이지를 이런 분위기로 계속되다가 극적으로 긴장이 고조된다. '별안간 미국의 토마호크 미사일이 중국 구축함 칭다오를 향해 발사된다……'

대박. 이 소설은 열광적인 반응을 얻었다. 온라인을 통해 여러 버전으로 만들어져 확산됐으며 소설에 나오는 이야기가 공식적인 정책 성명서인 양 오해를 사기도 했다. 이 소설은 생동감 넘치는 상상력의 작품이며 톰 클랜시의 전투 게임처럼 읽어야 한다. 그러나 《*The Battle in Protecting Key Oil Route*》는 중국이 석유에 집중해 가는 것을 더욱 공론화하고 있다. 첫째 우려는 석유가격이고 둘째는 석유안보다. 이 두 가지 공포는 베이징의 정책입안자들이 왜 한밤중에도 잠을 못 이루며 중국의 석유공급원을 다변화하려고 애쓰는지를 설명하고 있다. 최근 수년 동안 정책입안자들이 가장 우려하던 상황은 더욱 악화됐다.

2008년 유가는 배럴당 150달러에 육박했다. 유가급등은 베이징의 정책입안자들을 당황하게 만들었다. 중국 미디어는 유가를 더 올리려고 공모한 외국 석유회사들을 '국제석유악어international petroleum crocodiles' 라고 공개적으로 비난했다. 중국 관리들은 외국 정부들이 중국 경제발전의 발목을 잡으려고 유가상승을 조작했다고 믿고 있다. 리훙지에는 아랍 관련 저널에 '미국은 중국의 성장을 막기 위해 중국이 중동개발에 참여할 기회를 항상 압박해 왔다.' 고 주장했다. 불현듯 중국 관리들은 유가가 계속 올라 국가 경제개발을 좌절시키는 위험한 상황에서 자신들을 보호하기 위한 대책을 서둘러 마련해야 했다.

그런 와중에 그해 미국과 이란이 긴장상태에 들어가면서 석유수입 취약 지역인 '병목지점' 에 관심이 집중됐다. 석유수입의 첫 번째 취약지역은 페르시아 만 입구인 호르무즈 해협이다. 이 해협의 가장 좁은 곳은 폭이 겨우 21마일이며 북쪽으로는 이란을, 남쪽으로는 오만과 경계선을 맞대고 있다. 미국 에너지국은 중국이 수입하는 석유의 24%가 호르무즈 해협을 통과한다고 본다. 베이징 정부가 페르시아 만의 무력충돌을 우려하는 것은 당연한데 특히 2003년 이라크 전쟁 발발 이후 미국의 군사력이 이곳에 구축되는 것을 심각하게 우려하고 있다. 과거 이란도 이 해협에서 군사훈련을 실시했지만 이란이 이 해협의 교통을 봉쇄할 능력이 있다고 생각하는 사람은 없었다.

둘째로 중요한 지역은 말라카 해협이다. 이 해협의 가장 좁은 곳은 폭이 34마일이며 북쪽으로는 싱가포르와, 남쪽으로는 인도네시아와 맞닿아 있다. 미국 에너지국은 중국이 수입하는 석유의 80%가 말라카 해협을 통해 수송되는 것으로 본다. 이 해협은 세계에서 가장 붐비고 위험한 항로다. 존 윌스는 해상 중국을 설명하는 글에서 해상시대에 세계 대부분의 해양을 항해했던 1600년대 네덜란드 상인들조차 이 해협을 유난히 위험한 지역으로 생각했다고 설명했다. 현대의 해군력과 해상감시체제는 해적행위에 효과적으로 대처할 수 있어 오늘날 해적의 공격을 받는 대형 선박은 별로 없다. 그러나 미국의 해군력이라면 이 해협을 봉쇄할 능력이 있다.

이는 중국이 아프리카에서 석유를 찾아 헤매는 이유다. 첫째, 아프리카에서 석유를 선적하면 호르무즈 해협을 피할 수 있다. 둘째, 석유 가격이 오르면 중국 국영 석유회사들이 이익을 얻을 가능성이 있다. 또한, 아프리카의 석유자산 지분을 구입할 수 있어 '국제석유악어' 인 석유 메이저로부터 보호받을 수 있다. 바야흐로 서구 언론도 아프리카에서 유전을 얻으려고 애쓰는 중국의 석유회사들에 관해 보도하기 시작했다. 중국 정부는 아프리카 원조를 190억 달러 수준으로 확대하기로 했으며 후진타오 주석은 3년 동안 세 차례나 아프리카를 순방했다. 그의 노력은 성과를 드러냈다. 2006년 2월, 일시적으로 앙골라가 중국의 최대 석유공급원이 돼 사우디아라비아를 추월했다. 이는 정말 아프리카 대륙이 거대한 아랍 산유국을 앞선 것처럼 보였다.

그러나 현실은 좀 더 복잡하다. 중국의 석유 정제시설은 주로 유황이 많은 고유황 원유보다는 유황이 적게 포함된 초저유황 원유에 맞게 건설됐다. 이는 아랍 유전보다는 아프리카 유전에 더 유리하다. 아프리카 유전은 주로 저유황 원유를 생산한다. 중국의 석유수요가 별안간 많아졌을 때 중국 석유회사들이 더 유리한 저유황 원유 공급원인 아프리카로 발길을 돌리는 것은 당연하다. 하지만 이런 상황은 조만간 변할 것이다. 중국은 이미 고유황 원유 처리가 가능한 새로운 정유시설을 건설하고 있다. 사우디아라비아는 취안저우 정유공장 건설에 참여하여 중국의 이런 노력을 재정적으로 돕고 있다.

물론 중국은 여전히 아프리카 석유자산의 지분을 구매할 것이다. 이는 석유가격이 더 올랐을 때 중국의 보호막이 될 것이다. 수단에서 벌이는 중국 국영석유회사CNPC의 활동은 전형적이다. CNPC는 수단 전역 유전의 지분을 소유하고 있다. 수단에는 약 1만 명의 중국 노동자가 있다. 대부분이 정유공장과 홍해 송유관 건설에 고용돼 있다. 2007년 5월 한 보고서는 해체된 중국 인민해방군이 남부지역의 유전을 보호하기 위해 고용됐음을 암시한다. 중국 정부는 수력발전소나 전송선로 건설 등 사회기반시설 건설에 쓸 차관을 제공하고 있다. 그 결과 2007년 수단은 중국의 전체 석유수입량의 6%를 차지하며 중국의 다섯 번째 석유 공급원이 됐다.

중국이 수단을 선택한 것은 의도적인 것이 아니라 자연스러운 결과다. 미국 에너지국은 2006년 중국이 일일 평균 40만 배럴의 석유지분을 획득했을 것으로 추정했다. 그런데 미국의 3대 석유회사인 엑슨모빌, 셰브런, 코노코필립스는 같은 해 중국의 10배에 달하는 일일 평균 390만 배럴의 지분을 가지고 있었다. 개별적으로만 보면 아프리카 석유자산에 대한 중국의 지분 입찰은 극히 이례적인 일이다. 중국이 아프리카 대부분의 국가를 표적으로 활동하는 이유는 유럽의 석유 메이저가 소유하지 않은 지분이 얼마 없기 때문이다. 중국은 유럽 회사들이 갔던 길을 따라가고 있다. 세계에너지기구는 보고서에서 '세계 에너지 시장에 중국이 진출하는 방법은 놀라운 것이 아니다. 중국의 진출 전략은 다른 국가들도 사용하던 것이며 마찬가지로 공격적이다' 라고 말한다.

중국의 문제는 사업 파트너 대부분이 정치적으로 불안해서 정권이 바뀌기 쉽다는 것이다. 군사적으로 후원하지 않는 한 새로 들어선 정부가 기존 협정을 이행할 이유가 없다. 이라크가 좋은 예다. 1990년대에 중국, 프랑스, 러시아 기업들이 줄줄이 사담 후세인 정권과 협정을 맺었다. 그런데 미국의 지원을 받은 이라크 신정부는 이 협정들을 무효화했다. 미국과 동맹국들이 유전에 대한 새로운 계약을 요구하리라는 것은 누구나 짐작할 수 있는 일이다. 비록 이라크 신정부가 다른 국가들의 제의를 받아들이고 싶어도 불가능하다. 이라크 안보 상황이 아직 불안정하기 때문이다.

또한 불안정한 국가들은 정권이 바뀌지 않는다 해도 무장세력의 공격을 받기 쉽다. 2007년 4월, 분리주의 반군단체인 오가덴 민족해방전선ONLF은 에티오피아의 중국 석유시설을 공격하여 중국 노동자 9명과 에티오피아 석유 노동자와 보안요원 66명을 살해했다. ONLF는 소말리아인들이 석유시설을 위해 도로를 건설한 것이 분명하기 때문에 이 유전 석유시설을 공격할 것이라고 선언했다. 그 전인 2007년 1월 초 무장세력은 나이지리아의 중국 석유시설을 공격해 중국인 노동자 9명을 납치하기도 했다. 이런 사례에서 무장세력들은 몸값을 요구하기 위해 다른 외국인 노동자들도 납치했다. 중국의 석유회사들이 위험을 잘 견디는 것은 분명하지만 그것이 정정이 불안한 나라에서 석유를 공급받는 것의 취약성마저 줄이지는 못한다.

그런 이유로 중국은 중앙아시아 쪽으로 눈을 돌리고 있다. 이론적으로는 좋은 생각이다. 육로로 석유를 수입하면 호르무즈 해협과 말라카 해협을 이용하지 않아도 된다. 중국의 인접국가인 카자흐스탄은 세계 석유매장량의 3%를 가지고 있다고 주장한다. 이곳의 최대 유전들은 중국 국경에서 그리 멀지 않으며, 이 나라 역사의 대부분은 유목민이 주인공이었다. 심지어 일찍이 실크로드 상인들도 페르시아 고원으로 펼쳐지는 끝없는 불모의 사막을 피해 남부 국경을 따라 외곽 지역을 택했다. 국가의 근접성 때문에라도 중국이 석유 공급원의 대체지역으로 카자흐스탄을 겨냥한 것은 놀랄 일도 아니다. 카자흐 유전에서 중국 정유공장까지 이어지는 송유관은 베이징의 정책입안자들에게는 대단한 전략적 가치가 있을 것이다.

또한 교류에 대한 역사적인 논쟁을 피할 수 없다. 초기 중국 제국의 수도는 해안에서 수천 마일 떨어진 내륙에 위치했다. 제국의 통치자들은 해양을 건너 동쪽을 택하기보다는 내륙을 지나 서쪽을 바라보는 경향이 강했다. 카라반 상인들과 침략자들은 대부분 서쪽에서 나타났다. 중앙아시아와의 무역은 원나라(元: 1271~1368) 때 절정에 달했다. 원은 쿠빌라이 칸이 이끄는 몽골인들이 건설한 국가다. 몽골인들이 중앙아시아를 평정한 후 실크로드를 따라 여행하는 수많은 카라반 상인들이 두려워하던 산적들의 위협도 자연히 사라졌다. 이 지역은 안정을 되찾아 수세기 동안 번창했다.

그러나 역사가 언제나 관대한 것은 아니다. 중국과 중앙아시아의 관계는 원의 몰락에 따라 점점 나빠졌다. 청나라(淸: 1636~ 1912)는 17세기 내내 북서쪽 지방의 무슬림 중국인과 전쟁을 했다. 역사가인 모리스 로사비는 당시 산시(山西) 성의 총독이 직접 지휘하는 대군이 출병했다고 기록했다. '총독은 가장 잔인한 방법으로 그의 원정 임무를 완수했으며 1650년에는 양측이 엄청난 사상자를 낸 가운데 무슬림을 완전히 진압

했다. 수만 명이 사망했다. 이 정복사업으로 인한 참혹함은 사라지지 않았다.' 청나라가 일으킨 전쟁으로 중국과 중앙아시아의 무슬림 간에 긴장이 고조됐다. 그리고 오늘날까지도 많은 중앙아시아 산유국이 중국에 발목이 잡혀 있다.

카자흐스탄은 석유자산에 대해 민족주의 성향을 보인다. 2005년 중국 국영석유회사CNPC는 일일 40만 배럴 수송능력을 가진 양국 간의 석유 송유관 건설 자금을 지원했다. 그리고 투르가이 분지의 쿰콜 유전을 운영하는 캐나다인 소유의 페트로카자흐스탄 석유회사를 인수하려고 노력했지만 쉽지 않았다. CNPC는 결국 카자흐스탄 당국에서 구매하려는 또 다른 노력을 포기했다. 2008년 한때 카자흐스탄 총리가 국가에 유리한 이익균형을 찾기 위해 개인투자자들의 유전을 장악하겠다고 위협했다. 카자흐스탄의 민족주의 성향이 점점 짙어지는 바람에 이 나라에서 활동하는 중국회사뿐만 아니라 모든 외국계 회사들도 위험해지고 있다.

중국뿐만 아니라 러시아도 중앙아시아에 대한 야망을 갖고 있다. 2006년 겨울에 발생한 사건은 중국이 직면한 어려움을 보여 준다. 카자흐스탄에서 중국까지 연결되는 송유관은 1년에 단 7개월만 안전하게 사용할 수 있다. 수개월간 계속되는 겨울에는 원유가 얼지 않도록 러시아에서 공급하는, 비스코스가 적은 다른 원유를 혼합해야 한다. 2006년 겨울, 러시아 국영 송유회사인 트란스네프트는 자신들의 송유관 수송능력이 14만 배럴뿐이라거나 또는 카자흐스탄의 정유공장에 필요한 양을 충분히 공급해야 한다는 이유를 들어 석유수송을 지연시켰다. 민간인 분석가들은 이 수치가 너무 높다고 주장했다. 중국 CNPC는 많은 비용을 들여 카자흐스탄의 다른 지역에서 철도를 이용, 점성이 적은 원유를 수송했다. 이는 송유관이 얼지 않게 하는 유일한 방법이었다.

중앙아시아는 아직도 중국의 전략적 석유 공급원이 분명하다. 그래서 중국은 더욱 중요한 역할을 하려고 노력할 것이다. 이 지역이 생산하는 석유를 전부 중국에 판매해도 중국의 하루 소비량의 절반에도 못 미칠 것이다. 이 점이 베이징의 관리들에게는 위안이 된다. 이는 제2차 세계대전 중 일본이 석유를 봉쇄한 것과 같은 유형의 위험으로부터 중국을 안전하게 보호할 수 있기 때문이다. 그러나 석유 선적이 장기간 중단되는 사태가 온다면 중국 공장들도 서서히 멈출 수밖에 없다. 더욱이 중국은 중앙아시아 지역 민족과 복잡하게 얽혀 있는 감정적·역사적인 문제도 헤쳐나아가야만 한다. 또한 이 지역에서 중국의 경쟁자인 러시아가 정치적인 영향력을 얻기 위해 중국에 대한 석유공급을 주기적으로 압박할지도 모른다.

중국이 석유안보를 돈으로 사기는 어렵다. 초기의 성공은 복잡한 도전에 직면해서 교착상태에 빠져 있다. 하지만 중국의 이야기에서 특별한 것은 없다. 미국을 포함한 주요 석유수입국들은 모두 중국과 유사한 통로를 택하고 있다. 대부분 국가들이 궁극적으로 국제 석유시장에서 석유를 사들인다. 만일 석유가격이 배럴당 100달러 정도에서 유지된다면 지금의 논리는 변할 것이다. 그래도 점차 중국은 비싼 값으로 석유 지분을 구매하기보다는 직접 국제시장에서 더 많은 석유를 구매할 것이다. 또한 중국은 자국이 원하는 만큼 석유 시장이 다각화되지 않음을 인정하게 되면 다시 아랍 산유국으로 회귀할 것이다.

아랍 산유국만이 중국의 엄청난 석유 수요를 흡수할 능력이 있다. 추정평가는 흥미로운 기록을 만든다. IEA는 중국의 석유수요가 일일 400만 배럴에서 2006년에서 2015년 사이에 일일 1110만 배럴로 증가할 것이며 국내 석유생산도 절정에 달할 것이라고 예상한다. 이는 중국의 최대 석유 대체공급원의 현재 하루 생산량보다 훨씬 많은 양이다. 앙골라는 하루에 140만 배럴을 생산한다. 그 뒤를 카자흐스탄(140만 배럴), 수단(40만 배럴)이 잇는다. 아랍 세계는 여전히 자신들의 지위를 유지하고 있다. 사우디아라비아는 하루 1090만 배럴을 생산한다. 그 뒤를 UAE(300만 배럴), 쿠웨이트(270만 배럴), 이라크(200만 배럴)가 이어간다. 이라크도 때가 되면 생산량을 늘릴 것이다. 2003년 이라크의 하루 생산량은 260만 배럴이었다. 그러나 이후 10년간 석유탐사를 제한하고 있으니 실제 생산량은 더 많을 것이다.

그러므로 중국이 사우디아라비아나 다른 아랍 산유국들과 더욱 가까워지려고 노력하는 것은 당연하다. 그 관계가 수월하지는 않겠지만 중국은 정통 이슬람 국가들을 지지하면서 생길 위험성까지 감수할 준비가 돼 있다. 이제 중요한 것은 중국이 아랍과의 관계를 어떻게 성공시킬 것인가다. 중국은 어느 정도는 경제력을 이용할 것이다. 이런 전략은 아프리카에서 잘 먹혀들었다. 2006년 베이징은 아프리카에 대한 원조를 두 배로 늘린다고 발표하면서 철도 등 아프리카의 사회기반시설 건설사업을 지원할 목적으로 50억 달러 규모의 투자펀드를 설립했다. 그것은 횡재였다. 아프리카 건설계약의 수익자는 대개 중국인 근로자를 고용하는 중국회사들이기 때문이다. 이런 방법으로 중국은 아프리카에서 이익을 추구하고 있다.

이런 모델을 아랍에서는 활용하지 않는 것 같다. 우선 아랍 정부들은 훨씬 더 좋은 펀드를 제공했다. 예를 들면, 2005년 사우디아라비아는 킹 압둘라 경제도시를 건설하기 시작했다. 건설비용은 270억 달러로 추산되며 이는 중국이 아프리카에 투자한 자금의 다섯 배 이상이다. 다른 아랍 산유국들도 비슷한 건설사업을 시작했다. 누가 중국을 원할까? 이집트나 시리아 같은 개발도상의 산유국을 돕는 것은 중국에는 엄청난 기회였다. 하지만 이 두 나라가 중국의 석유 수요를 모두 충족할 만한 석유를 제공할 수는 없었다.

한편 아랍의 여러 나라는 외국인이 석유 지분을 소유하는 것을 꺼려서 서구의 석유회사들을 내보내기 위해 노력하고 있다. 중국은 앙골라나 수단에서보다 더 공격적으로 경쟁해야 한다는 것을 알게 될 것이다. 더욱이 아랍의 국가들은 기술을 원하지 재정지원을 원하지 않는다. 무엇보다 유전에서 석유를 뽑아내는 서구의 기술을 원한다. 중국의 석유회사들은 재정지원은 할 수 있으나 기술지원을 두고 서구의 업체와 경쟁할 능력은 없다. 그렇다면 중국 석유회사의 활동은 기술과 재정지원이 모두 필요한 시리아 같은 아랍 국가들로 한정될 것이다.

중국이 이런 장애물을 모두 극복한다고 해도 아직 미국과는 경쟁할 상대가 못 된다. 중국이 아랍에서 경제력을 내세우고는 있으나 아직은 이 지역에서 군사력과 정치적 영향력을 가진 최강대국은 미국이다. 미국의 영향력은 주요 아랍 산유국에 크게 작용한다. 특히 쿠웨이트, 오만, 사우디아라비아, 아랍에미리트에서 그렇다. 중국이 아랍 세계에서 미국과 제대로 싸우고 싶다면 미국처럼 군사력과 정치력을 내세워야 할 것이다. 그 점은 중국이 부지불식간에 미국을 크게 따라잡았던 아프리카와는 상황이 다르다고 할 수 있다. 미군은 중동, 동아프리카, 중앙아시아를 대상으로 하는 통합 사령부를 창설한 지 20년이 지난 2007년까지도 통합 아프리카 사령부는 창설하지 않았던 것이다.

물론 현재는 이라크에 주둔한 미군의 수준이 낮지만 미국은 언제든지 신속하게 군사력을 증강시킬 능력이 있다. 2006년 3월, 미군은 바레인, 쿠웨이트, 카타르, 오만 등의 '전진작전기지'에 식량에서 미사일까지 사전배치 전쟁물자를 비축하고 있다는 계약문서들을 공개했다. 그 문서에는 사우디아라비아의 공군기지 설비보존 계약과 바레인, 쿠웨이트, 카타르, 오만, 아랍에미리트의 공군기지에서 정규작전을 펼 수 있는 내용이 있었다. 미군은 방어능력이나 미국 본토로부터 작전을 수행할 수 있는 능력에 의존하고 있다. 예를 들면 무인정찰기의 감시체제다. 한편 페르시아 만에 해상 전투부대를 두어 세계 최대 유조선이 이용하는 이 해역을 감시하는 것도 전략적인 경쟁자들에 대한 가시적인 억지력이다.

중국은 선택의 여지가 없다. 중국은 이 지역에 군사력을 갖지 못했으며 해군력도 제한적이다. 미국 국방부는 '중국의 해양에 대한 거부표시 개념은 타이완과 그 주변 지역의 근해에 대한 통제로 한정돼 있다.'는 결론을 내렸다. 항공모함을 갖지 못한 것은 가장 중요한 취약점이다. 더욱이 중국 해군은 국가자원을 최대한 효과적으로 사용하기 위해 잠수함에 의존하고 있다. 중국이 항공모함을 건조한다면, 이는 전략적으로 중요한 변화를 나타내는 것이다. 그러나 베이징에서는 이 문제를 어떻게 처리할지 논의 중이며 결정이 나려면 시간이 걸릴 것이다. 게다가 항공모함 건조 자체가 쉬운 일이 아니다. 선체는 만들 수 있지만 지휘체계는 간단한 문제가 아니다. 그래서 중국은 수년 동안, 어쩌면 앞으로 10년 동안은 아랍에서 군사력을 발휘하지 않을 것이다.

물론 이를 대체할 수 있는 전략도 있다. 2002년 5월 파키스탄은 어촌에서 멀리 떨어진 서부지방의 과다르에 심해항만을 건설하기 시작했다. 중국은 '이 항만시설에 대한 주권'을 담보로 건설 제1단계에 2억 달러를 투자했다. 중요한 것은 시기다. 미국이 아프가니스탄을 침공하고 페르시아 만에서 해군력을 증강하기 몇 달 전의 일이었다. 과다르 심해 항만은 호르무즈 해협에서 불과 400킬로미터 떨어져 있다. 중국은 이 해협을 통과하는 수송선을 모니터로 감시할 수 있다. 2005년 〈뉴스위크〉는 펜타곤 내부보고서를 인용해 중국이 과다르 항만에 전자도청 기지를 건설했다고 주장했다. 군사 전문가들은 인도양을 순시하는 중국 해군함정들이 이 항만의 주인이라고 분석했다.

파키스탄의 과다르 항만은 중국 해군이 언급한 '에너지 안보 고리(진주 목걸이)'의 일부다. 진주는 중국의 중요한 석유공급 루트를 연결하는 항구들을 말한다. 예를 들면, 중국은 미얀마에 또 하나의 항구를 건설하려는 야망을 가지고 있다. 이 항구들은 꿈이 아니라 실제로 존재한다. 파키스탄 정부에서 자치권을 찾으려는 부족단체들은 항시 과다르 항을 위협하고 있다. 2004년 5월에는 이곳에서 차량폭탄 폭발로 중국인 기술자 3명이 목숨을 잃었다. 미얀마 항은 미얀마 정권 자체의 내구성에 대한 볼모다. 그리고 이 항구는 군사력이 아닌 에너지 안보를 구축하는 경제력을 지니고 있어서 이 진주알 하나하나가 바로 무장세력의 공격이나 정권교체의 볼모이기도 하다. 중국은 특히 항공모함 개발로 군사력을 증강시킬 수 있을 때까지 호르무즈 해협과 말라카 해협을 이용한 석유 공급로를 확보하려고 노력할 것이다.

정치력이란 무엇인가? 중국은 '왕복외교'로 더욱 능동적인 역할을 하고 있다. 미국이 이라크를 침공하기 바로 전인 2002년 9월에 중국은 베테랑 외교관인 왕스제(王土杰)를 중동특사로 임명했다. 왕은 1960년대 초 아랍어를 공부하는 유학생 신분으로 처음 아랍 세계를 방문했다. 당시 중국 유학생 그룹은 소규모였는데 10여 년 후 이들 대부분이 외교관이나 저널리스트로 활동하고 있으며 고위직에 올랐다. 2006년 왕은 다른 베테랑 외교관인 쑨비간(孫必干)으로 교체됐다. 쑨은 이란, 이라크, 사우디아라비아에서 근무한 경험이 있다. 2002년 이라크 주재 중국대사관 재개설을 위해 파견되었던 실무 책임자였다. 그는 "정부가 임무를 완성하라고 부르는데 퇴직할 수 있겠습니까"라고 말하면서 중동특사를 기꺼이 수락했다. 2006년 헤즈볼라와 이스라엘 간에 전쟁이 터지자 즉각 쑨이 투입된 것이었다. 쑨비간은 전쟁 중에 베이루트, 다마스쿠스, 암만, 예루살렘, 카이로를 쉴 새 없이 뛰어다니며 고군분투했다. 그러나 그의 공식적인 성명서 내용은 적대행위 중지를 요구할 뿐이었다.

활발한 외교활동과 함께 중국은 유엔 안보리 상임이사국의 힘을 적극적으로 활용했다. 2003년 중국은 프랑스·러시아와 함께, 미국이 주도한 이라크 침공을 인정하는 어떠한 유엔 결의안에도 거부권을 행사하겠다고 위협했다. 지난 10년 동안 거부권을 세 차례 사용했던 중국은 유엔에서 결의안 발의를 자제하는 것 같다. 최근 수년 동안 중국 정부는 유엔에 호의적이다. 심지어 2006년 말에는 레바논에 평화유지군을 300명 이상 파병했다. 중국은 최소한의 접근방법을 유지하며 정치 이슈보다는 경제 이슈를 선택한 것이다.

경제외교에 집중하는 중국

중국 외교관들이 아랍과 관계개선을 위해 열심히 노력하는 것은 분명하지만 중국의 외교활동은 이 지역의 즉각적인 정치 재편을 제의하는 수준이다. 그 대신 중국은 아랍 세계에서 경제력에 계속 의존할 것이다. 중국 경제력의 원천은 국영기업이 아니다. 아랍 세계에는 이미 수천 명의 개인무역상이 활동하고 있다. 2006년 8월 헤즈볼라와 이스라엘이 싸우는 동안 중국의 공공부문과 민간부문이 협력하여 아랍 세계에서 중국의 경제력을 어떻게 신장시키는지를 각인시키는 사건들이 있었다.

전쟁이 종식되고 얼마 안 돼서 다마스쿠스 주재 중국대사관은 레바논 복구를 위해 12억 달러의 국제기금을 약속하는 성명서를 발표했다. 또한 이 전쟁을 무역 기회로 생각한 중국이 레바논 전시 정부를 지원하겠다는 발표도 했다. 당시 중국 정부는 중국 기업들에 베이루트 주재 중국대사관의 조언을 들으라고 충고하는 한편 대사관에는 건축자재와 가정용품 등에 대한 교역 기회를 파악하기 위해 레바논 사람들과 광범위하게 접촉하라고 지시했다. 이 단순한 성명서는 아랍 세계에서 중국은 군사력이나 정치적 파워가 아닌 경제력을 기반으로 활동한다는 지침서였다.

이 사건은 서구 언론의 레이더망을 피해 슬그머니 사라졌다. 이 성명서는 중국어로 씌였으며 중국 내의 청취자들에게만 알려졌다. 중국인 상인들이 '말은 적게 행동은 많이' 라고 설명한 이 정책은 중국의 전 지도자인 덩샤오핑(鄧小平)이 1980년대 초에 이미 언급했는데 그 후 중국 외교정책의 특징이 됐다. 이것은 시간이 지나면 변할 것이다. 특히 경제적 영향력을 이용하는 데 점점 더 적극적이 되겠지만 경제력과 같은 수준으로 군사력과 정치적 파워를 이용할 수 있을 때까지는 '말은 적게 행동은 많이' 라는 행동지침을 선택할 것이다. 그리고 서구 언론은 중국 경제의 영향력을 제대로 인식하지 못할 것이다.

중국은 아랍 세계에서 미국과 의견을 같이 해야 하는 더 많은 이유를 알게 될 것이다. 양측은 모두 중동이 안정되기를 바란다. 단지 국제 유가 상승을 억제하기 위해서 협력할 수도 있지만 이란에 대한 태도는 이해관계가 너무 다르다. 나는 중국학자들이 "이란인들이 또 하나의 제국을 건설하려고 발버둥 친다"고 우려하는 말을 들었다. 한번은 중국 사회과학아카데미에서 어느 학자에게 중국 정부가 카이로와 다마스쿠스에서 수학하고 있는 중국 무슬림 신학생들에 대해 우려하고 있는지 물은 적이 있다. 그는 "아니오"라면서 "그러나 정부는 테헤란에 있는 중국 무슬림 신학생들을 걱정하고 있다"고 말했다. 현재 중국은 미국과 불편한 관계에 있는 중동의 골치 아픈 국가들과 직접적으로 관계를 가지려고 한다. 그렇지만 중국이 중동 정세의 불안정을 바란다는 뜻은 아니다. 예를 들면 이란과 사우디아라비아 사이에 전쟁이 일어난다는 가설은 베이징에도 끔찍한 일일 것이다.

중국이 두려워하는 것은 아랍에 대한 미국의 모험심이 유가 상승을 부추기는 것이다. 이라크 전쟁이 그 예다. 이라크 전쟁은 대개 오판으로 보고 있다. 대량살상무기도 없고, 사담 후세인 정권과 알카에다의 관련 가능성도 아주 희박하다. 그러나 전쟁은 유가를 높였다. 중국은 초고속 성장의 갈증을 달래기 위해 더 많은 비용을 지불해야 했고 그것은 바라지도 않던 일이다. 만일 중국이 고유가에 대한 두려움 때문에 미국의 모험심에 더 격렬하게 대응한다면 그것은 위험요소가 될 것이다. 베이징 당국은 중동에서 직접 군사력을 사용할 수는 없지만 워싱턴에 대항할 대체수단은 가지고 있다. 아마도 타이완에 대한 무력시위나 또는 북한과의 협상이 될 것이다.

아랍 산유국에서 미국은 영향력 일부를 양보해야 한다. 이는 지난 20년 동안 이 지역에서 비교적 자유롭게 재량권을 누리던 한 국가에 뜻하지 않은 변화가 일어날 수 있다는 의미다. 아직도 석유에 목마른 중국의 자동차와 제조공장들이 엄청난 양의 석유를 계속 소비해야 한다는 점을 생각하게 하는 변화다. 좋은 징조는 중국과 사우디아라비아의 관계가 아직은 초보 단계이며 워싱턴 당국도 겸손하게, 베이징의 정책입안자들을 안심시킬 정도로 생각을 바꿀 여지가 있다는 것이다. 만약 중국 정부가 아랍 세계에서 영향력을 발휘해서 이 지역의 분쟁을 막고 결과적으로 유가폭등을 억제할 수 있게 된다면, 중국이 지역 안정을 위해 꼭 필요한 존재라는 신임을 얻는 일이 놀라울 정도로 이익을 가져다 줄 것임을 워싱턴 당국은 깨달아야 한다.

아주 흥미로운 것은 중동, 특히 아랍 세계 정치상황이 어떻든 중국은 자신들의 내정불간섭 정책을 버리도록 압력을 받는다는 것이다. 이 지역에서 활동하는 외국의 단체는 어느 한쪽을 택해야만 한다. 경계 지점에 있는 것은 어려운 일이다. 그러므로 유럽, 특히 미국 정부는 국제 저유가를 유지하여 모든 당사국의 상호이익을 강조할 수밖에 없다. 중국은 미국, EU, 러시아, 유엔이 중동평화회담을 중재하기 위해 만든 조직인 '4자회담' 에 참여하고 싶어 하지 않는 것 같다. 그러나 중국은 모든 당사국들에 대해 비교적 독자적으로 중재할 수 있는 환경에 있다.

Chapter 3

THE NEW

'이슬람 회랑'을 따라 돈이 움직이다

SILK ROAD

'이슬람 회랑'을 따라
돈이 움직이다

아랍권, 세계 금융시장에서 도약하다

2005년 6월, 전 세계의 외환시장이 발칵 뒤집혔다. 갑자기 유로가 달러에 대해 강세를 보였기 때문인데, 그 원인은 명확하지 않았다. 그러자 거래자들은 오랫동안 유지되던 달러의 지위에 상관없이 앞 다투어 달러를 매도하기 시작했다. 이때는 시장의 흐름을 따라서는 안 되었다. 거래자들은 시장에서 가격차가 커질수록 더 많은 비용을 지불했다. 외환시장은 세계 금융시장 중에서 가장 규모가 큰데, 일일 거래량은 3조 달러다. 따라서 유로가 1포인트만 하락해도 수백만 유로를 거래하는 거래자는 수만 달러의 손해를 보며, 10포인트가 하락하면 수십만 달러를 손해 본다. 이는 몇 주간의 거래 이익을 날려 버릴 정도로 큰 액수다. 좌절 속에서 거래자들은 울화가 치밀었고,

그들의 키보드는 부서질 정도였다. 금전적 손해가 매우 심각했지만, 누구도 손해의 원인을 알지 못했다.

이러한 사실을 다룬 뉴스들이 경제 관련 기사의 헤드라인을 장식했다. 아랍에미리트 중앙은행은 외환보유액 중 5%를 달러에서 유로로 전환한다고 밝혔다. 아랍에미리트는 대형 시장은 아니다. 전체 인구는 200만 명이 안 되었고, 10년 전만 해도 대부분의 화폐 거래상들이 아랍에미리트를 지도상에서 찾아내지도 못했다. 그러나 이제 아랍에미리트는 외환시장에서 거물급으로 활약하고 있다. 아랍에미리트 중앙은행은 단일 국가로는 세계에서 가장 큰 금융시장을 운영하며, 앞을 다투어 외환 거래사무소를 런던에서 도쿄까지 확장하고 있었다. 아랍에미리트 중앙은행은 혼자가 아니었다. 전체 아랍 세계가 외환시장에서 그들의 영향력을 확대하고자 노력하고 있었다. 처음으로 거래사무소들이 두바이, 쿠웨이트, 심지어 다마스쿠스의 사업 보고서에 반응을 보였다.

아랍 세계는 항상 부유했다. 그런데 최근에 성장하는 세계 금융시장에서 그 지위가 크게 도약했다. 무슨 일이 일어난 것일까? 중요한 사건 세 가지가 아랍 세계에 극적인 행운을 가져왔다. 그것은 첫째, 원유 가격의 변동, 둘째, 중국의 급부상, 셋째, 오랫동안 대규모로 축적된 서구의 가계 부채와 과도한 소비문화다.

유가 급등이 첫 번째 주요 사건이었다. 유가는 2004년부터 2008년까지 배럴당 30달러에서 150달러로 세 배나 올랐다. 아랍 산유국들은 뜻밖의 횡재를 두고 저축할 것인지 소비할 것인지 선택해야만 했다. 국제통화기금IMF은 아랍 산유국들이 1970년대에 석유 수입의 약 70%를 소비한 것에 비해 이번에는 단지 15%만을 소비했다고 추산했다. 1970년대에는 실수를 했던 것이다. 당시 아랍 정부들은 아낌없이 써댔지만

1980년대에 유가가 급락하자 자신들의 호사스러운 지출을 감당할 수 없었다. 특히 사우디아라비아는 2001년에 터키와 비슷한 수준이 될 정도로 부채가 쌓였다. 이는 세계에서 가장 큰 산유국이라는 명성에 걸맞지 않은 것이었다. 2004년 이후 유가가 급등하자 사우디아라비아는 '두 번 실수는 없다!' 라는 슬로건을 내걸었다.

그 뒤로 아랍 세계는 엄청난 부를 축적했다. 2008년에 아랍 세계의 해외 자산은 1조 4000억 달러에 달했다. 이것이 얼마나 큰 액수인가는 간단한 비교를 통해 알 수 있다. 같은 해 세계에서 가장 부유한 워런 버핏의 재산은 620억 달러였다. 미국에서 가장 큰 연금 펀드인 '캘리포니아 공무원연금재단' 의 자산은 2300억 달러 정도다. 역시 비교할 수 없이 적다. 아랍 세계의 해외 자산과 비슷한 수치를 달성한 곳은 세계에서 가장 큰 자산운용회사인 스테이트 스트리트 정도일 것이다. 이 회사는 2008년에 약 1조 7000억 달러를 운용했다. 이러한 비교를 통해 봐도 아랍 세계가 비중 있는 자리를 차지하게 된 것은 명백하다.

유가는 특히 중국 때문에 급등했다. 홍콩의 거래사무소에서 빅토리아 항구를 덮은 불길한 징후를 예측할 수 있었다. 이 불길한 징후는 2004년 이후에 더욱 악화했으며, 비슷한 시기에 중국 공장들은 국경을 넘어 전 세계의 소비시장에 상품을 쏟아내기 시작했다. 나이키 운동화에서 MP3와 아이팟까지 모든 제품을 만드는 과정에 석유가 사용된다. 석유는 발전기의 동력이고 운송용 트럭의 연료다. 국가 전체가 석유를 갈망했다. 중국은 2004년에서 2007년 사이에 세계 석유소비량의 3분의 1을 차지했으며, 과거 세계 제2의 소비국이던 일본을 앞섰다. 부분적으로 아랍 산유국들은 갑작스럽게 부의 축적을 가져오게 한 중국에 고마워할 이유를 가지게 되었다.

세 번째 중요한 사건은 영어권 국가의 부채 증가다. 이 현상은 특히 미국에서 심각하게 나타났다. 미국 가정들은 평균적으로 가계 소득보다 더 많은 지출을 하게 되었다. 1990년에서 2007년 사이에 가계 부채는 연간 개인 순소득 대비 84%에서 133%로 증가했다. 부채가 증가하는 것은 매우 심각한 일이다. 2007년 미국은 무역 손실로 7500억 달러의 재정적자를 기록했다. 이로 인해 달러화는 풍전등화에 처하게 되었다. 미국 정부의 재정 수요를 어떻게 충족시킬 것인가, 그리고 외국인 투자자들의 투자 의지를 어떻게 유발할 것인가 하는 문제는 달러 가치와 직결되었다. 만약 외국인 투자자들이 투자를 중단한다면 달러화는 약세로 돌아서게 되어 있었다. 다행히도 아랍 산유국 중 일부가 기꺼이 미국에 투자했다. 그러나 외국인 투자자들이 투자를 중단할 경우 다시 위기가 들이닥칠 것이기 때문에 외환시장은 긴장했다.

2008년 외국인 투자자들이 실제로 투자를 중단하게 되는 위기가 왔다. 미국 연방준비이사회는 이자율을 높였고 달러의 가치는 급락했다. 주택 가격 급락과 은행 파산은 미국의 경제적 자존심을 무너트렸다. 또한 미국의 경제성장률이 하락하고, 금융시장이 불안하고, 달러 가치가 떨어질 경우 아랍 투자자들도 다른 외국인 투자자들처럼 미국에 투자한 자금을 회수할 수 있다는 위험성이 있었다. 더구나 아랍 투자자들은 미국과 아랍 세계의 관계가 악화될 경우 자금을 회수할 것이라는 위험성도 있었다. 첫째, 아랍 투자자들은 미국 정치인들이 안보상의 이유로 자신들을 테러리스트로 몰며 정치적 공격 목표로 삼을 경우 자금을 회수할 것이다. 둘째, 아랍 투자자들은 아랍 국가와 미국 간에 전쟁이 발발하는 등 정치적 이유가 생기면 자금을 회수할 것이다.

결과적으로 아랍 세계, 중국, 미국은 불가분의 관계가 되었다. 이 셋은 마치 세계 금융의 고귀한 삼위일체와 같다. 첫째, 아랍 세계는 중국 공장들을 상대로 석유를 판매한다. 둘째, 중국 공장들은 이 석유를 사용해서 상품을 생산하고, 이 상품들은 미국으로 실려 나간다. 셋째, 미국 소비자들은 월마트 같은 현지 유통업체에서 신용카드를 이용해 이 상품을 구매한다. 넷째, 아랍 세계는 석유수입을 미국에 투자하여 결과적으로 달러화의 가치를 유지시키고, 미국 소비자들의 재정 부담을 감소시킨다. 그래서 아랍 세계는 미국의 최대 채권자가 되었다. 동시에 미군은 이라크를 완전히 장악하고 테러리스트 조직과 싸우는 것이다. 이 전쟁은 당신이 은행의 영업팀장과 싸우는 것과 마찬가지로 끝없는 싸움이다. 이해하기 어려운 현실이지만, 이 연결고리를 끊는 것은 쉽지 않다.

주택 가격 하락과 실업률 증가는 미국 가정의 일반적인 재정건전성을 위협하고 있다. 대중매체들은 지난 30년간의 소비 붐이 끝날 것이라고 예견했다. 그러나 미국 소비자들의 부활은 종종 분석가들을 놀라게 한다. 그들은 여전히 1990년대의 소비성향을 완전히 버리지 못했다. 미국 소비자들은 중국산 제품을 많이 구매하지는 않는다. 그렇다고 미국 중산층이 조만간 아시아 국가들처럼 높은 저축률을 달성할 것 같지는 않다. 게다가 미국 정부는 아마도 노령인구와 위기에 처한 재정 부문을 지원하기 위해 더 많은 부채를 지게 될 것이다. 결과적으로 아랍 세계는 중국에서 벌어들인 오일 달러를 계속 미국 시장에 투자할 것이다.

다양한 아랍 국부펀드

　　　　　　1조 4000억 달러는 쉽게 투자할 수 있는 금액이
아니다. 투자에 관한 모든 책임은 아랍 국부펀드에 있다. 이런 종류의
펀드는 1953년에 쿠웨이트에서 처음 설립되었다. 그러나 대부분의 아
랍 펀드들은 1970년대 유가가 급등한 뒤에 설립되었다. 아랍 산유국들
은 달러의 홍수를 겪었고, 주로 국유화된 석유회사를 통해 벌어들인 석
유수입을 배당하고 남은 잉여금을 투자하기 위해서 이러한 펀드를 설립
했다. 이 펀드들은 초기에는 규모가 작았으나 2004년 이후에는 급속히
성장해서 오늘날과 같은 헤비급 선수가 되었다. 가장 규모가 큰 펀드는
걸프 국가들, 특히 쿠웨이트 · 카타르 · 아랍에미리트가 소유하고 있다.
아랍 국부펀드는 일반적인 펀드들과 외관상으로는 큰 차이가 없다. 로
고, 웹사이트, 홍보책자, 홍콩이나 뉴욕에서 볼 수 있는 신축 고층 건물
의 최고층에 있는 본부 사무실 등이 모두 비슷하다.

　　그러나 아랍 국부펀드들은 독특하다. 아랍 국가들은 대개 영국과 오
스만 제국에서 인위적으로 만든 국가다. 이 국가들은 사막을 국경선으
로 삼아 한 가문이 통치하며, 대다수의 가문은 조상이 같은 부족 출신이
다. 이들은 제한된 민주주의를 시행하며, 시민들은 여전히 수세기 동안
해 오던 대로 셰이크(족장)에게 호소한다. 이러한 사실은 아랍 국부펀드
와 밀접한 관련이 있다. 첫째, 아랍 국부펀드의 자금은 종종 통치가문의
재산과 동일시된다. 둘째, 펀드는 상대적으로 비밀리에 운영되어서 펀
드의 가치는 말 그대로 추측만 가능하다. 셋째, 결과적으로 통치가문의
개인적인 정치철학이 펀드의 투자 결정에 중요한 영향을 주고 있다.

　　아부다비 투자청ADIA은 최대의 아랍 국부펀드다. 자산 규모가 8000
억 달러인데, 이는 미국 피델리티 사보다는 조금 작고 칼퍼스 사보다

는 크다. 아부다비는 아랍에미리트의 7개 토후국 중 가장 크다. 이 토후국은 원래 진주조개잡이가 주업이었으나 1950년대에 석유를 발견하면서 상황이 완전히 변했다. 아부다비는 이제 세계 7위의 산유국이다. 1700년대부터 아부다비를 통치하던 알 나얀 가문은 석유로 벌어들인 돈을 아부다비의 자국민을 위해 투자하고 있다. 다행히도 아부다비 토후국의 국민은 50만 명이 채 안된다. 그래서 자국민 모두에게 교육과 의료를 무상으로 제공하고, 생활 보조금을 지급하며, 1인당 한 번씩 결혼비용도 지원한다. 그리고 통치가문은 남는 돈으로 저축도 할 수 있다.

이웃인 두바이는 두바이 투자회사, 이스티스마르, 두바이 월드 등이 포함된 컬렉션 펀드 혹은 유사 펀드를 운용한다. 그러나 두바이의 석유 수입은 아부다비보다 훨씬 적다. 그래서 두바이는 이마르, 두바이 에어로스페이스 엔지니어링, DP월드와 같은 벤처 상사를 설립했다. 알 막툼 가문은 두바이가 아부다비에서 분리된 1800년대 이후로 계속 두바이를 통치했다. 몇 년 전까지만 해도 인접 토후국인 아부다비와 국경 분쟁을 벌였으나 이제는 완전히 안정되었다. 시대가 변하자 아부다비와 두바이의 관계도 돈독해졌다. 아부다비에서 두바이까지는 시원하게 뚫린 고속도로로 90분이 채 안 걸린다. 아랍에미리트의 중앙은행은 아부다비에 있지만, 아랍에미리트 금융의 수도는 두바이다. 아부다비와 두바이의 관계는 워싱턴과 뉴욕의 관계라 할 수 있다.

사우디아라비아는 세계 제1의 산유국이다. 그러나 사우디아라비아의 해외 자산은 3000억 달러로 아부다비보다 적다. 왜 그럴까? 사우디아라비아는 걸프 국가들 중 가장 큰 나라다. 자국민이 2000만 명으로 아랍에미리트의 20배에 달해 결과적으로 지출이 많고 저축은 적다. 심지어 막대한 국방 예산이 정부 예산의 3분의 1을 차지하고 있어서 이는 국고를 심각하게 고갈시킬 수 있다. 2008년 5월 사우디아라비아는 50억 달러 규모의 소형 펀드를 설립했다. 이 펀드는 아부다비 투자청 ADIA에 비하면 극히 작은 규모다. 사우디아라비아 통화국과 재무부는 지체 연금 펀드를 통해 당분간 국가의 오일 달러를 재투자하는 일을 맡고 있다.

쿠웨이트 투자 에이전시는 아랍 국부펀드 중 가장 크지는 않지만, 가장 오래되었으며, 가장 큰 성과를 거둔 펀드다. 쿠웨이트 투자 에이전시는 1980년대에 마거릿 대처 영국 총리를 격분케 하며 BP 민영화 과정에 참여해 지분을 인수했다. 그리고 오래되지 않아 메르세데스 벤츠의 지분도 매입했다. 또한 쿠웨이트 투자청은 이라크 전쟁 이후 쿠웨이트의 경제회복을 도왔다. 1991년 런던에 본부를 두고 있던 쿠웨이트 투자사무소는 전쟁 중에 쿠웨이트 중앙은행을 지원했다. 또한 국가 재건을 위해 펀드를 활성화시켰다. 사실 쿠웨이트는 국가재건과 관련해 어느 정도는 BP와 메르세데스 벤츠의 분할에 감사해야 한다. 오늘날 쿠웨이트 투자청의 총자산은, 아부다비나 사우디아라비아보다는 적어 2600억 달러로 추산된다.

아주 소형인 국부펀드들도 있다. 예를 들어 카타르는 카타르 투자청을 운용하는데, 그 규모는 500억 달러다. 오만도 비슷한 800억 달러 규모의 소형 펀드를 운영 중이다. 심지어 리비아도 펀드 설립 대열에 합류했다. 리비아 정부는 2006년에 400억 달러 규모의 펀드를 설립할 것이라고 밝혔다. 이는 일부의 사례다. 실제로 2004년 이후에 신규 펀드들이 갑자기 출현할 것이라는 예측이 있었다. 유가상승 덕분에 1970년대 이래 처음으로 아랍 세계에 잉여자본이 넘쳐났기 때문이다. 물론 모든 아랍 산유국이 펀드를 설립한 것은 아니다. 그러나 그들은 여전히 노력하고 있다. 2007년에 이집트와 시리아는 각각 340억 달러, 200억 달러라는 해외 자산을 보유하고 있다. 하지만 자산은 펀드가 아닌 중앙은행이 관리하고 있다.

9·11 테러 이후 투자환경이 변하다

아랍 국부펀드는 이미 미국에 수십억 달러를 투자했다. 그러나 9·11 테러 이후 투자환경이 달라졌다. 아랍 펀드들은 적대적이라는 의심을 받게 되었다. 그것은 오사마 빈 라덴이 부유한 아랍 가문 출신이기 때문이다. 아랍 투자자 대부분은 투자거래소로부터 냉대를 받게 되었다. 워싱턴이 테러와의 전쟁을 선언하고 이라크를 공격하자 미국과 아랍 세계의 관계가 나빠졌다. 세계의 펀드 투자거래소들은 아랍 국부펀드가 다른 곳에 투자하거나 최악의 경우 투자한 자산을 회수하는 방식으로 대응할 수도 있다고 우려했다. 이러한 상황은 달러화에 대한 나쁜 뉴스였다. 아랍 국부펀드들이 달러를 기피하고 유로화나 파운드화로 돌아서자 이러한 예견은 현실이 되었다.

미국의 입법기관은 전혀 도움이 되지 않았다. 특히 플로리다 주와 뉴욕 주의 의원들이 아랍 사람들에 대해 공격적이었다. 워싱턴에 본부를 둔 중동정책연구소의 소장 그랜트 스미스는 2003~2004년에 아랍 국가들을 대상으로 하는 9개 법률안을 제안했다. 그중 2가지가 특히 중요하다. 첫째 법률안(H.R.488)은 사우디아라비아 국적을 소지한 자에게 학생 비자와 다양성 비자(다국적·다인종 이민자를 대상으로 하는 추첨형식 비자) 발급을 제한하는 것이었다. 둘째 법안(H.R.3137)은 내용에 관계없이 사우디아라비아에 대한 정부 지원이나 보상을 금지하는 것이었다. 이 법안들은 결국 의회 상정에는 실패했으나 나쁜 결과를 남겼다. 결과적으로 많은 사우디아라비아 투자자가 미국에 대한 투자가 안정적이지 못하다고 느끼게 된 것이다.

그러나 아랍 세계가 정말로 충격을 받은 사건은 2005년 DP월드 사가 공격을 받은 것이다. 두바이월드의 자회사 DP월드는 두바이가 소유한 지주회사로 오늘날 세계에서 가장 큰 항만회사 중 하나로 30여 국가에서 항만을 소유하거나 운영하고 있다. 2005년 10월 이 회사는 영국의 P&O 매각 입찰에 참여하겠다고 밝혔다. 이 거래의 관건은 미국의 6개 항만 관리권이었다. 그러나 당시는 9·11 테러의 여파로 국가안보가 매우 예민한 이슈였다. 〈월스트리트 저널〉과 〈NBC 뉴스〉의 설문조사 결과 미국 여론의 73%가 이 입찰을 반대했다. 미국의 의원들, 특히 힐러리 클린턴 상원의원, 찰스 슈머 상원의원은 이 입찰을 저지하는 법안을 준비했다. 이에 굴복한 DP월드는 추후에 미국 항만 관리권을 미국 회사에 매각한다는 조건을 달아야 했다.

두바이 〈칼리즈 타임스〉의 칼럼니스트 마크 타운센드는 LA의 생방송 라디오 프로그램인 〈미국의 소리〉에 초대 손님으로 출연했다. 당시는 DP월드가 미국 의원들의 주장에 양보하지 않았을 때여서 이를 둘러싼 관심이 높았다. 라디오 인터뷰에서 마크 타운센드는 "나는 항상 생생하고 격렬한 토론을 즐기는데, 이번 사건에 대한 강력한 반대에 깜짝 놀랐다"고 소견을 밝혔다. 또한 그는 "입장을 바꿔 생각할 때, 나는 두바이가 방사성 물질 또는 테러용 무기 밀수에 이용될 수도 있다는 것을 새삼 알았다. 사람들이 초기에 아랍에미리트가 하마스를 지원했는지 말해 달라고 했다. 나는 토론이 본질에서 멀어질 뿐만 아니라 극단적으로 변하고 있음을 느꼈다. 공정한 언론인으로서 질문을 받는 것이 아니라 이 입찰 건을 옹호하는 입장에서 질문 받는 것 같았다. 나중에 나는 슈머 상원의원을 초대해서 아랍에미리트에 대한 그의 의견을 설명해 달라고 요청했다. 그러나 그는 한마디도 하지 않았다”고 말했다.

아랍 세계는 당황했다. 이번 일로 미국에 투자하는 것이 안전한지 우려하는 목소리가 커졌다. 사실 DP월드는 미국의 국가 안보에 관련될 정도로 중요한 사안이 아니었다. 실제로 브루클린과 뉴어크 항만에서 모든 일을 관장하고 있는 DP월드의 최고경영자는 뉴저지 출신의 미국인이며 12척의 미국 전함이 정박한 두바이 항은 미국의 항만이나 마찬가지였다. 이번 타깃이 DP월드였다면, 다음은 어디일까? 유력한 아랍어 신문인 〈알하야트〉는 경제면과 사설을 통해 아랍 세계를 향한 미국의 변화에 대해 우려를 표명했다. 이 신문의 편집장인 마지드 알 셰이크는 ‘DP월드의 사례는 소위 자유무역과 세계화라는 것이 위선과 거짓임을 드러냈다’고 언급했다. 실제로 이 사건은 아랍 세계에 충격을 주었다.

진실은 좀 더 복잡하다. 당시 P&O는 미국의 항만회사인 엘러앤드코와 법정 분쟁 중이었다. 엘러의 자회사인 콘티넨털은 P&O와 동업자 자격으로 마이애미 항구에서 하역업체를 운영하고 있었다. 콘티넨털은 P&O가 콘티넨털의 경영권에 대한 지분을 늘리려 한다고 주장했다. 엘러의 로비스트는 가장 먼저 워싱턴의 의원들에게 접근했다. 그들의 52쪽짜리 소송서류가 P&O와의 분쟁에 이용되었다. 이 소송서류에는 9·11위원회 보고서를 마음대로 인용하여 ‘몇 명의 납치범’이 두바이를 경유해 미국으로 침투했으며, ‘콘티넨털은 두바이 정부와 강제로 사업 파트너가 되는 것을 원하지 않는다’고 쓰여 있었다. 엘러 사로비스트의 활동으로 미국 의원들은 반대 입장으로 돌아섰다. 결국 DP월드는 입찰에 실패했다.

중국도 비슷한 경험을 했다. 중국의 석유회사 CNOOC는 DP월드가 P&O 매각 입찰에 참여하기 6개월 전에 미국 석유회사인 유노칼을 매입하려 했다. 이 입찰도 비슷하게 여론의 반대에 부딪혔다. 중국 정부가 CNOOC의 최대주주였기 때문에 만약 이 입찰이 성공할 경우 미국의 석유 자본이 중국 정부로 넘어간다는 우려가 팽배했다. 중국의 석유회사들이 이미 아프리카의 석유 자본을 상대로 공격적인 입찰을 시도하고 있었기에 중국이 세계의 석유 자원을 장악하려 한다는 엉뚱한 추측도 나왔다. 미국 하원은 매각과 관련된 투표에서, (구속력은 없지만) '미국의 국가 안보를 위협할 수 있는' 이라는 내용을 담은 결의안을 398 대 15로 통과시켰고 CNOOC는 입찰에 실패했다. 그리고 6개월 뒤 콘티넨털의 변호사들도 P&O 항만회사에 대한 DP월드의 입찰을 무산시키기 위한 보호무역주의 여론을 형성하는 데 성공했다.

DP월드는 운이 나빴다. DP월드는 분명히 9·11 사건으로 인한 반아랍 정서로 피해를 본 것이다. CNOOC의 유노칼 입찰이 이미 워싱턴에 보호무역주의를 확산시켰고, 콘티넨털의 변호사들은 이 상황을 더욱 악화시켰다. DP월드가 P&O 입찰에 실패하고 6개월 뒤인 2006년 10월, 두바이 인터내셔널 캐피털이 미국 국방부에 납품하는 미국 군수품 제조회사 입찰에 12억 달러를 제시했다. 이는 명백한 국가 안보 관련 사안이었다. 그러나 미국 의원들이나 여론은 전혀 반발하지 않았다. 당시에는 반아랍 정서가 누그러졌기 때문이다. 이 입찰을 방해하는 사람은 한 사람도 없었다. 미국 의원들은 이라크 전쟁에만 관심을 쏟았고 두바이 인터내셔널 캐피털은 미국 군수품업체 인수에 성공했다.

아랍 세계가 대미 투자를 중단할 것이라는 우려는 과장된 것이다. DP월드 사건 이후 몇 년간 DP월드는 찰스톤과 사바나 항만을 지원하는 창고를 짓기 위해 사우스캐롤라이나 주의 오렌지버그에 5㎢나 되는 부지를 구입했다. 이 창고들은 약 9%의 실업률로 고통 받는 미국인 8000명에게 일자리를 주게 될 것이다. 사우디 기간산업공사는 GE의 플라스틱 사업을 12억 달러에 인수했다. 아부다비 투자청은 뉴욕의 상징인 크라이슬러 빌딩을 구입하기 위해 약 10억 달러를 지출했다. 특히 두바이 에어로스페이스 엔터프라이즈는 미국의 상업 및 군용 엔진을 생산하는 스탠더드 에어로 그룹을 인수하는 데 19억 달러를 지출했다. 스탠더드 에어로 그룹은 미국 항공산업의 상징적인 회사이자 세계에서 가장 큰 항공기를 생산하고 정비하는 회사다.

아랍 국부펀드들이 미국 의원들의 공격에 대비하고자 수백만 달러를 들여서 변호사와 투자은행들을 고용한 것은 큰 도움이 되었다. 나스닥의 20%를 보유하기 전에 아랍에미리트에 본사를 둔 아랍 국부펀드 두바이 그룹은 조지 세일럼이 이끄는 워싱턴 로비스트 팀을 고용했다. 조지 세일럼은 아랍아메리칸협회 회장을 지냈다. 당시 비즈니스 주간 보고서에 따르면 이 로비스트들은 120명 정도의 의원들에게 나스닥 입찰에 반대하지 말라고 로비했다. 아랍에미리트는 또한 미국과 아랍에미리트 간에 동맹관계를 구축하기 위해서 로비 회사인 하버 그룹에 500만 달러를 지불했다. 이는 여론에 큰 영향을 끼쳤다. 이러한 노력으로 아랍 국부펀드는 미국의 외국인직접투자위원회를 쉽게 통과할 수 있었다. 아랍에미리트는 각종 펀드를 통해서 미국에 계속 투자하겠다는 강력한 의지를 가지고 있다.

미국이 서브 프라임 모기지 위기로 경제적 타격을 받은 뒤 더 많은 펀드를 유치할 필요성이 생긴 것도 아랍 국부펀드에 도움이 되었다. 미국 은행들은 주택 소유자의 채무 불이행과 신용카드 시장 정체로 큰 손실을 입었다. 아랍 국부펀드는 중국과 싱가포르의 펀드들과 함께 미국의 최대 은행들을 상대로 새로운 자금을 투입했다. 쿠웨이트 투자청은 30억 달러로 시티그룹의 지분을 매입했으며, 20억 달러로 메릴린치의 지분을 매입했다. 아부다비 투자청도 75억 달러에 시티그룹의 지분을 매입했다. DP월드의 입찰을 앞장서서 반대했던 찰스 슈머 상원의원도 이제는 아랍 펀드를 인정하게 되었다. 겨우 2년 만에 엄청난 변화가 일어난 것이다.

미국은 당분간 모든 사업을 개방할 것이다. 아랍 국부펀드는 미국의 골칫거리가 될지도 모른다. 또 다른 테러의 위험도 있고 미국의 국가 안보를 생각해 아랍에 적대적인 감정을 가진 상하원 의원들의 공격을 받을 수도 있다. 그러나 펀드들은 이와 같은 불안정이 완전히 해소되거나 로비스트의 도움을 받아 사전에 미국 의원들을 움직일 수 있을 때까지 기다려야 한다는 것을 경험했다. 중요한 것은 미국이 여전히 세계에서 가장 큰 경제권이며, 세계 2000대 기업 중 700개가 미국에 있다는 점이다. 아랍 국부펀드가 미국에서 발길을 돌린다면 1조 4000억 달러라는 자금을 투자할 곳을 찾기는 힘들 것이다. 그래서 지금, 아랍 국부펀드는 미국 자산을 파는 입장에서 구매하는 입장으로 돌아섰다.

아랍과 미국의 긴장관계

그러나 9·11 사건을 아예 무시할 수는 없다. 이 사건은 미국과 아랍 세계를 긴장시켰다. 두바이를 방문했을 때 이와 같은 우려를 더욱 가까이서 관찰할 수 있었다. 지난 10년간 두바이의 통치자 셰이크 막툼은 금융산업에 수십억 달러를 투자했다. 두바이는 이제 아랍 세계에서 중요한 금융 허브가 되어 마치 1970년대의 베이루트 같은 역할을 하고 있다. 재미있는 것은, 옆으로 뻗어 나갈 공간이 무한한데도 두바이는 위로 뻗어 나가기로 결심했다는 것이다. 위로 쭉쭉 치솟은 두바이의 마천루들은 이제 홍콩이나 뉴욕과 경쟁한다. 대표적인 예는 2009년에 개장한, 세계에서 가장 높은 건물 '부르즈 두바이' 다(역자 주: 현재는 아부다비 소유의 '부르즈 칼리파' 가 가장 높은 건물이다). 인도 출신 노동자 수십만 명과 점점 늘어나는 중국 노동자들이 꾸준히 이 도시의 건설업이나 서비스업에 종사하고 있다.

내가 도착했을 때, 긴장은 최고조에 달해 있었다. 이스라엘과 헤즈볼라의 충돌이 극에 달했고, 이스라엘에 대한 일방적인 미국의 지원을 신랄하게 비난하는 두바이 현지 언론들은 남부 레바논 폭격 때 죽은 어린이 사진을 전면에 실었다. 신문 사설들은 워싱턴 당국에 이스라엘이 더 이상 민간인을 공격하지 못하게 영향력을 발휘하라고 요구하고 있었다. 헤즈볼라를 지원하고 있는 수니파 아랍 세력은 이집트와 사우디아라비아 정부들을 친 서구정책에서 후퇴하게 만들었다. 이번 레바논 사건은 미국과의 관계를 악화시키는 방법만을 강조했을 뿐이다. 금융시장도 아랍 투자자들이 미국의 외교정책을 움직이는 지렛대로 사용하기 위해 달러 자산을 매도할까 봐 떨었다. 그러나 그들의 우려는 기우에 그쳤다.

두바이에서 만난 정부 관리나 금융 분석가들은 미국에 대한 아랍인 투자의 안정성을 걱정하고 있었다. "물론 오늘날 아랍과 미국의 관계는 좋아졌습니다. 그러나 또 다른 공격이 있을지 누가 알겠습니까? 9·11

테러는 청년 19명이 벌인 일입니다. 19명을 어떻게 막을 수 있겠어요?"라고 한 정부 관리는 말했다. 이러한 비관주의는 아랍 투자자들에게 큰 부담이 되었다. 미국 정부가 2002년에 애국법Patriot Act을 도입하면서 보여 준 신속성도 우려의 주된 이유였다. 레바논 전쟁 중에 미국과 아랍의 관계가 급격히 나빠진 것도 미국과 아랍의 관계가 쉽게 깨질 수 있다는 것을 보여 준다. 나는 레바논 전쟁 이후 두바이를 정기적으로 방문했다. 결과적으로 아랍·미국의 관계가 좋아졌지만, 그 과정이 쉽지만은 않았다.

또 다른 걱정거리가 있다. 내가 만난 아랍 투자가들은 미군이 이라크에서 철수한다면 달러 가치가 급속히 하락할 것이라고 우려했다. 처음에는 깜짝 놀랐다. 이것이야말로 근거 없는 수많은 음모론 중 하나라고 생각했다. 근거는 없지만 이 음모론은 아랍 세계에서는 아주 중요한 의미를 가진다. 그러나 아랍 투자자들은 미군의 이라크 철수는 미국의 외교정책 실패와 경제 패권의 쇠퇴를 보여 주는 것이라고 주장했다. 타당성 있는 주장이다. 군비 지출로 미국의 저축 부족 현상이 더욱 악화되었기 때문에 달러의 가치를 유지하기 위한 외국인 투자자, 특히 아랍 투자자가 필요하다. 잇따르는 경제위기는 전설적인 투자가 조지 소로스조차 '제2차 세계대전 직후만큼 최악'이라고 언급할 정도다.

시리아 중앙은행을 방문했을 때에도 비슷한 광경을 보았다. 중앙은행 건물은 6개 주요 도로가 만나는 교차로에 있었다. 나는 차에 치이지 않으려고 조심하면서 정문에 도착했다. 경비의 몸 수색을 거쳐 건물 안으로 들어서 계단을 이용해 4층까지 올라갔다. 내 중개인은 낡은 페르시아 카펫이 깔려 있고 선반에는 책이 가득한 사무실에 앉아 있었다. 그가 대접한 차를 마시며 우리는 달러를 환전하기 전에 약 한 시간 동안 시리아 경제에 대해 이야기를 나눴다. 중개인은 내가 6개월 전에 두바이에서 들었던 것과 똑같은 이야기를 했다. "만약 미국이 이라크에서 철수한다면 달러 가치는 더욱 떨어질 겁니다. 왜냐하면 미군의 철수는 미국의 외교정책이 실패했다는 걸 의미하니까요." 그는 해외에서 오랫동안 거주하고 일하면서 경제학자로 훈련된 사람이었다. 나는 미국의 경제위기가 그의 생각을 더욱 확고히 만들었다는 것을 짐작할 수 있었다.

시리아인들은 역사를 매우 중시하는 듯하다. 시리아인들은 원하든 원하지 않든 수많은 제국의 흥망성쇠를 같이했다. 로마, 몽골, 오스만, 유럽 제국이 저들의 흔적을 시리아에 남겼다. 오늘날 아랍 세계는 미국을 제국, 혹은 식민제국이라고 말한다. 놀랍게도 시리아 정부 관료들도 비슷한 역사성을 지적했다. 무엇보다도 로마, 몽골, 오스만, 유럽 제국들은 아랍 세계에서 물러나고 얼마 안 돼 쇠퇴기를 맞았다. 물론 이는 일반적인 시각은 아니다. 그러나 달러 가치를 결정하는 금융시장은 지나치게 단기적인 공급과 수요의 흐름에만 초점을 맞추고 있다. 따라서 금융시장은 더 역사적인 관점에서 사건들을 검토하고 되짚어 볼 필요가 있다.

이는 시리아 중앙은행 관리 한 사람만의 견해가 아니다. 어떤 공항의 서점에 가도 똑같은 주제를 다룬 책을 수십 권 발견할 수 있다. 대부분은 저자가 미국인인 책들이다. 《추락하는 제국*America's Failing Empire*》, 《*The New American Empire*》 이 책들은 모두 같은 가설을 다루고 있다. 첫째, 미국 정부는 9·11 사건을 미국 군사 팽창주의의 새로운 시대를 정당화하는 데 이용했다. 둘째, 부채증가로 인해 미국 경제는 머지않아 무너질 것이라는 가설이다. 결국 미국 정권의 교체와 경제위기는 미국의 제국주의에 대한 이야기를 무색하게 할 것이다. 그러나 아랍 세계는 부시 행정부 이전부터 미국의 제국주의적 야심을 걱정하고 있었다.

금융시장 입장에서는 우려할 만한 일이다. DP월드의 좌절에도 불구하고 아랍 투자자들은 여전히 미국에 투자하면서도 또 다른 9·11 사건이 발생할까 봐 우려하고 있다. 아랍 투자자들은 아랍 세계에 반발심을 갖게 하는 사건들이 있었음에도 불구하고 그들의 투자가 안전하기를 바란다. 그들은 또한 미국의 점진적인 쇠퇴, 즉 제국의 위치, 혹은 적어도 세계를 지배하던 경제대국의 위치에서 물러나는 것을 우려하고 있다. 통화거래소들은 거시적 역사 이론에는 불안해하지 않는 경향이 있다. 그들은 그저 며칠, 또는 몇 시간 후의 일에 대해서만 걱정한다. 또한 달러의 의미는 전혀 중요하지 않았다. 수백만 달러, 더욱 정확하게는 수조 달러가 걸린 문제는, 아랍 국부펀드가 만약 미국이 아니면 어디에 투자하게 될 것인가다.

영국은 좋은 투자 후보지다. 첫째, 영국과 아랍의 관계는 역사가 길다. 1900년대 초에 영국은 아랍 국가들이 오스만 제국에서 벗어나는 것을 도왔지만 후에 이집트, 이라크, 요르단, 팔레스타인을 통치했다. 둘째, 영국은 세계에서 가장 자유로운 투자제도를 갖추고 있다. 영국은 적극적이지는 않지만 외국인 투자를 환영한다. 아랍 투자자들은 1970년대 오일 붐 때 처음으로 런던의 자산을 매입했다. 그중에는 1985년에 영국의 상징인 해러즈 백화점을 인수한 이집트 투자가 무함마드 알 파예드도 있다. 더욱 인상적인 것은 영국이 외국인 투자자, 특히 아랍 투자자들에게 적극적으로 시장을 개방했고, 심지어 9·11과 런던 테러 이후에도 계속 개방했다는 점이다.

그러니만큼 최근에 아랍 국부펀드들이 그들의 석유수입 투자처로 영국을 선택한 것은 당연한 일이다. 2007년에 카타르 투자청은 사인버리스 사를 210억 달러에 인수했으며, 이 대형 거래에 반발은 거의 없었다. 2007년에 두바이 투자회사가 프리미어리그 명문구단 리버풀을 매입하려 시도했지만 합의과정에 실패했다. 그동안 아랍 투자자들은 런던의 부동산에 돈을 쏟아부었다. 존스 랑 라살의 조사 결과 런던에서 거래된 고급 부동산의 약 10%를 아랍 투자자들이 차지한 것으로 나타났다. 이러한 현금의 흐름은 영국 파운드의 가치를 높이는 데 일조했다. 2007년 12월에는 미국의 2달러로 영국의 1파운드를 살 수 있었다.

더 중요한 것은 아랍 국부펀드들이 개발도상국에서 막대한 이익을 추구한다는 점이다. 아마도 21세기 초에 서구 경제는 외국인 투자 자본을 두고 개발도상국과 경쟁할 것이다.

리야드에서 활동하는 미국인 투자가 제프리 타우슨은 알 왈리드 왕자와 대규모로 일한 적이 있다고 했다. 알 왈리드 왕자는 아랍 세계에서 가장 유명한 사업가로, 2008년에 〈포브스〉는 알 왈리드를 세계 부자 19위에 선정했다. 타우슨은 이렇게 말했다. "알 왈리드 왕자는 세계 투자 시장의 진정한 선구자입니다. 그는 시티그룹 지분을 사들이고, 유럽에 있는 호텔을 매입하며, 아랍권에 고층 건물을 짓는 것에서 아프리카에 사모 펀드를 조성하는 것으로 투자 방향을 바꿨지요. 세계화된 시장에서 그는 가장 세계화된 투자가입니다." 그것은 흥미로웠다. 나는 알 왈리드 왕자의 행보가 또 다른 유명한 투자가 워런 버핏과는 전혀 다르다고 생각했다. 워런 버핏은 '오마하의 철인'이라는 명성에 걸맞게 수년 동안 자기 지분의 일정량을 정기적으로 버크셔 해서웨이 사에 양도하고 있다.

버크셔 해서웨이는 1900년대 초에 미국에서 세운 전형적인 투자회사다. 1891년 이래로 벽돌이나 석조 건축자재를 생산해 온 애크미 브릭이나 1921년에 LA에 찰스 시가 세워 고품질의 사탕을 생산하는 시즈 캔디처럼 그가 인수한 여러 회사는 역사가 길다. 버크셔 해서웨이의 투자전략은 의심할 여지가 없다. 이 회사는 20세기의 가장 강력한 경제 분야에 투자했다. 그러니 성공했다고 놀랄 일이 아니다. 그런 회사가 애써다른 일을 신경 쓸 이유가 있을까? 버크셔 해서웨이는 계속 탁월한 성과를 낼 공산이 크지만 투자회사들의 명단을 훑어보면 외국 자산은 매우 적음을 알 수 있다. 사실 버크셔 해서웨이는 2006년에 처음으로 외국 자산을 매입했다. 버크셔 해서웨이가 기회를 놓친 것일까?

아랍의 국부펀드는 '그렇다'고 말한다. 그들은 버크셔 해서웨이와는 정반대로 2007년 이래 투자 범위를 넓혔고 아랍에미리트의 국부펀드들이 앞장섰다. 두바이 국제 캐피털은 인도에서 가장 큰 ICICI 은행 지분 3%를 매입했다. 아부다비 투자청은 중동 선도 투자은행인 EFG−헤르메스의 지분 8%를 매입했다. 이시스마르 사는 동부 아프리카 지부티의 다알로 항공사 지분을 매입했고, 무바달라 개발회사는 서부 아프리카 기니아의 알루미늄 광산 개발권을 인수했다. 한편 아랍 투자회사들은 말레이시아의 이슬람 은행, 파키스탄의 부동산, 케냐의 통신회사 등을 인수하기 시작했다.

여기서 나는 흥미로운 투자 패턴을 발견했다. 지부티, 기니아, 인도, 케냐, 말레이시아, 파키스탄은 한때 아랍의 무역 파트너였다. 또한 인구의 대부분이 무슬림이다. 아랍 국부펀드들과 아랍 투자회사들은 친숙한 시장을 개척하고 있는 것이다. 그들은 조상들의 발자취를 따라가며 그들과 똑같은 무역로에 투자하고 있다.

지도를 펼치고 손가락으로 짚으며 따라가 보자. 북아프리카에서 시작해 중동을 거쳐서 인도를 지나 계속해서 인도네시아로, 마지막으로 북쪽으로 방향을 바꿔 중국까지 가자. 이 길은 아랍 무역상들이 수세기 전에 범선을 타고 지나다니던 경로와 똑같다. 이는 또한 수세기 전에 이슬람이 전파됐던 길이다. 아랍 국부펀드가 진지하게 이 거대한 전략을 세웠다고는 믿지 않는다. 어쩌면 잘못된 베팅을 한 것인지도 모른다. 이 시스마르가 지부티의 다알로 항공사가 아니라 뉴욕의 바니스에 투자했다면 돈을 더 벌었을지도 모른다. 그러나 아랍 국부펀드는 역사적인 무역로에 위치한 국가들이 더욱 투자할 가치가 있다고 믿는다.

나는 이 무역로를 '이슬람 회랑'이라고 부른다. 이 길은 아프리카를 떠나 중동을 거쳐 아시아까지 뻗어 있다. 그리고 세계의 이슬람 인구 대부분을 포함한다. 이슬람 회랑이 거대한 종교적 동맹체는 아니다. 단지 초기 무슬림 무역상들이 여행했던 무역로를 따라가는 것뿐이다. 마치 버크셔 해서웨이에게 미국이 익숙한 영토인 것처럼, 아랍 투자자들에게는 이슬람 회랑이 익숙하고 편한 것이다. 이슬람 회랑은 그들 역사의 일부다. 예를 들어 대부분의 서구 학생들이 마르코 폴로에 대해 배우듯이, 대부분의 아랍 학생들은 마르코 폴로와 견줄 수 있는 이븐 바투타에 대해 배운다. 이븐 바투타는 14세기에 모로코에서 시작해 중동 전역을 여행하고 중국까지 간 여행가다. 그는 이 길을 따라서 이슬람 회랑에 위치한 대부분의 국가를 방문했다. 그가 방문했던 국가들은 오늘날 똑같이 아랍 투자가들의 투자대상이다.

이야드 두와지는 두바이에 본사를 둔 중동의 투자은행인 슈아 캐피털의 CEO다. 〈중동 비즈니스 인텔리전스〉에 따르면 시리아 출신인 두와지는 이 지역에서 가장 영향력 있는 투자은행가다. 그는 "자국에서 기회를 잃은 GCCGulf Cooperation Council 회사들이 바로 이웃 국가에서 기회를 넓히고 투자를 확대하는 것은 당연한 일이다. 오늘날 두바이의 발자취는 북동아프리카, 터키, 중앙아시아, 인도 대륙, 심지어 동남아시아에 있는 국가들로 확대되고 있다. 우리는 이 지역을 잘 안다. 서로 같은 역사와 전통을 가지고 있으며, 지리적으로도 가깝다"고 말한다. 오늘날 슈아 캐피털은 두바이의 폭넓은 발자취 덕분에 급속히 팽창하고 있다.

미국은 아랍의 투자 펀드를 두고 영국뿐 아니라 개발도상국과도 경쟁하고 있다. 2001년 이후 아랍 투자자들에 대한 적대감은 경쟁을 더욱 가열시켰으며, 아랍 투자자들은 미국보다는 훨씬 친숙한 이슬람 회랑에서 차선의 기회를 찾게 되었다. 아랍 국부펀드들이 어디에 투자하는지 금융시장이 세심하게 관찰하는 것은 당연한 일이다. 이 펀드들의 비밀주의 때문에 그들의 투자행태를 파악하기는 어렵지만 그 변화를 예측할 수는 있다. 특히 두 가지 변화가 금융시장의 주목을 끈다. 가장 특징적인 것은 아랍 투자자들이 아랍 세계 자체에 직접 투자하기로 결정한 것이다.

지난 수십 년간 아랍 세계는 아랍의 일부 지역에서 투자자금을 키우려고 고군분투할 때조차도 석유 수익의 대부분을 아랍 세계가 아닌 선진 시장에 투자했다. 그러나 10년간의 경제개혁과 함께 최근 두 배로 급등한 석유가격은 아랍 세계를 더 매력적인 투자처로 만들었다. 이 기념비적인 변화는 아랍 세계가 스스로의 잠재력에 대해 자신감을 갖게 되었음을 상징한다. 9·11 이후에 발생한 사건들도 아랍 세계가 가까운 이웃 국가에서 기회를 찾게 만들었다. 만약 그렇다면, 걸프 경제권은 석유가격이 처음보다 더 떨어져도 이집트, 요르단, 시리아처럼 좀 덜 발전된 아랍 경제권의 성장을 계속 도와줄 것이다.

유엔 자료는 아랍 국가들 간의 투자가 2001년 이후부터 활발해지기 시작했음을 보여 주는데, 투자의 90% 이상이 레바논, 시리아, 사우디아라비아, 아랍에미리트 같은 일부 국가에 편중되어 있다. 이와 같은 집중은 매우 중요하다. 아랍 투자자들은 주로 베이루트 부촌의 아파트나 시리아 해안도시 라타키아의 해변 별장 같은 부동산에 투자하고 있다. 시작은 좋았다. 이제 필요한 것은 동남아시아의 경제가 그랬던 것처럼 섬유산업·발전소 등 아랍 경제권에서 일자리를 창출하고, 세수를 늘리며, 수출 가능한 분야에 투자하는 것이다.

최근에 변화의 징후가 있었다. 이집트 투자은행인 EFG 에르메스의 10년차 경제 전문가인 사이몬 키첸은 "아랍 투자회사들은 성숙기에 도달했습니다. 그들은 주로 부동산에 투자해 왔죠. 그러나 이제는 서비스업과 제조업에 투자하고 있습니다. 두바이의 이티살라트 사가 좋은 예입니다. 오랜 기간 두바이에서 독점권을 누리던 이티살라트가 이제는 해외시장을 찾고 있습니다"라고 말했다. 아랍의 투자회사들과 이와 유사한 펀드들은 단순히 해안 부동산에 투자하는 대신 성공한 서구 회사들을 인수하거나 신기술을 아랍 세계에 도입하려고 한다. 아마 2006~2007 회계연도에 외국인 직접투자액 중 26%를 아랍 걸프 투자자가 차지한 이집트의 변화가 가장 두드러질 것이다.

아랍 투자자들이 아랍 세계에 투자하기로 결정한 것은 주목할 만한 일이다. 그런데 세계 금융시장에서 더욱 중요하게 논의할 것은 바로 두 번째 변화다. 아랍 투자자들이 이븐 바투타의 여행 종착지였던 중국에 투자하기 시작한 것이다. 아랍 세계가 석유수익을 미국보다는 중국에 투자한다는 사실은 점진적인 경제균형의 재편을 암시한다. 아랍 세계는 석유자원이 충분하고, 중국은 값싼 노동력이 충분하다. 물론 미국 경제가 서브프라임 모기지와 은행 파산으로 나빠진 이 시점에 이 둘이 각자의 길을 갈 수도 있다. 중국에 대한 아랍의 투자는 변화 자체를 지나치게 단순화하지만, 그렇더라도 이는 세계 균형의 변화를 시사한다.

중국 사회과학아카데미의 한 교수에게서 비슷한 이야기를 들었다. 베이징 외곽의 한 찻집에서 시작된 우리의 만남은 개인 사무실로 옮겨 계속됐다. 따뜻한 방에는 겨울 햇살이 들고 있었다. 잠시 중동에 대해 담소를 나누다가 문득 이 중국학자가 이야기를 꺼냈다. "사우디아라비아는 무역흑자로 얻은 달러를 중국에 투자하려 합니다. 그들은 미국에서 벗어나 투자를 다양화하려고 합니다." 그 말을 듣고 놀랐다. 우리가 얘기하던 다양화는 금융시장에 국한된다고 생각했는데 베이징에서 같은 주제에 대한 이야기를 들으니 더 많은 조사가 필요한 듯했다. 그래서 다음 해에 아랍 투자자들을 만나서 그들이 얼마나 많은 돈을 중국에 투자하고 있는지 파악하려고 노력했다.

그것은 쉬운 일은 아니었다. 그 교수는 세계에서 가장 큰 석유회사인 사우디 아람코가 중국 남부의 정제소에 투자한다고 말했다. 투자액은 단지 10억 달러였으며, 대부분 중국 현지에서 대출받은 자금이었다. 이번 투자는 또한 기능적 목적, 즉 사우디아라비아산 혼합원유 정제에서 나타나는 병목현상을 완화하기 위한 것이었다. 결국 중국은 사우디아라비아산 원유 수입에 박차를 가했다. 한편 중국 북부 정제공장에 투자하려던 계획은 협상이 시작되고 몇 년이 지난 2008년 초까지도 실현되지 않고 있었다. 사우디아라비아가 미국을 떠나 중국에서 투자를 다양화하려는 것인지 분명하지 않았다. 사우디아라비아의 투자 결정은 그저 최대 무역 파트너인 중국에 대한 투자이자 단순히 좋은 사업관계를 유지하기 위한 것이라고 할 수 있다.

2006년 7월에 베이징에 사무실을 연, 두바이의 부동산 개발회사 이

마르는 주거용 아파트 단지에 투자하는 것이 목적이었다. 최근 이마르가 카이로, 다마스쿠스, 라호르, 싱가포르에 사무실을 연 것도 놀랄 일이 아니다. 또 다른 두바이의 부동산 개발회사인 다막은 베이징에서 2시간 거리에 있는 항구 도시 텐진(天津)의 다목적 프로젝트에 약 30억 달러를 투자할 계획을 세웠다. 2007년 6월에 제1회 두바이 부동산 거래 박람회인 시티스케이프가 베이징에서 열렸다. 이는 아시아 전역에서 처음으로 열리는 행사였다. 두바이의 부동산 개발업자들은 확실히 중국을 발견했지만 상대적으로 투자게임에서 뒤처져 있었다. 게다가 그들은 이미 다른 개발도상국에도 상당한 규모의 투자를 하고 있었다.

아랍 투자자들은 주식에 가장 많이 투자한다. 중국 주식시장은 최근 몇 년간 크게 성장했으며, 주식시장의 총액은 2001년 5800억 달러에서 2008년 말에 2조 2000억 달러가 되었다. 외국인 투자는 오랫동안 금지되었지만 2002년 말에 중국 당국은 제한적인 외국기관투자 프로그램을 만들었고, 이는 상당히 제한적이지만 중국 내 주식에 대한 외국 투자를 허락하는 것이었다. 아랍 국부펀드들은 활동적인 투자가였으며, 중국 주식을 활발하게 거래하는 아부다비 투자청처럼 대규모 펀드를 투자했다. 홍콩의 외국인 투자은행은 정기적으로 두바이에 세일즈 팀을 파견하여 아랍 세계 비즈니스에 성공했다. 8시간의 비행 경비도 중개 수수료로 충분히 보상받았다.

그러나 아랍 국부펀드가 중국에 열광해 유럽과 미국 시장을 포기한다는 것은 과장이다. 아랍 투자자들은 중국 시장에 대해 확실한 생각을 가지고 있다. 무엇보다도 중국은 세계에서 가장 크고, 가장 빠르게 성장하는 시장 중 하나다. 아랍 국부펀드들이 그들의 석유수입을 점점 중국 자산에 재투자하는 것은 당연한 일이다. 그러나 그들의 투자계획 변화는 다른 개발도상국의 펀드 운용방식과 크게 다르지 않다. 즉 2000년에서 2006년 사이에 개발도상국에 대한 외국인의 투자액은 1060억 달러였다. 미국과 유럽의 중산층 가정은 아랍 국부펀드가 아니라 중국 주식에 관심을 보였다.

중요한 것은, 중국이 다른 아시아 국가들에 비해 아랍 세계에 대한 적대감이 덜하다는 점이다. 중국의 후이족은 스스로 아랍인의 후손이라고 주장한다. 하지만 아랍 조상들과의 연계는 아시아의 이슬람 국가들이 훨씬 강하다. 예멘의 하드라마우트 부족을 예로 들자. 하드라미의 후손인 인도네시아인은 400만 명이며, 그중에는 인도네시아의 전 외무장관 알리 알라타스도 있다. 소문에는 말레이시아의 중앙은행장 제티 아크타르 아지즈도 절반은 하드라미 혈통이라고 한다. 중국이 아랍의 투자 대상국으로 주목받는 것은 중국의 후이족이 통역사 구실을 한다거나 중국 전역에 모스크가 있다는 점보다는 오히려 중국의 성장 잠재력과 규제 때문일 것이다.

중국의 국부펀드

아랍에만 국부펀드가 있는 것은 아니다. 중국도 최근 자국의 국부펀드를 설립했다. 이 두 펀드는 특이하게도 우연의 일치를 보이고 있다. 아랍 세계처럼 중국도 2004년 이후 빠른 수출성장으로 인해 외국 자산이 급속히 증가했다. 또한 아랍 세계처럼 중국도 2007년에 1조 4000억 달러에 달하는 외국 자산을 기록했으며, 그중 미국에 가장 많이 투자했다. 이러한 국부펀드들 간의 관계에 눈에 띄는 제휴나 결합은 없다. 그러나 그들은 세계 금융시장에서 같은 흐름에 있으며, 각국 정부는 그들의 활동을 주시한다. 불가피하게도 그들은 최근 서브프라임 위기를 맞아 외국인 자산 유치를 놓고 같은 도전에 직면할 것이다. 적어도 아직까지는 아랍 국부펀드가 우위에 있다.

중국의 실수는 1조 4000억 달러의 자산을 단지 2개의 투자 대행기관이 다루게 한 것이다. 중국의 국가외환관리국은 거대한 외국자산을 운용했다. 반면 2007년에 세워진 중국 투자회사는 아부다비 투자청 같은, 작지만 활동적인 펀드를 관리하기 위한 것이다. 그러나 2개의 대행기관으로는 부족하다. 국가외환관리국과 중국 투자회사는 매달 300억 달러에 가까운 투자를 책임지게 되었고, 수출성장으로 인해 규모는 더욱 커지고 있다. 이에 비해 아랍 산유국 중 가장 부유한 아부다비는 매달 100억 달러 미만의 투자만 했다. 중국의 국가외환관리국에서 다룬 투자가 2001년 70건에서 2007년 200건으로 증가했는데, 이는 놀라운 기록이다.

국가외환관리국을 위한 가장 쉬운 해결책은 미국 연방정부의 국채를 사들이는 것이었다. 국채시장은 거대하고, 유동성도 있다. 1990년대 초 200억 달러가 안 되던 미국 국채 규모가 2007년에는 5000억 달러로 껑충 뛰었다. 국채는 또한 금융시장에서 비교적 투명하다. 미국 재무부는 미국의 장기 안보와 관련해서 국채의 외국 지분에 대한 월간 보고서를 작성한다. 이는 중국이 연방 정부의 국채를 얼마나 급히 매입했는가를 보여 준다. 통계는 2007년 아랍 세계는 미국 국채를 2% 보유했는데 중국은 8%나 보유했음을 보여 준다. 이 수치는 미국 정부가 가장 신뢰하는 외국 투자자인 일본의 국채 보유 비율을 빠르게 따라잡은 것이다. 중국의 국채 매입은 결국 미국 의회를 자극했다.

힐러리 클린턴 상원의원은 2007년 2월에 미국 연방준비제도이사회의장 벤 버냉키와 재무부장관 헨리 폴슨에게 서신을 보냈다. 서신에서 클린턴 의원은 "지난 6년간의 경제정책은 미국의 경제 주권 침식에 일조했으며, 미국의 경제 결정권을 타국에 의존하게 만들었다"고 주장했다. 2007년 초에 벤 카딘과 바이런 도간은 외국인이 소유한 미국 국채가 GDP의 25%를 넘을 경우 정부가 대응에 나서야 한다는 내용의 법안을 제출했다. 중국은 2007년에 서브프라임 모기지 사태가 벌어지자 자연스레 자산매입 속도를 늦췄다. 하지만 투자속도가 느려진 이유에는 매달 300억 달러 가까운 투자 규모에 대한 부담감도 있었다.

또한 금융시장에서 중국은 아랍 국부펀드보다 더 큰 비중을 갖게 되었다. 2007년에 나는 홍콩의 국제은행에서 현금거래소 직원들 옆에서 일했다. 힘 있는 투자자, 간단히 말해서 외환시장을 흔들 수 있는 투자자는 극소수였다. 그중 1위는 중국이었다. 한국과 러시아는 한참 아래에 있고 아랍은 거의 마지막이었다. 아랍 산유국들은 매우 부유했지만 그들은 석유로 벌어들인 달러를 여러 국가, 다양한 펀드에 분산 투자했다. 그 결과 아랍 세계는 세계 금융시장에 확실한 발자국을 찍지 못했다. 아랍 펀드들은 투자자와 정치인의 보호막 아래 운용되어 비난을 피할 수 있었던 덕분에 더 자유롭게 활동할 수 있었다.

중국은 또한 거대한 금융공동체를 다뤄야 한다는 과제가 있다. 베이징, 상하이, 홍콩에는 중국을 관찰하는 분석가 수백 명이 있다. 그들은 마치 파파라치처럼 중국 국가외환관리국SAFE과 중국투자공사CIC의 뒤를 쫓아다니고 투자공동체에 모든 움직임을 보고한다. 마찬가지로 아랍 세계를 주시하는 한 무리의 투자은행 분석가도 여전히 있다. 아랍 경제와 금융시장은 중국에 비해 매우 작기 때문에 분석가는 많지 않다. 투자은행들은 역시 1990년대 내내 아랍 세계를 못 본 척했기에 연구소 또는 국가평가기관에서 일하는 경험 있는 중동 분석가는 극소수였다. 이러한 상황은 유가가 오르고 아랍 경제에 새로운 자금이 유입되면서 변하기 시작했다. 하지만 중동 분석가의 수는 아직도 부족한 실정이다.

아랍 투자자, 세계경제의 강자가 되다

아랍과 중국 국부펀드의 부상은 여전히 세계경제의 표면 아래에서 일어나는 또 다른 지표에 불과하다. 아랍 국부펀드들은 세계 금융시장에 대한 영향력이 그리 크지 않다. 아랍 국부펀드들은 이우로 향하는 아랍 무역상들의 역사적인 흐름에 대응하고 있을 뿐이다. 언뜻 보면 그 둘은 전혀 비슷하지 않다. 아부다비 투자청의 40층짜리 아부다비 사무실은 이우의 '붉은 영빈관'과 멀리 떨어져 있다. 마찬가지로 아랍 투자자들이 닳도록 입는 영국산 양복은 광저우의 예멘 무역상들이 입는 흰색 갈라비야와는 전혀 다르다. 하지만 그들은 여전히 실크로드와 그보다 더 큰 이슬람 회랑의 부상에 반영된 세계 권력 재편의 일부다.

물론 아랍 국부펀드들은 여전히 미국 자산을 사들이고 있다. 무엇보다도 미국은 세계에서 가장 경제 규모가 큰 국가이면서 동시에 가장 큰 규모의 금융시장을 보유하고 있다. 그러나 재정위기와 수많은 대형 은행들의 붕괴로 아랍 사람들이 이제껏 그랬듯 앞으로도 미국 경제를 신뢰할지는 명확하지 않다. 어쩌면 재정위기로 투자자들은 유럽이나 중국, 혹은 이슬람 회랑 등 다른 투자지역으로 눈을 돌려야 한다는 자극을 받을지도 모른다. 아니면 아랍 투자자들은 최근 발생한 미국 자산의 대량 매각을 보고 미국 자산을 저가로 취급할 수도 있다. 아마 이런 결과들이 수면 위로 떠오를 때까지는 앞으로 수년이 걸릴 것이다. 그리고 그것은 또한 미국의 경제활동보다 미국 외에 다른 나라들의 경제활동으로 결정될지도 모른다. 그래도 모든 것을 감안할 때, 아랍 투자자들은 재정위기의 영향으로 앞으로 중단기 동안은 미국 자산에 더 많은 주의를 기울일 것이다.

게다가 아랍 국부펀드들은 그들의 투자에 반복해 나타나는 도전에 직면하고 있다. 그들은 미국 영토에서 또 다른 테러 공격이 발생해 자기들의 투자가 위험해질까 봐 촉각을 곤두세우고 있다. 이런 상황에서 아랍 국부펀드들이 대안을 찾는 것은 자연스러운 일이다. 석유가격이 오르고, 경제개혁이 새로운 기회를 창출하는 아랍 세계가 바로 그 대안이다. 미국과 유럽은 전 세계에서 가장 거대한 투자자를 붙잡지 못했는데, 가장 큰 이유는 경제적 · 금융적인 것이 아니라 문화 · 종교적인 것이다. 아직까지 미국과 서구는 이 점을 그렇게 중요한 사안으로 인식하지 않고 있다. 당분간 재정위기는 더 큰 위험으로 자리 잡을 것이다. 그리고 또 다른 테러 공격이 생긴다면 투자의 변화속도는 훨씬 빨라질 것이다.

다른 나라와 마찬가지로 아랍 국부펀드도 개발도상국 시장에서 기회를 찾고 있다. 그들은 특히 이슬람 시장을 주목한다. 아랍 투자자들은 순수하게 이익과 투자 안정성에 근거해서 결정할 것이다. 그러나 또한 모스크를 쉽게 볼 수 있고, 할랄 푸드나 이슬람 율법에 따라 준비한 음식이 제공되는 식당이 있는 곳에 매력을 느낄 것이다. 이우의 모스크와 아랍 식당은 아랍 무역상 수천 명을 끌어들인다. 그렇다 해도 이슬람 시장의 중요성에 대한 과대평가는 잘못된 것이다. 이슬람 시장은 대안일 뿐이며 서구 시장을 완전히 대신할 수는 없다.

아랍에미리트의 경험은 교훈적이다. 가장 부유한 아랍 국부펀드들이 그곳에 있다. 이제껏 아랍에미리트는 수세기 동안 중동 지역분쟁의 혜택을 누렸다. 1800년대에 박해를 피해 이민 온 페르시아계 수니파 무슬림은 인도와의 무역관계도 함께 가져왔다. 게다가 1979년 이란 혁명 기간에 이란 이민자들을 받아들였으며, 1980년대 레바논 내전 당시에는 레바논 난민을, 또 두 차례의 이라크 전쟁으로 발생한 이라크 난민을 받아들인 두바이는 인종, 종교, 부족의 용광로가 되었다. 두바이의 인구 구성은 정치상황을 그대로 반영했다. 두바이는 흑백으로 양분된 세상에 남아 있는 회색지대 같다. 두바이는 미국이 강요하지 않는 한, 또는 투자가 계속 이익을 내는 한, 미국에서 투자를 철수하지 않을 것이다. 이는 다른 아랍 세계에서도 마찬가지다.

결국 국부펀드들은 지난 한 세기 동안 아랍 세계에서 일어난 가장 눈에 띄는 혁신이다. 국부펀드들은 석유에 의존하지 않는 미래의 초석이다. 두바이처럼 소규모 경제권에서는 시티은행, 바니스 뉴욕, MGM 같은 회사에 투자하고 얻는 이익만으로도 자국민이 영원히 먹고 살 수 있을 정도로 외국 자산이 충분하다. 사우디아라비아는 특히 군비 지출로 인해 여전히 큰 적자를 보고 있다. 그러나 이 지역 경제의 건전성은 전에 없이 좋아졌다. 아랍 국부펀드는 또한 자국 내 비석유 부문에 대한 역량을 확대하고 있다. 예를 들어 2008년 상반기에 국영투자회사 보르세 두바이가 미국 증권거래소 나스닥에서 20%의 수익을 낸 것은 지역 무역의 허브를 만들려는 두바이 증권거래소의 야심을 뒷받침했다. 이는 중요한 변화다.

지난 한 세기 동안 아랍 세계에 대한 서구의 경험은 석유와 정치에 국한되어 있었다. 이 두 가지 주제는 1900년대 초부터 아랍 국가의 삶을 지배했다. 그런데 지난 10년간의 사건들은 제3의 요소를 추가했다.

바로 아랍 투자자들이 세계경제에서 새로운 강자가 된 것이다. 즉 아랍 투자자들은 아랍 경제에 석유보다 더 지속적으로 영향을 끼칠 것이다. 아랍 세계의 석유는 고갈되고 있다. 그러나 아랍의 투자자들은 수십만 달러를 계속 서구에 투자함으로써 돈을 벌어들일 것이다. 아직은 초기에 불과하지만 아랍 투자자들은 아랍 세계의 부상을 위한 중요한 초석으로 등장했으며, 실크로드의 부활을 가져올 것이다.

Chapter 4

THE NEW

아랍 세계,
중국을 벤치마킹하다

SILK ROAD

아랍 세계,
중국을 벤치마킹하다

중국 무역상인들, 다마스쿠스에 오다

실크로드는 한때 국제교역의 중심지로 중국과 중동을 잇는 수천 마일에 이르는 육상 교두보였다. 카라반은 오늘날 병마용(兵馬俑)으로 유명하고 시안(西安)으로 알려진 중국의 황도 장안에서 출발했다. 그들은 서쪽으로 여행을 시작하기 전에 장안에서 비취, 실크, 사향을 모았다. 카라반은 타림 분지와 죽음의 타클라마칸 사막으로 들어서기 전에 중국의 관문 중 마지막 요새인 둔황(敦煌)을 거쳤다. 여러 통로가 있었지만 모든 길이 위험했다. 카라반은 식량, 물, 모래폭풍, 사막의 약탈 행위 등 여러 어려운 문제에 직면했다. 카라반은 사마르칸트와 부카라의 요새화된 도시를 지나 고대 메소포타미아의 도시들과 지중해를 연결하는 대사막 루트에 이르기 전에 페르시아 고원을 지났다. 시리아의 도시 다마스쿠스는 이 무역로의 종착지로 지중해의 무역항 베이루트, 시돈, 트리폴리에서 며칠밖에 걸리지 않는 거리에 있었다.

다마스쿠스는 세계에서 가장 오래된 도시다. 다마스쿠스의 구시가지는 거의 변하지 않았으며, 담벼락으로 둘러싸인 좁은 골목길이 미로를 이루고 있다. 다마스쿠스의 시장에서는 수세기 전 카라반 무역의 소음과 향내를 느낄 수 있다. 거리엔 향신료와 달콤한 디저트로 가득 찬 나무통이 그득하고, 공기는 올리브 비누와 사향 냄새로 가득 차 있다. 좁은 골목에 나 있는 널찍한 나무문은 안쪽의 탁 트인 거대한 카라반 숙소로 이어진다. 실크로드를 따라 여행하는 카라반은 이곳에서 야영하면서 물건을 팔았다. 이 넓은 카라반 숙소에는 공기를 식히기 위한 연못이 딸려 있었다. 카라반 숙소는 수세기 전 가장 중요한 물자공급 중심지로서 실크로드를 통해 수입한 물건을 현지에서 팔거나, 배에 실어 더 먼 유럽으로 보내는 곳이었다.

그러나 실크로드를 통한 무역은 1600년대에 중앙아시아의 티무르 제국이 멸망하고 무역로가 혼돈에 빠지면서 황폐해졌다. 중국 내부의 정치적 문제도 있었다. 중국 북서부의 여러 이민족이 국경 지역을 공격하고, 남쪽으로는 베이징까지 공격했다. 명(明) 왕조는 더 이상 카라반의 교역을 보호해 줄 의지도 재원도 없었으며, 오히려 중국 내부에서 반란이 일어날 가능성만 걱정했다. 명 왕조는 중국에 영구적으로 거주해 오던 아랍 무역상들에게 한화정책(漢和政策)을 강요했다. 그 결과 중국과 아랍 세계의 관계는 점차 소멸되어 갔다. 해상무역이 성행하고 동서간의 교역품은 바다를 통해 더 많이, 또 더 싸고 안전하게 카라반에게 공급되었다. 실크로드의 종말이 온 것인가?

아니다. 2006년 6월에 중국의 자동차 행렬이 카라반의 위대한 도시 다마스쿠스에 다시 돌아왔다. 자동차 행렬은 신형차로 모두 20대였다. 놀라운 광경이었다. 이 차량 행렬이 다마스쿠스 시내로 들어서자 시민들이 관심을 보였다. 한 중국 언론인은 〈인터내셔널 비즈니스 데일리〉에서 이 장면에 대해 '여성들은 발코니에 기대 지나가는 차량을 향해 손을 흔들고, 거리의 어린아이들은 웃으면서 자동차를 따랐다'고 묘사했다. 이 차량 행렬은 중국의 주요 자동차회사들이 마련한 차량 순회 여행의 일부였다. 그 후 2주 동안 그 차량 행렬은 고대 카라반 도시인 알레포를 포함해 시리아의 대도시들을 차례로 방문했다. 물론 그 목적은 자동차를 팔기 위한 것이었다. 중국 자동차회사들은 최근에야 시리아 시장에 진입했고 그들보다 앞선 한국, 일본, 미국의 경쟁자들에게 도전하고 있다. 중국 자동차회사들은 그들의 조상이 수세기 전 만들었던 여행길을 다시 걷고 있다.

실크로드는 돌아왔다. 그런데 대거 몰려온 중국 무역상들은 낙타가 아니라 자동차를 타고 왔다. 이번 차량 순회 여행에는 자동차회사, 산업사절단, 기자, 외교관이 포함되어 있었다. 중국 자동차회사들은 본국에서는 치열한 경쟁사들이지만 이번 여행을 위해 단합했고, 더 많은 자동차를 팔기 위해서는 우선 중국 자동차가 가치 있다는 점을 세계에 알려야 한다는 데 공감했다. 중국 통상부와 연계된 기계산업연합이 세부 판매전략을 세웠다. 기계산업연합은 이미 캄보디아와 베트남에서도 유사한 행사를 두 번이나 개최했다. 금년에는 중국이 시리아를 선택했고 치루이, 지리, 허페이, 동팡, 푸티엔을 포함하는 9개 자동차회사가 차량순회여행에 참가해 협력, 판매전략, 홍보에 인상적인 열의를 보였다.

그러나 아직은 시기상조다. 400년간 많은 변화가 일어났으며, 중국 자동차는 예전 중국 실크의 유명세를 따라가지 못한다. 첫째, 자동차들은 시리아의 더운 온도와 열악한 도로 사정에 적합하게 설계되어 있지 않다. 둘째, 체격이 큰 시리아 남성에게는 좌석이 너무 비좁다는 불만이 있다. 나도 좌석에 꽉 끼어 있는 경험을 해 봤다. 자동차회사들이 성공하려면, 어려운 작업을 다시 해야 한다. 당시 어떤 중국인 자동차 제조업자는 이런 말을 했다. "가격밖에는 내세울 게 없습니다. 가격이 바로 우리의 경쟁력이지요. 그게 바로 시장에 진입하는 최고의 방법입니다. 그러나 우리가 차를 계속 팔려면 더 많은 것이 필요하겠지요. 우리에게는 고품질 저비용 전략이 필요합니다." 판매 후의 서비스는 또 다른 문제다. 자동차가 고장 났을 때 현지의 기계로 고치거나 부품을 구하기가 너무 힘들다. 최초로 시리아 시장에 진출한 푸티엔 사는 다마스쿠스 시내에 부품창고를 세우고 어떠한 부품이라도 24시간 안에 조달할 수 있도록 대응했다.

나는 1년 뒤에 다마스쿠스를 다시 방문하여 쇼핑을 했다. 자동차 대리점들은 알레포로 향하는 시 외곽 북쪽 도로변에 있었다. 모두 새로 지은 건물이었다. 택시기사는 자동차를 소유한 사람이 갑자기 늘었다고 불평했다. "주위를 한번 보세요. 이 도시는 1970년대에 지은 것입니다. 자동차 증가율을 감당할 수가 없어요. 교통체증으로 앉아서 돈을 낭비하는 셈이죠." 자동차 전시장으로 가기 위해 진흙탕을 걸으면서 그의 말에 수긍할 수밖에 없었다. 이 도시의 기간시설은 자가용의 증가를 감당할 준비가 되어 있지 않았다. 그러나 공정하게 말하자면, 구시가지는 다마스쿠스 시내의 병목지점이다. 구시가지의 도로는 협소하고 오래된 주택을 허무는 것은 엄격히 금지되어 있었다. 하지만 베이징은 그렇지 않다. 정부가 구시가지의 많은 부분을 철거하고 8차선 고속도로를 건설했다. 이것은 역사에 대한 인식과 개발에 대한 접근법의 차이다.

중국의 이번 차량 순회 여행은 성과를 내야만 했다. 중국 자동차 회사들인 치루이, 지리, 허페이가 모두 대리점에 전시되어 있었다. 나는 잠시 멈춰서 지리 자동차를 관찰했다. 겉모양은 번쩍번쩍했지만 자동차 내부는 최근에 내린 비로 손상돼 있었다. 딜러에게 자동차에 대해 물어보자 그는 재빨리 자동차의 엔진을 폭스바겐이 만들었다는 점을 강조했다. 나는 그날 여러 전시장을 방문했는데, 모든 딜러가 자동차의 엔진이 중국산이 아니라는 점을 강조했다. 중국 자동차 회사들은 '저가 출시'에는 성공했지만 '고품질'은 여전히 극복해야 할 과제로 남겼다. 그럼에도 그들이 시리아에 도착한 것은 역사적인 무역로 재건설, 그리고 점진적인 세계경제 재편을 입증하는 것이다.

중국의 부상과 깨어나는 아랍 세계

중국의 부상은 별개의 사안이 아니다. 이는 아시아와 중동 전역에 영향을 끼치는 강력한 역사적 흐름의 한 부분이다. 과거의 경제대국들이 수세기에 걸친 선잠에서 깨어나고 있다. 운세는 눈에 띄게 변했다. 1600년대에 중국은 세계경제의 29%를 차지했지만 1980년대에는 3%로 떨어졌다. 중국 경제가 왜 쇠퇴했는가를 한마디로 명쾌하게 설명할 수는 없다. 이 문제를 두고 역사학자들은 여전히 격렬하게 논쟁 중이다. 명 왕조의 해외무역에 대한 적대감이나 개인에게 무기거래를 허용한 정책의 실패가 그 원인으로 지적되기도 한다. 또는 중국 내부의 갑작스러운 인구증가나 원자재 부족이 원인으로 꼽히기도 한다. 이러한 이유는 제쳐두고서라도 중국의 쇠퇴는 아랍 세계를 언급하지 않고는 설명할 수 없는 사건이다.

아랍 세계와 중국에서 일어나는 사건들은 필수불가결하게 서로 연관되어 있다. 중국의 쇠퇴는 1600년대 실크로드의 붕괴에 일조했다. 아랍 무역상들을 강제로 동화시키려 했던 명 왕조의 결정은 세계 무역망을 붕괴시켰다. 아랍 세계도 스스로 쇠퇴했다. 한 지역이 세계경제에서 얼마나 큰 비중을 차지하는지 정확하게 측정할 수 있는 방법은 없다. 한편 아랍 세계는 정기적으로 창궐하는 전염병으로 고생했다. 1600년대에 카이로에만 8번이나 전염병이 돌았다. 아랍 직물 생산자들도 1700년대 초반부터 수입된 유럽산 의류와 경쟁하게 되었다. 유럽의 해상무역 증대와 아프리카의 케이프타운을 지나는 아시아 무역로의 변화는 아랍 경제를 침체시키는 데 결정적인 요인이 되었다.

오늘날엔 역사를 역으로 바라보아야 할 것 같다. 실크로드를 통한 무역이 재개되었다. 다마스쿠스에는 중국 무역상이, 이우에는 아랍 무역상이 있다. 비록 그들이 중앙아시아를 가로지르는 과거의 육로를 사용하지는 않지만, 두바이 항구는 확실히 활기로 가득 차 있다. 아랍 세계는 변화를 환영한다. 중국의 부상과 실크로드의 부활은 유럽 해상무역과 오스만 통치로 인한 실크로드의 암흑기를 사라지게 만들었다. 현재와 수세기 전 과거의 대조적인 사건들은 필연적이다. 아랍인들이 중국인과 이야기할 때 실크로드를 높이 평가하는 것도 놀라운 일이 아니다. 실크로드는 그 지역이 한때 전성기를 누렸던 시기를 상징하며, 아랍 세계가 자신들의 역사적인 역할을 되찾기 위한 첫 단계이기 때문이다.

만약 그렇다면, 시리아는 이미 얻을 것을 거의 다 얻었다. 시리아는 선택의 기로에 서 있다. 첫 번째 기로는 맥이 빠질 정도로 익숙한 것이다. 오늘날 시리아 정권은 국제사회의 이단자다. 시리아 정권은 아직 이스라엘과 평화협정을 체결하지 않았으며 레바논에서 정치적 암살을 지원한다는 혐의도 받고 있다. 또한 하마스와 헤즈볼라 지도자들을 후원한다. 이러한 일들은 시리아 경제를 침체로 이끈다. 두 번째 기로는 비교적 긍정적이다. 시리아는 이 지역의 무역 중심지로 다시 떠오르고 있다. 다마스쿠스 구시가지에 사무실을 둔 압둘 미다니 같은 무역상에게 시리아는 전 세계의 상품을 사고팔 수 있는 상징적인 곳이다. 2001년 이후의 사건들이 시리아가 변하지 않은 채 남아 있을 수도 있고, 역사적 유산을 회복할 수도 있는 두 가지 선택을 가능하게 했다.

새로운 시리아, 중국을 모델로 삼다

2004년 7월에 부시 대통령은 국정 연설에서 '악의 축'을 언급했다. 이는 9·11 사건 이후에 나온 강력한 선언이다. 처음에는 이란, 이라크, 북한이 악의 축으로 지목되었다. 그런데 국무부 차관 존 볼튼이 다음해에 시리아를 추가했다. 워싱턴은 2004년에 경제적·정치적 제재를 통해 시리아를 압박했다. 유럽위원회가 2004년에 시리아와 상호협력협정을 체결했지만, 유럽위원회는 당시 "우리의 관계를 돈독히 하는 것은 상상하기 어렵다"고 언급했다. 이후 몇 년간, 특히 시리아가 레바논 전 총리 라피크 하리리의 암살에 개입했다는 의혹을 산 뒤로 시리아와 유럽의 관계는 냉각 상태로 남아 있었다. 마치 시리아라는 국가가 지도에서 없어진 듯했다.

그러나 많은 중국 무역상은 서구의 평가에 동의하지 않았다. 대신 중국 무역상들은 시리아를 아랍 세계를 위한 '응집력(凝集力)'이라고 평가했다. 물론 이는 중국 정부의 공식적인 입장이 아니라 개인들의 견해일 뿐이다. 하지만 이 표현은 시리아가 역사적으로 실크로드의 종착지이자 무역 중심지로서 중요한 몫을 해 왔음을 일깨워 주었다. 중국 무역상들은 시리아가 서구의 정치적·경제적 제재에도 계속해서 자신의 몫을 할 것이라는 데 기꺼이 동의했다. 그들은 발밑으로 흐르는 역사의 조수가 외국 정부에 의한 제재조치보다 더욱 강하다고 생각했다. 즉 중국이 부상한 것과 같이 시리아도 똑같은 역사적 흐름을 따를 것이라고 판단했다. 워싱턴이 시리아를 세계에서 고립시키려고 노력하는데도 다마스쿠스의 거리를 걷는 중국 무역상의 수는 계속 늘어나고 있다.

시리아가 응집력을 가질 수 있는 것은 비교적 안정적이기 때문이다. 이것은 적지 않은 성과다. 시리아는 이라크와 레바논을 괴롭히는 국내 문제, 즉 수니파, 시아파, 기독교도, 쿠르드족의 세속적 분리주의 운동으로 고통을 받았다. 또한 동쪽으로는 이라크, 서쪽으로는 레바논, 남쪽으로는 이스라엘과 국경을 맞대고 있다. 비밀 정보기관이 시리아의 평화 유지에 도움이 된다. 그리고 시리아 정부는 지난 수십 년간 공공연히 미국과 이스라엘에 적대적이었지만 군사적 충돌은 피해 왔다. 이런 전략은 확실히 가치가 있다. 중국 무역상들은 시리아에 근거를 두는 최우선 요인을 시리아의 안정성이라고 여긴다. 시리아가 얼마나 오래 안정을 유지할지는 두고 볼 일이지만 적어도 지금 중국의 부상은 과거 무역 중심지였던 시리아의 역사적 역할을 상기시키는 데 일조하고 있다.

아다라 자유무역지역은 시리아가 선택하게 될, 목전에 있는 더 긍정적인 두 번째 기회를 상징한다. 이곳의 산업공원 지역은 비관세 혜택을 받는 항만 중심지다. 저우 동원은 무역 중심지로서 아다라 자유무역지역의 가치를 인정한 사람이다. 그녀가 새로 세운 '차이나시티'는 특히 이라크 공무원들에게 인기가 좋다. 2층짜리 전시장에서는 공장 설비에서 사무용품까지 모든 것을 판매한다. 중국 무역상들은 아다라 자유무역지역을 주변 국가, 특히 레바논에 물건을 파는 장소로 활용한다. 레바논은 2006년 전쟁 이후 피해를 복구하기 위해 건축자재 수요가 크게 늘어났다. 산업공원은 한때 실크로드를 지나 온 카라반들이 방문하던 다마스쿠스 구시가지의 야외광장 구실을 하고 있다.

아다라 자유무역지역을 떠나면서 시리아가 아직 선택하지 않은 다른 길이 생각났다. 다마스쿠스의 산업공원 길 건너편에는 팔레스타인 민병대에 소속된 무장 군부대가 있었다. 꼭대기에 철조망을 둘러친 낡은 콘크리트 담벼락이 군부대를 에워싸고 있었다. 감시탑의 보초병들은 자동소총을 나무 의자에 기대 놓은 채 졸고 있었다. 나는 웃으면서 친구에게 그 광경을 가리켰다. 그는 당황하며 말했다. "이건 과거의 시리아예요. 아다라 자유무역지역이 새로운 시리아입니다." 아마 그가 옳을 것이다. 시리아 정부는 정치보다는 경제로 중점을 옮겨 가고 있다. 아다라 자유무역지역의 떠들썩한 분위기는 의자에서 졸고 있는 팔레스타인 보초병과는 확실히 다르다. 중요한 것은 미국이 그 군부대에 집중하는 반면 중국은 산업지역에 집중한다는 점이다.

희망을 가질 만한 이유가 있다. 시리아 정권은 어쩌면 서구 국가들과 계속 충돌할 것이다. 하지만 현재 일어나고 있는 변화가 개인 무역상들에게는 기회를 줄 것이다. 그들의 활동을 관찰하는 것은 어렵지만, 적어도 그들은 시리아 정권 자체를 피해 숨어 다니지는 않을 것이다. 다마스쿠스 구시가지의 작은 거리에 사무실을 둔 무역업자의 이야기를 들어 보자. 그는 커피와 설탕을 컨테이너 단위로 거래하는데 스위스 은행에 계좌를 두지도, 전화기를 자주 사용하지도 않는다. 그와 같은 사람들이 새로운 경제개혁의 흐름에 합류하기를 희망한다. 이것이 시리아를 새롭게 만든다. 아다라 자유무역지역의 떠들썩한 광경은 아마도 팔레스타인의 군부대에서 졸고 있던 보초병보다는 더 나은 미래를 가져올 것이다. 그러나 역사적 유산만으로는 경제성장에 박차를 가하기에 충분하지 않다.

시리아는 중국의 기적을 따를 필요가 있다. 시리아 정권은 특히 중국 같은 빠른 성장속도와 사회 안정을 바란다. 누군들 안 그러겠는가? 대부분의 아랍 세계가 같은 것을 원한다. 2007년 10월 퓨 리서치는 이집트, 요르단, 쿠웨이트, 레바논, 모로코, 팔레스타인의 중산층 52%가 정치적 자유보다 경제적 안정을 더 원한다는 조사 결과를 내놓았다. 아직 가난한 아랍에서 경제적인 안정은 쉬운 일이 아니다. 경제개혁의 첫걸음은 대부분 도전적이며, 사회 불안정을 초래할 수 있다. 이 지역에서 사회 불안정에 대한 우려는 과장이 아니다. 보다시피 이라크는 종파 갈등에 휘말려 있으며, 팔레스타인은 내전으로 고통 받고, 레바논도 또다시 전쟁이 시작될까 봐 긴장하고 있다. 중국식 성장 모델이 이미 제시되었던 유럽식 성장 모델에 경쟁자로 등장한 것은 당연한 일이다.

세계은행의 수석 경제학자로 임명된 중국학자 린이푸(林毅夫)는 중국 모델의 영향력 증가를 특히 강조했다. 린은 개발도상국 출신으로는 최초로 세계은행 수석 이코노미스트가 된 사람이다. 그가 임명된 것은 성장 모델 자체뿐 아니라 중국의 힘이 다른 국가들을 중국과 같은 길로 가도록 유도할 것이라는 이유에서였다. 린은 〈월스트리트 저널〉에 세계은행이 특별한 국가들을 위한 맞춤형 정책을 수립하는 데 더 많은 시간을 할애해야 한다는 생각을 밝혔다. 그는 "만약 세계은행이 개발도상국 또는 과도기 경제를 돕기를 원한다면, 그 국가에 가서 그곳 정부 및 연구소들과 함께 일해야 한다"고 말했다. 린은 경제개혁, 사실상 중국 성장 모델에 대한 더욱 성숙한 접근이 필요하다고 주장했다.

시리아 지도자들은 이미 움직이기 시작했다. 시리아 주재 중국 대사를 지낸 시양찬은 중국이 세계 금융시장의 주의를 끌기 전인 1990년대 말에 시리아 고위 지도자가 중국을 방문했다고 말했다. 예를 들어 전 시리아 부통령 압둘 할림 카탐은 정기적으로 중국을 방문했다. 시는 2001년 9월에 개최한 중국 대사관의 국경일 행사에 귀빈을 초대했는데, 이례적으로 많은 시리아 고위 관료가 관심을 보였다. 그들 중에는 바스 당의 영향력 있는 지역 총서기보도 있었다. 2004년에 현 대통령 바샤르 아사드가 중국을 방문했을 때, 시리아 관료들은 '중국의 경험'에 대해 소개했으며, 지난 20년 동안 중국의 경제개혁 경험에서 많이 배우고 있다고 말했다.

베이징 주재 시리아 대사관에서 한 중국 관료를 만났는데, 그는 중국이 정기적으로 시리아 학자나 공무원 집단을 베이징에서 공부하도록 초청한다고 말했다. 세미나에 초대받는 사람들은 중앙은행, 정부 부처, 정부 연구기관 등 다양한 국가기관 출신이다. 방문 일정은 보통 7개월이며, 비용은 베이징 당국에서 부담한다. 이때 시리아의 학자나 공무원뿐 아니라 다른 개발도상국의 학자나 공무원도 함께 초청된다. 중국인들 스스로 외국 정부만큼이나 IMF나 세계은행으로부터 엄청난 기술지원을 받고 있다. 그렇게 도움을 받은 그들은 다시 개발도상국을 지원하는 것이다.

이러한 방식으로 중국 모델은 시리아의 경제개혁을 돕는다. 시리아 정권이 중국 공산당의 성공 사례를 모방하려고 노력하는 것은 당연한 일이다. 통치가문인 아사드 가문과 그들의 지지자들은 1970년대 이래 권력을 유지해 왔다. 중국 모델은 고통스러운 사회적 변동을 피하면서 경제개혁을 추구할 수 있는 방안을 제시한다. 대통령 바샤르 아사드가 2000년 부친 사망 이후 집권한 것도 경제개혁의 장애물을 제거하는 데 도움이 되었다. 경제 침체와 실업률 증가 때문에 시리아 정부는 대안이 별로 없었다. 그러나 중국 모델은 시리아 정권이 마지막 발걸음으로 조치를 내릴 수 있는 용기를 주었다. 그것은 경제개혁이었으며, 시리아는 서구식이 아니라 중국식 모델을 택했다.

시리아는 조금씩 앞으로 나아갔다. 시리아는 은행 부문을 자유화했고, 민간은행의 지점 개설을 허가했다. 레바논의 주요 은행은 다마스쿠스에 화려한 지점 사무실을 새로 지었고 정부는 외국인 투자를 유치하기 위해 새로운 법률을 제정했다. 2003년에 시리아 중앙은행은 22년 만에 처음으로 이자율을 낮췄다. 그리고 은행들이 담보와 대출이자를 훨씬 더 유연하게 설정할 수 있도록 허가했다. 감옥에 갈 걱정 없이 거리에서 자유롭게 환전할 수 있게 되었다. 아직 개장을 하지는 않았지만 2008년 초에는 주식시장을 열 계획도 세웠다. 그러던 중에 두바이의 이마르 사는 다마스쿠스 외곽에 5억 달러 규모의 '에이트 게이트_Eighth Gate_' 라고 불리는 주택개발 사업을 맡아 시행하고 있다. 이 사업은 시리아 전역에서 진행된 수많은 주택건설 프로젝트 중 하나일 뿐이다.

시리아에서 경제개혁이 현실임을 확신할 수 있는 이야기를 들었다. 2007년 2월에 시리아 경제장관은 한 회의에서 중국 방식을 따른 최근의 5개년 경제계획에 대해 논의했다. 민간부문의 투자자들이 회의에 초대받았다. 그들은 무슨 일인가 어안이 벙벙했다. 장관은 마이크로소프트 파워포인트 슬라이드를 사용해서 발표했으며, 계획된 투자 프로젝트에 참여 중인 민간부문 업자들을 초대했다. 투자 프로젝트에는 터키 국경까지 연결된 고속도로 사업도 포함되어 있었다. 장관은 놀라울 정도로 솔직하게 평가했다. "우리는 지난 5년간 계획의 4분의 1밖에 끝내지 못했지만, 그것은 우리의 발전을 나타내는 것입니다." 발표가 끝나고 투자자들이 건물을 떠날 때까지도 무슨 일이 일어났는지 제대로 알지 못했다. 그 발표는 바스당 고위 지도자들이 정기적으로 방문하는 건물에서 진행되었다. 또한 그 건물은 정치 반대세력들을 숙청한 곳이기도 했다. 회의에 참석한 한 개인 투자자는 "차를 몰고 이 건물 앞을 지나갈 때마다 두려워서 제대로 쳐다보지도 못했는데⋯⋯"라고 회상했다. 얼마나 큰 변화인가.

중국은 더욱 직접적인 역할을 하고 있다. 가전제품 제조사인 하이얼은 시리아의 최대 중국 투자자다. 하이얼의 시리아 공장은 연간 세탁기 5만 대와 전자오븐 5만 대를 생산한다. 중국에 있는 공장에서 생산해 내는 것에 비하면 매우 적은 물량이지만 시리아 시장의 20%를 차지하기에는 충분하다. 하이얼은 자사 제품에 대한 공격적인 마케팅과 홍보 전략을 세우고, 다마스쿠스 전역을 광고판으로 도배하고 있다. 또한 시리아는 하이얼이 주변의 아랍 시장으로 진출하려는 야심찬 계획의 시작점에 불과하다. 하이얼은 1990년대에 중국에서 펼쳤던 사업전략을 따르며, 소득증가로 인한 가전제품 수요증가에 대비해 지역 시장과 수출 시장 모두를 아우르는 제품을 생산 중이다.

그러나 중국 회사들은 건설 부문에서 더 큰 활동을 하고 있다. 왜 그런지는 쉽게 알 수 있다. 시리아의 기간시설 관련 데이터를 보면 시리아는 석유 세입이 풍부하지만, 소련의 재정 지원을 받았던 1980년대로 회귀하고 있다. 더구나 사회기반시설들은 매우 노후했으며, 시리아 내에는 대규모 사회기반시설을 건설할 만한 회사가 거의 없다. 반대로 중국 건설회사들은 전혀 문제가 없다. 그들은 1990년대 초부터 대규모

사회기반시설 프로젝트, 특히 항만·도로·전력설비 등에 중국 정부가 퍼부은 막대한 자금을 토대로 성장했다. 중국 건설회사들은 일반적으로 미국이나 유럽의 경쟁사들보다 더 빨리 공사를 마친다. 시리아 북부에 1억 8000만 달러 규모의 수력발전소를 세운 쓰촨(四川) 기계수출입회사는 시리아에서 활동하는 수많은 중국 회사 중 하나일 뿐이다.

중국 통신회사인 화웨이(華爲)는 매우 활동적이다. 이 회사 자체는 문제가 약간 있는데, 특허를 도용하고, 군부와 연루되어 있다는 비난을 계속 받고 있다는 점이다. 이 회사는 주로 값싼 정보통신 기반시설 건설 경험이 필요한 개발도상국을 중심으로 해외에서 성공적으로 통신 서비스 기술을 판매하고 있다. 2007년 2월에 이 회사는 다마스쿠스에서 지역 회의를 개최했다. 아랍 세계 전역에서 이 회사의 직원들이 시리아의 수도로 몰려들었다. 그들의 숙박과 교통편을 담당한 시리아 친구가 나에게 이 회의에 대해 들려주었다. 그 친구가 중국 사업가 단체와 접촉한 것은 처음 있는 일이었다. "그들은 항상 그렇게 들떠 있어?" 그가 물었다. "중국인들은 서로 소리치면서 요란을 떨더라. 이 중국인들을 함께 있게 하는 건 불가능한 일이었어. 그렇지만 여기 있는 걸 아주 행복해하던데." 그는 웃으면서 당시를 회상했다.

이 회사 직원들이 그렇게 행복해 했던 데는 그럴 만한 이유가 있다. 화웨이 사는 최근에 시리아 시장에서 경쟁사인 에릭슨, 지멘스와 비슷한 수준의 제품을 훨씬 싼 가격에 제시함으로써 시장점유율을 절반 이상 확보했다.

현재의 시리아 경제와 1980년대의 중국 경제는 매우 유사하며, 중국이 학습한 수많은 교훈이 시리아에 그대로 적용될 수 있다. 비판적인 사람들은 아마도 중국 모델이 독재정권을 지원한다고 주장할 것이다. 그러나 중국 모델은 개혁 중이며, 이 개혁은 IMF나 세계은행에서 권장하는 것이다. 그리고 중국은 똑같은 경제개혁 모델을 팔면서 더 나은 성과를 내고 있다. 1990년대에 베이징을 방문한 시리아 관리가 오늘 두 번째 방문에서 돌아왔다고 생각하자. 하늘을 찌를 듯한 마천루나 10차선 고속도로같이 그가 직접 경험한 도시의 변화는 경제개혁을 위해 어떠한 다자적 제도가 할 수 있는 것보다도 더 홍보효과가 크다. 가장 중요한 것은 중국 모델이 사회 안정을 강조하고 있으며, 이것이 시리아 같은 국가에 중요하다는 점이다.

그렇다고 해서 시리아가 꼭 성공한다는 뜻은 아니다. 시리아 정권은 중국 모델의 가장 중요한 규칙을 간과했다. 시리아는 정치, 특히 국제 정치에서 경제를 분리하는 데 실패했다. 시리아는 팔레스타인 하마스의 고위 정치관료인 칼리드 미샬 같은 팔레스타인해방기구 PLO의 정치활동을 후원하고 있다. 또한 시리아는 이라크로 가는 이슬람 민병대를 지원했다는 비난도 받는다. 그런데 가장 중요한 것은 시리아가 이스라엘과 평화협정 체결에 실패했다는 점이다. '시리아 경제협회'의 책임자인 이쌈 자임은 2004년 3월 어느 기사에서, 시리아가 평화협정 체결을 거부했기 때문에 고통을 겪고 있다고 인정하면서도 '적 시오니스트'의 위협에 직면한 지금 시리아가 선택할 수 있는 대안은 거의 없다고 주장했다. 시리아 경제사회는 경제개혁 논쟁에 앞장서고 있다. 국가계획부 장관을 역임한 자임의 견해는 많은 고위 지도자에게 영향을 준다.

중국엔 그런 문제가 없다. 일본 전범들이 합사된 야스쿠니 신사 참배를 중국 정부가 비난하는데도 오늘날 일본 제조회사들은 중국에 자유롭게 투자한다. 타이완 제조회사들은 타이완을 겨누고 있는 중국 군수 창고에서 그리 멀지 않은 중국 본토의 푸젠(福建) 지방에 공장을 세우고 있다. 하지만 이 두 상황을 비교하는 것이 꼭 맞아떨어지지는 않는다. 무엇보다도 중국은 더 이상 일본과 전쟁을 하지 않으며, 또한 타이완과는 친교를 유지하고 있다. 중국은 동북아시아의 이웃 국가들, 특히 한국·일본·타이완에 대한 포용 정책으로 반사적 이익을 얻는다. 이 3국은 지난 10년간 중국에 거의 3000억 달러를 투자했으며, 경영과 기술의 전문성도 함께 이전했다. 시리아가 '이슬람 회랑'의 부상과 아랍 경제에 대한 아랍 투자자들의 투자경향에서 이익을 보기는 하겠지만 지난 20년간의 중국의 경험을 따라가기에는 역부족이다.

즉 중국은 아랍 세계에서 정치와 경제를 분리하고자 스스로 노력했다. 중국 정부는 정치적 부담을 감수하면서 일부러 경제를 강조했다. 2006년 4월에 사우디아라비아 국정자문위원회에서 행한 후진타오 주석의 연설문을 예로 들 수 있다. 나는 대낮의 열기를 피해 두바이의 호텔 방에 앉아서 생방송으로 그 연설을 지켜봤다. 후진타오 주석은 3000단어가 넘지 않는 연설에서 '조화로운'이라는 단어를 22번, '협력'이라는 단어를 13번 사용했다. 그는 분쟁이 점점 더 가열되고 있는 이웃 국가 이라크에 대해서는 일절 언급하지 않았다. 이 지역에서 활동하는 어느 중국 언론인은 나중에 내게 중국 정부가 정치관계보다는 경제관계를 보도하기 위해 국영방송을 설립했다고 이야기했다.

중국이 아랍 세계에서 역사적인 책임이 거의 없다는 것도 큰 도움이 된다. 이 책을 쓰는 동안에만도 중국어 미디어에서 실크로드가 수백 차례 언급되는 것을 확인했다. 실크로드는 중국이 시리아와 실질적인 관계를 유지했음을 보여 주는 역사적 사실이었다. 실크로드는 십자군전쟁 동안 아랍 세계를 공격하고, 훗날 식민통치를 했던 유럽의 소유가 아니다. 실크로드는 또한 이스라엘을 무장시키고, 이라크를 두 번이나 공격한 미국의 소유도 아니다. 중국은 아랍 세계에서 역사적인 오점이 없으며, 명백한 전략적 이유가 아니라면 아랍 지역 정치에 휩쓸림으로써 기회를 잃을 일이 없음을 잘 알고 있다. 지금까지는 명백한 전략적 사안이 존재한 적이 없었기에 중국은 지속적으로 중립노선을 유지할 수 있었다.

과연 중국 모델이 아랍 세계에 적합한가

그러나 중국 자동차회사들은 이미 시리아에서 정치적인 도전에 직면해 있다. 이란 국영 자동차회사가 아다라 자유무역지역 가까운 곳에 공장을 세웠고 2008년에 생산라인에서 첫 번째 자동차가 생산되었다. 이는 시리아와 이란 합작투자였지만 다마스쿠스의 모든 사람이 이런 이야기를 입에 올렸다. "이게 진정 최초의 시리아 자동차야." 중국 자동차회사들은 시리아 군부의 노후된 차량을 교체하는 계약을 따내겠다는 야심을 갖고 있다. 중국의 주요 투자자인 시에 허는 그 계약을 '사냥꾼의 미끼'라고 묘사했다. 하지만 이란과 시리아의 밀접한 정치협력 하에서 어떻게 그들이 성공할 것인지 미지수다. 특히 당시 시리아와 이란은 이라크에 대규모 미군이 주둔하는 상황에 위협을 느끼고 있었다. 아랍 세계에서 사업에 성공하기 위해서는 최저 가격을 제시하는 것만으로는 충분하지 않다. 미국과 같은 강대국이며 부유한 적에 대항하여 정치적 지원을 해주는 것 또한 중요하다.

중국 정부도 아마 은연중에 중국 회사들이 타깃이 된 것을 알았을 것이다. 2006년 7월에 중국 항만건설회사가 레바논 북동부의 트리폴리

항구 공사를 수주했다. 베이루트 국제공항에 대한 이스라엘의 첫 공격 이후에 중국 항만건설회사의 직원들은 회사를 지키기로 결정했다. 그러나 후에 이스라엘 전투기가 중국 관개(灌漑) 수력발전 회사가 운영하던 프로젝트를 공격했다. 총지배인 푸신루이는 자신이 있는 장소가 공격목표가 되자 겁에 질렸다. 직원들이 우르르 건설현장 주변으로 나가 작업현장의 증거 사진을 찍었다. 후에 직원들은 승합차 8대에 나눠 탔다. 대사관 직원들은 이스라엘 전투기가 알아볼 수 있도록 승합차 지붕에 중국 국기를 붙였다. 또 다른 중국 회사인 스카이라이언은 거리에서 이스라엘 해군의 폭격이 있은 뒤 일찌감치 산을 넘어 동쪽으로 피신했다. 전직 경찰 장티엔콴은 만약 북쪽 도로가 안전할 경우에는 차를 태워 달라고 다가오는 차량들을 향해 깃발을 흔들었다. 8시간 뒤에야 직원들은 초죽음이 돼서 다마스쿠스에 도착했다.

중국 항만건설회사의 경험은 교훈적이다. 중동에 진출했던 더 많은 중국 회사들은 십자포화를 받을 위험에 처해 있다는 사실을 과소평가했다. 만약 중국 회사들이 기간시설 계약을 따내는 데만 집중할 경우 위험성은 더 높아진다. 중국 국민이 직접적, 또는 간접적으로 공격 목표물이 되었을 때 중국 정부가 어떻게 대응할지는 확실하지 않다. 만약 중국 항만 건설회사의 직원들이 공격을 받아 죽는다면, 중국 정부는 전쟁에 대해 다른 태도를 취할까? 아마도 중국은 정치와 경제를 분리한다는 자국의 가장 중요한 규칙을 폐기할지도 모른다. 중국 인민들이 가만히 있지 않을 것이기 때문에 그러지 않을까?

또 다른 문제도 있다. 시리아 정권이 중국 모델에 매력을 느끼는 이유는 간단하다. 시리아는 대안이 별로 없다는 점이다. 시리아는 아직 세계무역기구에 가입하지 않았으며, 유럽연합과 자유무역협정을 체결하지도 않았다. 게다가 시리아는 미국의 제재조치를 받고 있는데 개인 무역업자들도 한층 엄격한 세계 기준, 이를테면 테러리스트에 대한 금융 지원을 억제하는 미국의 기준 따위를 적용 받고 있다. 정기적으로 중국을 방문하는 시리아 무역상과 나눈 대화가 떠올랐다. "나는 홍콩 은행에 계좌를 열 수도 없어요. 여러 은행에서 시도했지만, 내 시리아 여권을 보고는 거절하더군요." 어쩌면 중국 모델은 이미 세계경제에 통합되어 있고 서구와 밀접한 관계를 가진 일부 아랍 세계에는 덜 적합하지 않을까? 이 가설을 검증하기 위해 나는 이집트로 향했다.

아랍 세계의 자존심 이집트

아랍 세계에 대한 영향력을 놓고 이집트와 시리아는 오랫동안 경쟁했다. '이집트 없는 전쟁은 없고, 시리아 없는 평화는 없다.' 이 표현은 양국의 역사적 중요성을 증명한다. 그러나 공통점은 이것뿐이다. 이집트는 이스라엘과 평화협정을 체결했다. 이집트는 모든 서구 국가와 온건한 관계를 유지하고 있다. 이집트는 1995년부터 세계무역기구 회원이 되었으며, 자유시장경제를 건설하기 위해 열심히 노력했다. 요약하자면 이집트는 세계경제의 완전한 구성원이 된 반면, 시리아는 아직 한참 멀었다. 그래서 이집트가 중국을 필요로 할지는 분명하지 않다. 그렇다면 중국 모델은 정치상황을 유지하기 위해 세계경제에 합류하기를 거부하는 시리아 같은 국가에만 해당하는 것일까?

카이로는 대도시로 인구는 1600만 명이다. 당연히 도시의 기간시설은 잘 갖춰져 있다. 항상 교통 혼잡에 시달리며, 교외에서는 가끔 전력 부족 현상이 나타난다. 이집트 당국은 건설을 계속해 왔는데 날마다 도시로 몰려드는 수천 명의 새 이주자 때문에 문제를 겪고 있다. 나는 꾀죄죄한 모습으로 카이로에 도착했다. 내가 탄 비행기가 두바이에서 24시간이나 지체했기 때문이다. 짐을 송두리째 잃어버린 탓에 오후에는 쇼핑을 해야 했다. 호텔에서 쇼핑몰까지 가는 길에 면 티셔츠 몇 벌을 샀다. 이집트의 직물산업은 값싼 노동력과 세계적으로 유명한 면섬유 덕분에 빠르게 성장하며, 중국과 경쟁하고 있다. 내가 산 셔츠가, 중국 광둥 성을 흐르는 펄 강 삼각주에 있는 대규모 중국 직물공장에서 생산한 것과 가격이 비슷하다고 생각했다.

나는 운좋게 피크리 타드로스를 만났다. 피크리는 중국을 잘 알고 있다. 그는 이집트 상무관으로 1997년부터 2000년까지 베이징에서 근무했다. 현재 그는 카이로에 거주하며, 중국에서 의약품을 수입하는 이집트 회사의 총책임자다. 우리는 카이로 남부 기자 지역 교외에 있는 이집트 실업인연합 사무실에서 만났다. 16층부터는 사무실에서 피라미드를 볼 수가 있었다. 남쪽 외곽에 어렴풋이 보이는 그 피라미드는 아마도 이 도시의 공무원들에게 영감을 줄 것이다. 하지만 피라미드의 그늘에서는 살기 힘들다는 것을 알 수 있었다. 누가 4000년 전 파라오의 업적과 비교당하고 싶겠는가? 피크리와 나는 잠시 신비로운 고대 유적들을 응시하다가 따뜻한 가죽 소파에 앉아 대화의 주제를 중국으로 돌렸다.

피크리는 베이징에 아주 일찍 도착했다. 이집트와의 무역은 여전히 초기 단계였다. 그는 "무역관계가 실제로 성장하기 시작한 것은 2000년 이후였다."고 회상했다. 그리고 그 이유는? 이집트 경제는 관광 수입 증가와 유가 상승이 복합적으로 작용해서 계속 발전하고 있었다. 중국도 이집트와 무역관계를 수립하려고 노력 중이었다. 피크리는 지난 몇 년간 수십 차례 중국 무역사절단이 이집트를 방문했다고 말했다. 그 결과 중국의 대 이집트 수출은 빠르게 증가해서 2000년에는 8억 달러였던 것이 2006년에는 30억 달러가 되었다. 특히 직물 부문에 대한 투자가 증가했는데, 그 투자액은 비록 절대적으로는 여전히 적은 금액이지만, 5700만 달러에 달했다. 중국 직물회사들은 자국의 수출물량 쿼터 제한에서 벗어나기 위해 이집트의 유럽 및 미국 수출물량 쿼터를 이용하고 있다. 그들은 또한 이집트를 아프리카를 향한 도약대로 생각했다.

이와 같은 관계들은 교역 이외 분야까지 확대되었다. 피크리는 점점 많은 이집트 학생이 베이징에서 농업을 공부하게 됐다고 말했다. 이것은 중국 모델의 일면에 불과하다. 이집트는 여전히 가난한 사람이 많은 중국이 그 많은 인구를 어떻게 먹여 살렸는지 배우려 한다. 중국의 농업 기술은 서구만큼 발달하지 못했다. 하지만 그 기술은 개발도상국에는 적합하다. 화웨이 같은 중국 통신회사는 이집트에서 중요한 자리를 차지하고 있다. 화웨이의 정보통신 기술이 선진 기술은 아니지만 개발도상국을 위한 통신 서비스를 어떤 가격에 제공해야 할지 잘 안다. 또한 가장 가난한 중국 지방도시 같은 도전적인 환경에서 어떻게 통신 인프라를 건설해야 하는지도 잘 알고 있어서, 아프가니스탄·파키스탄·이집트에 유사한 인프라를 건설할 수 있었다.

그런데 피크리는 중국 모델에 대해 복잡한 심정을 갖고 있었다. "많은 이집트 지식인이 서구에서 교육을 받았습니다. 그래서 미국에 더 강한 유대감을 갖고 있죠. 기술을 수입할 곳으로 서구를 지목하고, 원조나 차관을 받을 곳도 서구라 생각하죠. 어쩌면 중국 모델은 다른 아랍 국가들, 특히 서구와 무역을 할 수 없는 시리아나 이란에 더 중요할 것입니다. 이런 국가들과의 관계를 발전시키는 데 있어 중국은 매우 현명하게 처신하고 있고 멀리 내다보고 있습니다." 만약 피크리가 옳다면, 중국 모델에 대한 걱정은 너무 이른 것일 수도 있다. 중국 모델은 사회 불안정을 우려하고, 서구의 금융과 기술을 받아들일 수 없는 국가에 더 적합하다. 그리고 이는 중국 모델이 궁극적으로 이집트보다는 시리아 같은 국가에 더 실용적인 대안임을 말해 준다.

그러나 나는 9·11 사건을 지적하면서 피크리를 자극했다. "맞습니다. 9·11 사건은 이집트에 큰 변화를 가져왔습니다." 그는 말했다. "서구는 테러리즘을 이슬람과 연결시키는 오류를 범했습니다. 이집트 엘리트들은 속았다고 느낍니다. 그들은 서구에 등을 돌린 적이 없었는데 말이죠……." 그는 적당한 말을 찾기 위해 잠시 생각하더니 말을 이었다. "그들은 이제 서구에 열광하지 않습니다." 후에 피크리는 나를 호텔로 태워다 주었다. 천천히 호텔로 가면서 피크리의 말에 대해 생각할 충분한 시간을 가졌다. 이집트는 자긍심이 강한 국가다. 아랍 민족주의가 탄생한 곳이며, 아랍연맹의 본부가 있는 곳이다. 이집트는 스스로를 아랍 세계의 지도자라고 생각한다. 그러나 2001년 이후 영어권 국가에서 비자 발급을 거부당하는 사람이 늘었는데, 그들 중에는 무역상뿐 아니라 전문직 종사자도 있다. 비자 거부는 자긍심이 강한 국가 이집트로서는 매우 받아들이기 어려운 일이다. 어쩌면 그래서 중국 모델이 대안으로 떠오른 것일 수도 있겠다.

이집트 투자회사인 EFG에르메스에서 일하는 영국인 경제학자 사이몬 키첸도 이에 동의했다. 그는 이집트가 고인 물에서 벗어나 세계경제에서 자신의 위치를 찾아가는 것을 지켜보았다. 그는 이렇게 말했다. "중국은 역할 모델입니다. 스스로 성공을 이뤄낸 중국은 이집트처럼 식민지배의 역사를 가진 국가들에 고무적이었습니다. 이는 1900년대 초

일본이 러시아를 패배시킨 사건과 유사합니다." 후에 일본은 세계에 경제 및 군사 강국으로 등장했다. 마찬가지로 우리가 중국식 성장 모델의 성공을 완전히 이해하거나 특히 아랍 세계를 비롯한 개발도상국에 주는 영감의 중요성을 완전히 이해하는 데는 수년, 혹은 수십 년이 걸릴 수도 있다.

중국의 'Go Global' 정책

모순 같지만, 아랍 세계에 중국식 성장 모델을 성공적으로 수출하는 데 가장 큰 방해물은 중국 자신이다. 2007년 퓨 리서치 조사에 따르면 대부분의 아랍 국가는 중국의 경제성장이 아랍 세계에 긍정적인 영향을 주는 것으로 보고 있다. 그러나 이는 변할 것이다. 중국 모델은 아랍 세계와 중국의 경제관계를 이끄는 유일한 정책이 아니다. 적어도 중국의 관점에서는 더욱 중요한 정책이 있는데 이는 'Go Global(走出去)' 정책이다. 이 정책은 아랍 세계와 중국의 경제적 상호작용의 핵심으로, 잠재적으로 아랍 경제와 아랍 무역상 개개인에게 불공정한 결과를 초래할 것이다.

'Go Global' 정책은 실제로 세계경제를 뒤흔들었다. 이 정책은 이미 1990년대 말에 중국의 국내 정책에 반영되었고, 중국이 세계무역기구에 가입한 뒤에는 상당한 견인력을 발휘하고 있다. 고위 지도자들은 이 정책이 중국의 국내 부문이 해외에서 기회를 찾고, 세계무역기구의 최고 회원국이 될 수 있게 도울 것이라고 생각했다. 이 정책은 특히 2002년 산업자원부 장관 스광셴이 중국 공산당 저널 〈시크 트루스〉에서 언급한 뒤 공식화되었다. 그렇다 해도 이 책은 당시 투자은행의 분석

가들도 아는 사람이 거의 없고, 'Go Global'도 주의를 끌기에는 너무
나 모호한 아이디어였다. 그러나 훗날 중국이 어떻게 외국과 경제관계
를 운영했고, 특히 아랍 세계와는 어떤 관계를 운영했는가를 설명하는
개념이 되었다.

　중국의 'Go Global' 정책은 서구에는 큰 걱정거리가 됐다. 마치 중
국이 세계를 삼키려는 야심을 가진 양 이해된 것이다. 2005년에 중국
석유회사 CNOOC가 미국 석유회사 유노칼 인수를 시도하자 중국이 세
계의 석유수출을 통제하려 한다는 두려움이 일었고, 중국 의류회사들이
미국 시장에서 최대 점유율을 차지했을 때는 이 회사들이 개발도상국
직물산업의 건전성을 해친다는 우려를 불러일으켰다. 그러는 동안 중국
무역상들은 댈러스나 텍사스의 요란한 전시장부터 라고스나 나이지리
아의 먼지 가득한 노점상까지 휩쓸면서 세계시장으로 퍼져 나갔다. 세
계시장의 문은 개방되어 있었고, 중국은 마침내 장벽을 넘어 몰려나왔
다. 주요 언론에서 전 세계가 중국의 영향력에 맞서야 한다고 소리를 질
러댄 것은 당연하다.

　그러나 'Go Global' 정책은 세계시장을 지배하기 위한 대외정책이
라기보다는 국내 위기에 대한 반사적 반응이었다. 중국 정부의 걱정은
석유나 철광석 같은 천연자원이 부족해져 중국이 해외 천연자원 생산국
의 인질이 되는 것이었다. 예를 들어 석유 공급에 혼란이 발생해 제조업
종사자 수백만 명이 거리로 나앉게 될 것을 우려해서 국내 석유회사들
에 해외 석유 자산을 매입하라고 장려했던 것이다. 게다가 중국의 세계
무역기구 가입은 국내시장이 해외시장과 경쟁하도록 문호를 열어 주었
다. 중국의 지도자들은 국내 기업들이 세계시장에서 치열하게 경쟁할
것에 대비해 선진 외국 경쟁사들을 인수하도록 장려했다. 그 결과

CNOOC는 유노칼 인수에 실패했지만 2004년에는 레노버가 IBM의 노트북 PC 부문을 인수하는 데 성공했다.

무엇보다도 중국의 지도자들은 지나친 국내경쟁을 우려했다. 1990년대 초에 중국 제조회사들은 시장점유율을 두고 외국 제조회사들과 대대적인 경쟁을 벌였다. 결과적으로 중국 제조회사들은 전자오븐 등의 생산라인을 확장해 국내시장을 지배하기 시작했다. 이는 이제는 경쟁자가 미국 미주리 주의 세인트루이스가 아니라 저장성의 원저우에 있다는 것을 의미했다. 문제는 모든 중국 제조회사가 값싼 노동력, 공공 보조금, 안정적인 통화 등 똑같은 가격조건을 누리고 있다는 점이었다. 그 결과 치열한 가격경쟁이 일어났다. 알리바바닷컴 같은 전자상거래B2B 웹사이트의 도입은 시장의 효율성을 눈에 띄게 높여 가격이 더욱 낮아졌다. 해결책은 제조회사들이 새로운 해외시장을 개척하는 것이었다. 선진국 시장은 이미 포화상태여서 시장진출 기회는 주로 개발도상국에 제한되어 있었다.

이 무자비한 가격인하 압력은 아랍 세계를 여행하면서 들은 공통 주제였다. 두바이에서 기념품을 파는 중국 무역상에게 사업이 잘되는지 물어본 적이 있다. 그는 길 건너편의 한 상점을 가리키며 말했다. "사업은 잘되고 있었죠. 그런데 다른 중국 무역상들이 들어오면서 사정이 나빠지고 있어요." 마찬가지로 시리아 아다라 자유무역지역의 '차이나시티'의 지배인도, 경쟁을 완화하기 위해 전시장의 전시상품을 산업별로 대표 상품 2개로 제한했다. 그 결과는 어떨까? 중국 제조회사들이 'Go Global' 정책을 선택했을 때, 그들은 외국시장으로 진출하지 못하고 대신 국내시장으로 도피했다. 더구나 민간부문은 행동적으로 종종 변화의 선두에 있어서 후에 정부가 그들의 활동을 합법화하고 공식적으로 지원을 해주었다.

말하자면 중국 정부는 주로 대사관을 통해 민간부문을 지원했다. 중국은 영국이나 미국 같은 강대국과 마찬가지로 모든 아랍 국가에 대사관을 두었다. 각 대사관에는 주재국과 중국 간의 무역과 투자를 증진시키기 위한 경제부서가 있다. 이 부서는 대사관의 일부로 운영되기는 하지만 실질적인 책임은 중국 산업자원부가 진다. 이는 대다수 선진국의 운영 방식과 다르지 않다. 그리고 이 부서는 활동적인데, 다마스쿠스 주재 중국 대사관에 소속된 경제부서는 2006년 국제 중국자동차박람회 개최를 돕기도 했다.

이들 부서는 주로 중국 산업자원부가 후원하는 웹사이트들을 통해 개인 무역상을 돕는다. 각 웹사이트는 주재국에 대한 특별한 정보를 담고 있으며, 관세법의 개정이나 새로운 시장진출 기회들을 구체적으로 알려 주는데 그 수준은 천차만별이다. 시리아의 경우, 시리아 정부가 직접 운영하는 웹사이트에 게재된 아랍어 정보보다 훨씬 유용한 중국어 정보를 찾을 수 있었다. 나중에 이우에서 활동하는 시리아 무역상 유수프와 이들 웹사이트에 대한 이야기를 나눈 적이 있다. 그는 10년 전, 17세 때 군복무를 피해 중국으로 이민했다. 유수프는 중국어를 잘했으며, 현지의 비즈니스 공동체와도 좋은 관계를 유지하고 있었다. 그는 현지의 무역상들이 새로운 시장에 진출하기 위해 웹사이트에 많이 의존한다고 말했다. 훗날 이우와 외국의 중국 무역상들에게 그 웹사이트의 인기가 매우 높다는 이야기를 분명히 들었다.

가장 인기 있는 것은 채팅 공간이다. 무역상들은 인터넷을 통해 대사관의 경제부서에 질문할 수 있다. 그러면 답변이 날마다 토론 공간에 올라온다. 대부분의 질문은 시리아 구매자들에게 상품을 알리려고 노력하는 무역상들과 관련된 것이다. 시장 조건이나 무역법에 대한 질문도 있다. 대금을 받지 못했는데 어떻게 하면 좋을지 도움을 청하는 사람도 있다. 채팅 공간의 유용성은 국가에 따라 각양각색이며 이에 대한 반응은 매우 인상적이다. 대사관 경제부서는 손해 보는 마지막 일터가 아님이 확실하다. 예를 들어 시에종메이는 2002년부터 2004년까지 다마스쿠스 대사관의 경제담당 수석이었고, 베이징으로 돌아간 뒤에는 산업자원부의 서아시아국에서 고위직으로 승진했다. 그 직책은 성과급이 있는 좋은 자리였다.

그리고 그들의 노력은 인정을 받았다. 한 화학제조회사는 채팅 공간에서 "첫째, 우리는 당신들이 외국에서 열심히 일한 것에 대해 감사드립니다"라고 말했다. 주방용품 판매업자는 "당신들은 수년간 해외에서 고생하셨습니다"라고 말했다. 선박 에이전트는 "외국에서 그렇게 열심히 일하는 당신들에게 우리의 안타까움을 전합니다"라고 말했다. 해외를 돌아다니며 무역을 하는 중국인이 많은데도, 그들 중에 진정으로 그 일을 즐기는 사람이 없다는 것이 이상해서 중국 무역상들에게 아랍 음식을 좋아하는지, 아랍의 날씨는 그들이 살기에 좋은지 물어 보았다. 대부분이 "아니오"라고 답했다. 대부분은 중국 음식을 먹으며, 직장 근처의 작은 중국인 공동체 안에서 살았다. 단지 중국 국내시장의 과도한 경쟁 때문에 해외시장에서 기회를 찾으려고 강제로 내몰린 것이다.

'Go Global' 정책은 중국 모델의 장점을 망칠 가능성이 다분하다. 예를 들어 시리아는 중국과 비슷한 사회 안정과 빠른 성장률을 기록하고 있다. 시리아는 그들의 국내시장으로 도피해 온 중국 제조회사들이 넘쳐나는 문제에 직면하게 될 것이다. 중국 정부는 아랍 세계에서 조심스럽게 시장 균형을 유지해야 하며, 아랍 경제 전반에 'Go Global' 정책의 부정적인 인식을 심어 주어서는 안 된다. 반면에 아랍 정부는 중국 모델을 받아들이는 횟수를 줄여야 한다. 아직까지는 아랍 정부들이 중국에서 벗어나려는 움직임을 보이지 않고 있다. 예를 들어 중국 무역상들은 시리아 경제와 세계경제의 격차, 특히 자동차·공공시설·통신산업 등의 격차를 메워 주고 있다. 하지만 시리아인들도 중국인과 마찬가지로 자신들의 제조업에 자긍심을 갖고 있으며, 갑작스럽게 들이닥친 중국산 수입품에 부정적인 반응을 보일 것이다. 이러한 사실은 이집트나 다른 저개발 아랍 경제권에서도 마찬가지다. 중국은 신중해야 한다.

판단을 내리기에는 아직 이르다. 중국과 아랍 세계의 관계는 이제 막 무르익기 시작했다. 긍정적인 측면에서 보자면, 중국 정부는 자국을 향한 아랍 세계의 감정 변화에 민감하다. 중국의 경제부처에서는 중국 무역상들이 현지 아랍 경제에 주는 충격을 주시하고 있다. 반면 아랍 정부들은 베이징에서 그들이 들은 것을 그대로 수용하고 있다. 중국과 아랍 세계의 관계는 아직 심각하게 스트레스를 받는 상태는 아니다. 중국 성장 모델과 'Go Global' 정책 간의 긴장관계는 중국과 아랍 세계의 관계가 여전히 섬세한 균형을 이루고 있음을 상기시켜 준다. 더구나 앞으로 다가올 10년 동안 일어날 일들은 이 관계를 지켜보는 전문가들의 기대에 부응하기보다는 그들을 놀라게 만들 것이다. 그리고 그들은 아랍 세계와 중국에서 변화가 일어나는 속도에 더 큰 충격을 받을 것이다.

Chapter 5

THE NEW

젊은 여성 노동력, 아랍 세계를 바꾸다

SILK ROAD

젊은 여성 노동력,
아랍 세계를 바꾸다

중국 여성 무역상, 아랍으로 진출하다

2001년 시리아 부통령 압둘 할림 카탐은 중국 여행 중 선전 남부에 머물다 놀라운 것을 보았다. 선전은 중국 경제의 놀라운 성공 모델이다. 1980년대 초 중국 정부는 선전이 세계와 자유로운 무역을 하도록 경제특구로 지정했다. 그 결과 폭발적인 경제성장이 이루어졌다. 홍콩 투자가들은 더욱 저렴한 노동력의 이점을 이용하기 위해 국경 너머로 공장시설들을 이전하면서 수십억 달러를 이 도시에 퍼부었다. 조용한 어촌 선전은 중국 전역에서 이주민을 끌어들여 800만 명 이상의 인구를 지닌 거대한 중심도시로 성장했다. 카탐은 선전의 발전을 위해 경제개혁을 주관한 전(前) 최고지도자 덩샤오핑의 지혜를 치하했다. 또 시리아에서도 똑같은 기적이 일어나기를 희망했다.

카탐은 선전 800만 인구의 30% 이상이 15~29세 젊은 여성이라는 사실은 미처 알지 못했다. 그 여성들은 대부분 미혼이며, 가족이 있는 고향에서 수백 킬로미터 떨어져 살고 있었다. 카탐이 그 사실을 미리 알았다면 아마도 충격을 받았을 것이다. 진실한 수니파 무슬림인 그는 딸들에게 결혼하기 전까지는 일을 시키지 않았다. 만약 그가 선전의 인구통계 구조를 알았다면 덩샤오핑을 그렇게 치하하지는 않았을 것이다. 그리고 시리아가 중국의 성장 모델을 따르게 하지도 않았을 것이다. 하지만 이 젊은 여성들이 없었다면 선전은 지난 20여 년 동안 그렇게 빠른 성장을 하지 못했을 것이다. 중국의 젊은 여성들이 자발적으로 해안 지역으로 이주하여 수출제조업체와 서비스 부문에서 일했기 때문에 지난 20여 년 동안 중국은 거대한 경제적 잠재력을 활기차게 발휘할 수 있었다.

제인저우는 선전 젊은 여성들의 표본이다. 그녀는 전자 코란을 판매하는 전자회사 '그린 테크놀로지'의 판매 책임자로 일하고 있다. 이 회사의 광고기사를 읽고 호기심이 생겨 그녀의 사무실을 방문하기로 약속했다. 사무실은 도시 외곽에 있었으며 주변엔 공장, 기숙사, 사무실 구역과 폭스바겐 대리점이 늘어서 있었다. 안내원의 안내를 받아 입구에 도착한 나는 10층으로 가는 엘리베이터를 탔다. 사무실은 아주 비좁고 바닥엔 컴퓨터 선들이 뱀처럼 얽혀 있었다. 내가 들어서자 제인과 직원 두 명이 재빨리 일어섰다. 악수를 나눈 우리는 작은 회의용 책상 앞에 자리를 잡았다. 반가운 인사를 몇 마디 나눈 후에 제인은 초록색 포장재에서 전자 코란을 꺼내 기능을 설명하기 시작했다.

제인은 버스로 10시간, 비행기로 1시간 거리에 있는 광시(廣西) 성에서 선전 서쪽까지 온 것이다. 그녀는 그 지역 중심도시인 구이린(桂林)의 한 대학교에서 외국어를 배웠다. 그녀 친구들은 대부분이 관광 가이드를 하고 싶어 했다. 그 지역은 자연 경관이 빼어나서 관광객이 넘쳐나는 곳이었다. "하지만 관광 가이드로 일하는 것은 너무 시시했어요." 제인은 설명했다. "나는 걷는 것을 별로 좋아하지 않아요." 대신 그녀는 남자친구와 함께 선전으로 여행을 떠났다. 그들은 직업을 구하기 위해 꽤 인기 있는 구직 웹사이트를 이용했다. 학위가 있고 영어를 구사할 수 있어 직업을 구하는 것은 그리 어렵지 않았다. 그린 테크놀로지가 첫 번째 직장이었지만 그녀는 원하는 모든 것을 얻지는 못했다. 하지만 그녀는 회사를 좋아했으며 회사의 상사도 좋은 사람이었다. "그는 광저우(廣州) 출신인데도 선전 사람같이 이 지역을 잘 알아요." 그녀와 동료들은 퇴근 후에 종종 함께 식사도 하고 탁구도 친다. 그 정도면 좋은 생활이었다.

내가 공장을 보고 싶다고 하자 제인이 기꺼이 동의했다. 사무실에서 걸어갈 정도로 가까운 거리에 있는 공장은 선전에 있는 수만 개의 다른 공장과 비슷했다. 작은 창문들이 있는, 평범한 10층짜리 건물이었다. 우리는 커다란 승강기를 타고 7층에 내렸다. 승강기 안에 책상이 있고 여성 안내원이 이동식 선풍기로 열을 식히면서 앉아 있었다. 그린 테크놀로지는 이 건물에 들어 있는 10여 개 제조업체 중 한 회사로 위층의 넓은 공간을 세를 내서 사용하고 있었다. 안으로 들어가 보니 젊은 여성 수십 명이 3열로 된 작업대 뒤에 앉아 있었다. 그들은 작업에 집중하면서 몸을 구부리고 앉아 작은 부품을 조립해 전자 코란을 만들고 있었다. 상·하의가 붙은 푸른 작업복을 입은 젊은 남성 몇 명이 3열의 작업대 맨 끝에 앉아서 전기 충전기가 부착된 완성품들이 제대로 작동하는지 검사하고 있었다.

공장 지배인이 걸어와 내게 악수를 청하고는 작업장을 보여 주었다. 작업장은 괜찮은 편이었으며 깨끗하고 조명도 밝았다. 벽에는 안전 표지판이 여러 개 붙어 있었다. 선전에는 이보다 작업하기 나쁜 장소도 분명히 있을 것이다. 커다란 철조망이 공장 층의 절반을 둘러싸고 있었는데 이는 전자부품 도난 방지를 위한 조치였다. 철조망이 없는 지역은 젊은 여성들이 줄을 지어 차지하고 있었다. 작은 부품을 조립하는 그들을 지켜보는 동안 그녀들은 우리의 존재를 거의 알아차리지 못했다. 여성들 대부분은 제인과 마찬가지로 광시 지방 출신이었다. 후에 우리가 공장단지를 떠날 때, 제인은 내게 기숙사동을 가리켰다. 기숙사는 금방 눈에 띄었다. 한 방에 보통 6명씩 산다고 했다. 창문 바깥에는 빨래가 널려 있었으며, 이와 비슷한 풍경이 계속 이어졌다.

사무실로 돌아와 전자 코란 12개를 구입했다. 제인은 내가 홍콩으로 돌아가는 길을 찾지 못할까 봐 걱정했다. 나는 그녀의 안내를 받아 안전하게 국경에 도착할 수 있었다. 우리는 선전에서 새로 건설한 지하철을 함께 타고 가면서 계속 이야기를 나누다가 세관에서 작별인사를 했다. 당시에 미처 알지 못했지만 그 여행은 중국의 젊은 여성들이 누리는 자유에 대해 많은 것을 말해 주었다. 제인도 예외가 아니다. 젊은 여성들은 중국 경제성장에 중추적인 역할을 했다. 많은 노동자가 선전의 공장과 비슷한 곳에서 일하고, 작은 레스토랑에서 음식을 나르고, 할인매장에서 옷을 팔고, 회계 사무실에서 장부를 검토하고, 수백만 달러의 가치가 있는 대기업에서 일을 시작한다. 그들이 없는 중국 경제는 상상하기가 어렵다.

중국의 젊은 여성들의 중요성은 2004년에 분명해졌다. 당시 주요 수출제조업 지역에서 노동력 부족 현상이 나타나기 시작했다. 노동력 부족은 특히 선전과 그 주변 도시에서 심각했다. 이는 나쁜 뉴스였다. 이 지역은 중국 전체 수출량의 30%를 생산한다. 노동부는 노동력 부족을 인정했고 선전 한 도시에서만 약 10만 명의 노동력이 부족한 것으로 추산되었다. 이는 엄청난 숫자다. 같은 해 미국에서는 근로자를 한 달에 17만 명밖에 충원하지 않았다. 중국의 끝없는 노동력 공급이 소진되는 것일까? 노동력 부족은 다음해에 더욱 심각해졌다. 이 기간에 나와 이야기를 나눈 외국 제조업체들은 노동력을 확보하기 위해 임금을 인상하고, 노동력 유인책으로 근로자에게 혜택을 주는 프로그램을 개발하고 있다고 말했다.

무엇이 달라진 것일까? 첫째, 제조 부문이 너무 빨리 성장했다. 제조업 분야의 젊은 여성의 노동력 수요는 억제할 수 없는 상황이었다. 둘째, 더욱 중요한 것은 서비스 부문에서도 젊은 여성들을 공격적으로 고용했다는 점이다. 내가 중국 내륙 도시들을 여행할 때 상점 창문마다 구인광고가 붙어 있었다. 18~25세에 키 150㎝ 이상이고, '만다린어(보통화)'를 할 줄 아는 중국 여성이라면 오늘이라도 취직하는 것은 어려운 일이 아니다. 가장 놀라운 것은, 대부분 해안도시의 공장주들이 내륙 지방까지 와서 공장에서 일할 젊은 여성들을 모집하느라 고군분투한다는 점이다. 이는 공장보다는 서비스 직종의 노동 조건과 임금이 훨씬 낮기 때문이었다. 물론 남편감을 찾는다면, 수천 마일이나 떨어진 낯선 도시로 여행하는 것보다는 고향 땅에 머무는 것이 더 현명할 것이다.

젊은 중국 여성들은 아랍 세계에서도 그들의 운을 시험했다. 그들은 아랍 국가와 중국 간의 무역 흐름을 조정하는 중요한 역할을 한다. 통계에는 나오지 않지만, 내가 아랍 세계를 여행하면서 카이로 · 두바이 · 다마스쿠스 등에서 만난 중국 무역상 대다수가 여성이었다. 이는 비교가

안 될 정도로 그 수가 많았다. 예를 들어 아랍 세계에서 일하는 서구 여성들은 보기 드물지만 그나마 대부분은 두바이에서 일한다. 두바이는 전체 인구의 약 80%가 외국인이며 사회적 제약이 덜하다. 이집트·요르단·모로코처럼 덜 보수적인 아랍 국가에서도 서구 여성의 취업기회가 드물며, 대부분 유엔이나 구호기구 같은 다국적 기구에 극히 제한되어 있다. 역으로 중국의 젊은 여성들은 아랍 세계 전역에 분포하며, 해외에서 더 많은 돈을 벌 수 있는 기회를 잡고 있다.

후에 나는 아랍 세계에서 중국인 여성 무역상이 된다는 것이 어떤 의미인지 배웠다. 두바이 공항에 안개가 끼는 이상기후로 내가 탄 비행기가 도하로 방향을 바꿨다. 우리는 날씨가 개기를 기다리며 5시간 동안 활주로에 앉아 있었다. 하지만 그것은 시간낭비가 아니었다. 나는 중국인 여성 무역상 두 명 사이에 앉았는데 그들은 내가 중국어 신문을 읽는 것을 보고는 말을 걸어 왔다. 첫 번째 여성 무역상은 조명 장치를 팔았다. 광둥(廣東)과 베트남에 공장을 가진 그녀는 또한 10년 이상 아랍 세계에서 무역을 했으며, 1년에 12번 이상 출장을 다닌다고 했다. 그녀에게 물었다. "이 지역에서 무역을 한다는 게 여자에게는 어떤가요?" "쉽지 않아요"라고 그녀는 대답했다. "두바이와 쿠웨이트는 괜찮아요. 이집트나 시리아는 힘든 편이죠. 사우디아라비아는 거의 불가능해요. 그래도 돈을 잘 벌어요. 이 지역은 붐이 일고 있어요."

두 번째 무역상은 전자제품을 팔았다. 그녀는 리야드로 가는 길이었다. 나는 리야드에서는 남녀를 불문하고 중국인 무역상을 많이 보지 못했다. "당신은 어떻게 상품을 파나요?" 하고 물으니 "인터넷을 통해 고객과 만나요." 그녀가 대답했다. "일이 성사되면 우리는 리야드의 내가 묵고 있는 호텔에서 만나기로 약속을 잡죠. 그러나 나는 항상 이것으로 얼굴을 가려요”라고 설명하면서 그녀는 앞좌석 밑에 놓인 가방에서 검은 히잡을 꺼내 보였다. 그녀는 코웃음을 치며 말했다. “사우디 남자들은 여전히 나를 존중하지 않아요. 아주 힘들답니다.” 그 옆에 앉은 여성도 리야드로 가는 길이며, 초행이라 했다. “두려우세요?” 내가 농담을 했다. 그녀는 웃으면서 “네”라고 답했다. 우리는 비행기가 이륙 허가를 받을 때까지 이야기를 나눴다. 잡동사니와 항공사 담요로 북새통을 이룬 여객기 통로를 빠져나가면서 그들에게 행운을 빌어 주었다.

중국은 여성 무역상을 높이 평가한다. 한 중국어 신문은 그들을 ‘여성 영웅들’이라고 묘사했다. 이 표현은 알나세르 광장 근처의 한 건물을 차지하고 있는 중국 여성 무역상들을 의미했다. 나는 이 기사를 읽은 후에 그 건물을 방문했다. 점심시간 직후에 도착했는데, 아직 문은 열리지 않았다. 그래서 밖에 앉아 기다렸다. 오래되지 않아 중국 여성 무역상들이 도착했다. 그들은 이 지역 사람들과 묘한 차이점을 보였다. 이 지역은 아직도 비교적 보수적이었다. 이 지역의 대부분 상점주들은 아랍인, 인도인, 파키스탄인들로 보수적인 옷차림을 하고 있었다. 그러나 중국 여성 무역상들은 그렇지 않았다. 첫 번째 여성들이 도착했을 때 나는 매우 놀랐다. 그들은 짧은 스커트에 민소매 상의를 입고 있었다. 이우의 거리와 별로 다르지 않았다. 마치 현지의 관습을 거부해야 성공할 수 있다고 설명하는 듯했다. 고용된 파키스탄인 직원들도 그들을 말리지 못했다.

대부분의 중국 여성 무역상들은 조그만 4층 건물인 쇼핑 단지에서 만날 수 있었다. 맨 위층에서 아래로 커다란 홍보물이 걸려 있었다. 그것은 빨간색 굵은 글씨로 인쇄된 ‘차이나시티’였다. 나는 여성 의류를 파는 1층 가게 앞에 섰다. 상점 주인은 저장 지방 출신이었다. 우리는 잠시 이야기를 나눴다. "사업은 어때요?" 내가 물었다. 그녀는 "좋아요"라고 대답했다. 두바이에서 여성 의류를 파는 일은 쉽다고 주인은 말했다. 많은 두바이 여성이 속옷 사는 일이 불편하다고 느끼고 있어서 여성에게 서비스 받는 것을 좋아했다. 실제로 쇼핑 단지의 상점 대부분이 여성 의류를 팔았다. 시리아의 아다라 자유무역지역에 있는 차이나시티와 마찬가지로 두바이의 알나세르 광장에 있는 중국인들도 단합하기로 결정한 것이다. 그런데 남자는 한 사람도 보이지 않았다. 이 쇼핑 단지는 완전히 중국 여성 무역상들에 의해 운영되고 있었다.

젊은 아랍 여성 근로자들의 현실

아랍 세계에서 남자와 여자의 차이는 아주 강하게 나타난다. 젊은 여성 실업률은 젊은 남성 실업률의 몇 배가 된다. 예를 들어 이집트에서 젊은 남성의 실업률은 20%인 데 비해 젊은 여성의 실업률은 40%나 되지만 이집트 전체의 실업률은 9%밖에 되지 않는다. 다른 아랍 국가도 마찬가지다. 이는 흥미로운 질문거리를 제공한다. 만약 아랍의 젊은 여성들이 경제 분야에 종사한다면 아랍 세계도 중국과 같은 성장률을 달성할 수 있을까? 중국의 성장 모델에서 젊은 여성인력은 마법 같은 요소로 최근에 나타난 젊은 여성인력의 부족현상은 아마도 젊은 여성인력의 수가 빠른 경제성장 속도를 따라가지 못했기 때문일 것이다.

시리아는 유용한 비교 대상이다. 시리아 지도자들은 중국 경제성장의 열렬한 신봉자고 시리아는 또한 아랍 걸프 국가들보다 사회적으로 덜 보수적이다. 시리아는 레바논만큼은 아니지만 화장을 하고 머리를 감추지 않고 드러낸 채 거리를 걷는 여성들을 흔히 볼 수 있다. 시리아 정부도 원래 사회주의 정부였으며, 절대적으로 여성을 우대하는 편이다. 그 덕분에 여성들이 공공고용 부문에서 큰 비중을 차지하고 있다. 시리아 은행에 들어서면 직원 대부분이 여성임을 알 수 있다. 그러나 아직도 젊은 여성 실업률이 36%인 데 비해 젊은 남성 실업률은 16%다. 시리아의 젊은 여성들이 경제 발전의 주체로 나서게 된다면, 비교적 사회적으로 더 보수적인 다른 아랍 국가의 젊은 여성들까지 합류할 것이고 그것은 파급효과가 아주 클 것이다.

시리아는 잠재적 경제손실 면에서도 유익한 비교 대상이다. 전 시리아 부통령은 경제성장을 위해 아무것도 하지 못하고 그저 2001년에 선전의 급성장만을 칭찬했다. 2001년에 시리아와 선전의 경제규모는 약 250억 달러로 비슷했다. 2007년 시리아의 경제가 370억 달러로 성장했지만, 선전의 890억 달러와는 큰 차이를 보였다. 젊은 여성들이 선전 노동력의 30% 이상을 차지한다는 사실이 이 격차를 설명해 준다. 선전의 네온사인처럼 빛나는 경제는 젊은 여성들에게 크게 의존하는 경공업과 서비스 부문 때문이다. 반대로 시리아의 역동적이지 못한 경제는 자국의 경공업과 서비스 부문을 활성화시키는 데 어려움을 겪고 있으며, 수많은 젊은 여성을 실업자로 만들고 있다.

그렇다면 젊은 여성들은 왜 일을 하지 않는가? 중요한 문화적 이유들이 있다. 그녀들 대부분이 미혼이라 직장에서 젊은 미혼 남성들과 자유롭게 어울리지 못하게 되어 있다. 여성들은 특정한 시간이나 직업에서만 일하도록 법적으로 제한된 경우도 많다. 젊은 여성들은 결혼한 뒤에나 집 바깥에서 일하는 것이 허용되는 편이다. 이것이 문제다. 그리고 어머니가 된 후에는 일을 하기 위해 자녀들을 친척에게 맡기기가 쉽지 않다. 일반적인 아랍 가정은 자녀를 세 명 이상 두고 그들을 양육하는 책임이 어머니들에게 있어서, 특히 젊은 어머니들이 집에 머물러야 하는 분위기가 팽배하다.

이것이 바뀔 수 있을까? 나는 답을 찾고 싶었다. 시리아는 내가 이 문제의 답을 찾아 여행을 하기에 가장 적합한 장소였다. 나는 선전에서 구입한 전자 코란 상자를 가져가기로 결심했다. 만일 젊은 시리아 여성이 공장의 생산라인에서 같은 상품을 생산하기 시작한다면, 특히 그것으로 선전의 경제성장률을 따라잡게 된다면, 일반 시리아인이 그것을 어떻게 생각할지 알고 싶었다. 나는 선전의 공장과 광시 성에서 온 젊은 여성들이 줄지어 앉아 일하는 광경을 찍은 사진도 가지고 갔다. 다마스쿠스의 한 친구가 이슬람 학자이자 중국 애호가인 자밀 마지드와 만날 수 있도록 약속을 잡아 주었다. 그는 이슬람 사상과 다양한 중국 철학을 폭넓게 비교하는 글을 써 왔다. 시리아인의 감정을 알아보는 일을 시작하는 데는 그가 더없이 좋은 대상이라고 생각했다.

자밀은 시간제 치과의사이기도 했다. 그는 정부 보조금을 받으며 오후에는 현지 이웃들을 상대로 의료활동을 하고 있었다. 2007년 초 어느날, 진료 대기실에서 그를 만났다. 이른 오후였으며 한 시간 후에는 그의 첫 환자가 도착하기로 예약되어 있었다. 자밀은 전자 코란에 굉장한 관심을 보였다. "대단한 아이디어군요"라고 그가 말했다. "이미 다마스쿠스에서 비슷한 것을 팔고 있어요. 80달러인데 아마 한국산일 거예요. 이것은 품질이 좋은데요." 자밀은 녹음된 암송문에 감동 받았다. "이맘들은 주로 사우디아라비아 출신이에요. 그들은 모두 유명합니다. 중국인들이 이렇게 영리하다고 누가 생각했겠어요?" 제인저우와 그린 테크놀로지가 이 말을 들으면 아마 기뻐할 것이다. 무엇보다도 시리아에는 그들 제품을 위한 시장이 있을 것이다. 자밀과 나는 그 기계의 장점에 대해 계속 이야기했다.

자밀에게 전자 코란이 어떻게 만들어지는지 설명했다. 내가 방문한 선전의 작업현장을 설명했다. 중국 젊은 여성들이 가족과 멀리 떨어져 살고 있다는 것도 설명했다. 그런데 자밀은 그런 점에는 관심이 없었다. "그게 뭐 잘못된 일입니까? 다마스쿠스 대학교 기숙사에 사는 시리아의 젊은 여성들과 다르지 않네요. 고향에서 멀리 떨어져 있다고는 해도 모두 한 지붕 아래서 함께 일하잖아요." 이것은 내가 기대했던 대답이 아니다. 다른 이슬람 학자들도 비슷한 대답을 했다. 중국 모델이 그렇게 비현실적이지만은 않은 것 같았다. 젊은 아랍 여성들도 경공업 부문에서 일할 기회를 가질 수 있다. 나는 아랍 여성들도 제인 저우와 같은 자유를 누리고 싶어 하는지도 궁금했다. 왜냐하면 아주 조그만 변화가 차이를 만들 수 있기 때문이다.

그후 나는 중동 전문가 한 사람을 만났다. 나데르 페르가니는 2002~2005년 사이에 작성한 《아랍 인간개발보고서》의 주저자다. 유엔의 지원을 받은 이 보고서는 아랍 세계 분석에 대한 기대치를 높였다. 그들은 미디어나 정치 같은 금기된 주제들도 솔직하게 다루었고 자신들의 주장을 뒷받침하기 위해 여론보다는 통계자료에 의존했다. 그리고 아랍 세계의 문제점에 대해 외부세력보다는 아랍 세계 자체를 비난하기도 했다. 4차 보고서와 마지막 보고서의 제목이 《아랍 세계 여성의 부상에 대해》였는데 이 보고서는 엄청난 사회적 반대여론을 일으켰다. 심지어 앞의 세 보고서를 지지했던 사람들도 4번째 보고서의 주제를 읽은 뒤에 의문을 제기했다고 페르가니는 기억했다. "이것이 당신이 정말로 쓰고자 했던 것입니까?"라고 한 동료가 물었다. 아랍 사회에서는 여성의 역할이 미디어나 정치적 자유라는 주제들보다 더 절대적인 금기사항이라는 점이 분명했다.

나는 페르가니와 카이로 구시가지 교외에서 식사를 했다. 우리는 레스토랑 근처에 주차할 수가 없어서 얼마간 걸어야 했는데 도중에 사이다 제이납 모스크를 지났다. 예언자 무함마드의 손녀이자 이슬람에서 가장 유명한 여성 중 한 명인 사이다 제이납이 그곳에 묻혀 있어서 여성들이 그 모스크를 좋아했다. 카이로 최초의 여자학교 중 하나가 이 모스크 인근에 있는 것은 우연이 아닐 것이다. 마침내 좁은 뒷골목에 있는 레스토랑에 도착했다. 그 레스토랑은 쇠고기와 염소고기 케밥과 매운 래디시 주스, 몇 가지 채소로 만든 화끈거리는 무알코올 음료인 '위스키 발라디'로 유명했다. "위장 튼튼하시죠?" 하고 페르가니가 웃으면서 말했다. 그는 빵과 케밥 몇 가지를 주문했고 우리는 다시 대화를 시작했다.

페르가니는 중국을 잘 알고 있었다. 1970년대 초부터 중국을 자주 방문했던 그는 〈빨간 책에서 노란 책으로〉라는 제목으로 중국의 개발 경험과 아랍 세계를 비교하는 기사를 썼다. 나는 그에게 중국 경제에서 젊은 여성의 중요성에 대해 말했다. 나는 중국의 여성들이 선전에서 일하는 것처럼 아랍의 젊은 여성들이 경공업 부문에서 일할 수 있을지 물었다. 페르가니는 잠시 생각하더니 되물었다. "그런데 중국에서 무엇이 변했습니까? 한때 중국은 전족(纏足)이란 관습이 있던 나라입니다. 이제 여성들은 노소에 관계없이 아무데서나 자유롭게 일합니다. 중국에서 여성의 지위가 달라졌다면, 아랍 세계라고 왜 그러지 못하겠습니까? 여기서도 마찬가지로 '문화혁명'이 필요할 겁니다."

이것은 정확한 관점이었다. 1세기 전에 중국 여성의 삶은 힘들었다.

전족은 여러 가지 관습 중 가장 나쁜 것이었다. 전족은 4~7세 사이에 시작하여 발이 인형처럼 3인치에서 자라기를 멈출 때까지 계속된다. 여성들은 그들의 활동성을 상실하고, 대부분 가마 없이는 밖에 나가지도 못했다. 여아 살해도 많았다. 젊은 여성들은 남편이나 부모와 동행하지 않고는 시장에서 물건을 사고팔지도 못했다. 많은 여성이 고통에서 벗어나는 유일한 방법으로 자살을 택했다. 그런데 1900년대 초에 변화가 일어났다. 중국의 마지막 황제가 전족 금지를 명했다. 광둥 지방에서는 여성 비단 방적공들이 집단을 형성하여 결혼 반대와 임금 인상, 근무시간 축소를 위해 조직적으로 활동했다. 그리고 민족주의자들이 양성평등을 주장하는 여성부를 세웠다.

그러나 가장 중요한 전환점은 중국 공산당의 등장이었다. 마오쩌둥은 재임 초기에 양성평등에 대해 확실히 인식했다. 그는 이 주제로 에세이를 9편이나 썼다. 이 에세이들은 결혼식 날 식장에 들어가지 않고 자신의 목을 찌른 미스 차오의 여성해방 정신에서 영감을 얻은 것이었다. 그후에 공산당은 여성을, 그들이 이루려는 사회 변혁을 위한 잠재력을 지닌 동지로 보았다. 1950년에 새로운 혼인법이 제정되면서 전통적인 가족구조가 무너졌다. 이 새로운 혼인법은 아내에게 남성과 등등한 지위를 부여했다. 이 법은 또한 아내에게 자신의 직업을 선택할 권리를 주었다. 여성은 또 삶의 고통을 토론하는 자리에서 그들의 경험을 말할 수 있게 되었다. 이와 같은 변화가 완전한 양성평등을 가져오지는 못했지만 여성들은 오늘날 중국의 빠른 경제성장에 초석이 되었다.

중국 경제 성공을 예로 인용하는 이유는 많다. 나는 젊은 여성들의 역할이 가장 중요하다고 믿는다. 역사적 관점에서 두 힘의 등장을 관찰하면 하나는 남성 중심적이고, 다른 하나는 더 평등주의적이라는 점이 흥미롭다. 더욱이 전자는 노동력 면에서 일하는 여성의 비율이 가장 낮은 반면 후자는 여성 노동력이 가장 높은 비율을 차지한다. 아랍 경제권이 중국의 성장 모델을 따르기로 한다면 결국 잠정적으로 노동인구에서 여성의 수가 큰 영향력을 행사할 것이다. 그러나 아랍 세계가 1900년대 초 중국이 지나온 길을 가며 중국처럼 노동현장에서 여성 노동력을 끌어들일 준비가 되었는지, 적어도 그것을 원하고 있는지 분명하지 않다.

아랍 세계의 변화: 모로코의 여성 근로자들

변화의 신호는 있다. 《아랍 인간개발보고서》는 1990년부터 2003년까지 취업 여성의 비율이 9% 증가했다고 지적했다. 그래도 취업 여성의 비율은 여전히 33%로 개발도상국 중 가장 낮다. 더욱이 이 증가분은 부분적으로 1990년대 초의 정체 이후 경제성장이 활발해졌기 때문으로 설명된다. 나데르 페르가니의 말에 따르면, 늘 그렇듯이 경제성장이 둔화하는 시기에는 아랍 여성들이 먼저 직업을 잃었다고 한다. 그래서 여성 노동 비율은 상대적으로 낮았기 때문에 비교적 쉽게 앞의 성과를 달성할 수 있었다. 그럼에도 알자지라 방송의 여성 앵커 비율이 높은 것은 상황이 정말 달라지고 있다는 신호다.

여론 분위기는 변화에 확실히 우호적이다. 《아랍 인간개발보고서》에 따르면 이집트, 요르단, 레바논, 모로코의 응답자 중 91%가 여성이 남성과 동등한 노동의 권리를 가져야 한다고 답했다. 또 응답자 중 78%가 여성도 노동 조건에 대해 동등한 권리를 가져야 한다고 생각했다. 후자가 아마 더욱 중요한 수치일 것이다. 아랍 여성의 실업률이 높은 주요인은 특정 시간 또는 특정 직업에서 일하는 것이 금지되었다는 사실이다. 만약 응답자들이 이런 점이 불공평하다고 생각한다면, 실업률은 바로 낮아질 것이다. 이 설문조사는 내가 다마스쿠스에서 만난 이슬람 학자이자 시간제 치과의사인 자밀 마지드가 실제로 노동현장에서 여성 노동력을 환영하는 사람들을 가장 잘 대변하는 사람이라는 것을 암시한다.

아랍 여성 기업인의 수도 크게 늘고 있다. 여성이 소유주인 기업은 남성이 소유주인 기업보다 여성을 더 많이 채용하는 경향이 있으므로 여성 기업인이 늘어나는 것은 환영할 만한 일이다. 아랍 여성들은 특히 서비스 무역에서 활동적이다. 그러나 그녀들은 제인 저우와는 비슷한 점이 거의 없다. 대부분의 아랍 여성 기업가들은 35세 이상의 기혼자들이며, 적어도 자녀가 2명 정도 있다. 물론 여성 기업가들도 세계를 상대로 무역을 하지만 인터넷이나 휴대전화를 사용해 주문을 한다. 그래서인지 이우에서는 아랍 여성을 만나지 못했다. 이 말이 고향에서 수천 마일 떨어진 두바이에서 여성 의류를 판매하며 자신들의 경력을 쌓아 온 중국의 ‘여성 영웅들’과 비교할 만한 아랍의 ‘여성 영웅들’이 없다는 뜻은 아니다.

더욱 근본적인 경제적 변화가 있어야만 한다. 캘리포니아 대학교 부교수 마이클 로스는 아랍 여성의 실업률이 높은 것은 석유 때문이라고 주장한다. 석유 생산은 비교적 돈을 쉽게 버는 방법인데 결과적으로 의류와 생활용품 제조업 같은 경공업을 파멸시키는 경향이 있다. 여성들의 문제는 그들이 석유정제 공장보다는 의류 공장에서 직업을 더 쉽게 구할 수 있다는 점이다. 문제가 이것만 있는 것은 아니다. 또한 로스 교수는 석유가 풍부한 국가의 여성들에게는 일할 이유가 별로 없다고 주장한다. 쿠웨이트처럼 석유가 풍부한 나라는 주택과 공공요금, 가사 비용 보조에 많은 현금을 쓰는 경향이 있다. 일반적으로 남성 한 사람의 수입으로도 한 가족을 충분히 부양할 수가 있다.

모로코는 비석유 부문이 성장할 때 일어나는 현상을 설명할 수 있는 사례가 많은 나라다. 1970년대 초에 모로코 정부는 유럽으로 섬유 수출을 장려하기 시작했는데 이는 납득할 만한 일이다. 모로코는 스페인까지 배편으로 매우 가깝고 임금 또한 유럽에 비해 저렴하다. 처음에 모로코 정부는 남성 실업을 감소시키는 방법으로 섬유산업을 이용할 목적이었다. 모로코의 대유럽 섬유 수출은 번창했다. 그런데 결과는 기대와는 달랐다. 섬유산업은 신중하게 미혼 여성들을 고용했던 것이다. 이에 대한 설명 중 하나는 미혼 남성보다 소득이 적은 미혼 여성들이 경제적으로 더 매력적인 피고용인이라는 것이다. 여하튼 1980년에 여성들이 섬유산업 전체 근로자 중 75%를 기록했다.

아랍 걸프 국가들은 석유가 경제 전반을 지배할 때 어떤 현상이 일어나는지를 보여 준다. 예를 들면 여성 실업률은 카타르에서 30%, 사우디아라비아에서 39%로 높다. 사회적 분위기도 틀림없이 한몫을 한다. 만약 로스 교수의 지적이 옳다면, 석유 생산에 의존하는 경제구조가 여성 실업률을 증가시킨다고 볼 수 있다. 이는 특히 왜 모로코의 여성 실업률이 카타르나 사우디아라비아보다 낮은가를 설명하는 데 도움이 된다. 여론의 변화와 아랍의 여성 영웅이 늘어나는 것은 중요한 발전이다. 하지만 이와 같은 변화를 지속하기 위해, 아랍 정부들은 더욱 근본적인 경제개혁을 추구해야 하며, 비석유 제조업 부문과 서비스 부문을 발전시켜 석유의존에서 벗어나야 한다.

중국은 아랍 정부가 그와 같은 경제개혁을 추구하는 데 도움을 줄 것이다. 중국은 이미 아랍 세계에 모범사례를 보여 준다. 민소매 상의를 입은 중국 여성 무역상들의 방문은 확실히 주의를 끌었다. 또한 중국 정부는 아랍 세계에 여성 대사들을 임명했다. 중국의 전(前) 시리아 대사 저우 시우화는 좋은 사례다. 기록에 따르면 그녀는 인맥이 좋았으며, 아랍어를 잘했다. 저우 대사는 또 1990년대 중엽 이후 시리아에 부임한 두 번째 여성 중국 대사였다. 중국 여성 대사의 중요성을 과장하는 것은 잘못이다. 그럼에도 아랍 세계에서 중국 여성의 탁월함은 경제 변화의 원동력으로 중국 성장 모델에 기여한 것처럼 사회변화의 원천으로 작용할 것이다.

아랍 청년들의 실업 문제

물론 실업으로 인한 문제가 젊은 여성에만 국한되지는 않는다. 석유가격이 상승한 이래 경제성장이 빨라지면서 오늘날 더욱 많은 아랍 청년이 직업을 가지게 되었다. 그럼에도 아랍 세계의 청년층 실업률은 높다. 예를 들면 이집트(21%), 시리아(16%), 요르단(28%) 등이 높다. 대낮에 카이로나 다마스쿠스의 거리를 걸어 보라. 커피숍에서 시간을 보내는 젊은 남성들을 어렵지 않게 볼 수 있다. 문제는 인구통계학적으로 아랍 세계의 청년층이 두텁다는 사실이다. 아랍 세계의 약 64%가 29세 미만이다. 이 숫자는 1억 7000만 명으로 대략 미국의 노동력과 같은 수치다. 이 문제는 아랍 여러 나라의 중요한 골칫거리다. 아랍 정부들은 실업률 자체의 감소보다는 증가하는 청년들을 위해 해마다 일자리를 180만 개씩 창출해야만 한다.

많은 청년이 직업을 구할 때 학력보다 혈연이나 '와스타'(인맥이라는 뜻의 아랍어)가 때로는 더 중요하다는 사실 앞에서 좌절한다. 청년들이 평생직장을 구하려면 가족의 도움을 받거나 직업중개인에게 돈을 내야 한다. 이런 관행은 특히 공공부문 일자리가 많은 이집트와 시리아 같은 국가에서는 기정사실이다. 시리아 청년의 54%가 가족의 인맥을 통해 직업을 구했다고 주장한다. 이 주장에 따르면 청년들은 좋은 인맥 없이는 직업을 구할 수 없다. 중개인에게 돈을 내는 경우에는 그 금액이 비싸다고 한다. 이집트 신문들은 이집트 청년이 직업을 얻기 위해 석유 분야에는 5500달러, 전자 분야에는 3670달러, 종교성 자선단체에는 1830달러의 중개료를 지불해야 한다고 주장한다.

든든한 와스타가 없는 청년들이 전일제 직업을 구하려면 오래 기다려야 한다. 〈아랍 이코노미스트〉는 이것을 '대기상태'라는 용어로 표현했다. 이 용어는 집에서 생활하면서 완전한 직업을 구할 때까지 시간제로 일하는 상황을 묘사한 것이다. 불행하게도 많은 사람이 평생직장을 구할 때까지 결혼을 미룬다. 이렇게 결혼을 못 하는 현실은 청년들을 공황상태로 만들 수 있다. 당면한 과제는 청년들이 사회로부터 버림받았다고 느끼지 않도록 보호하는 것이다. "무슬림 국가에서 결혼하고 가족을 형성하는 일은 필수입니다"라고 아자 코라이엄은 말했다. 그는 이집트의 국립 사회범죄연구소에 소속된 사회학자다. "결혼하지 못한 사람은 남자건 여자건 사회에서 고립됩니다."

아랍에서는 결혼하는 데 돈이 많이 든다는 문제도 있다. 아메리칸 대학교 부교수 다이앤 싱거맨은 2007년 말에 흥미로운 연구결과를 발표했다. 그의 연구는 2000~2004년 이집트의 평균 결혼 비용이 5900달러라고 지적했다. 이는 큰돈으로 국민 평균 임금의 6배에 해당한다. 이 기준에 따르면 평균적으로 미국인은 23만 달러, 영국인은 31만 달러의 결혼 비용이 든다. 이 금액은 젊은 신랑에게는 어머어마한 돈이어서 결혼을 뒤로 미루는 청년이 늘고 있다.

결혼 비용이 왜 그렇게 비싼가? 주택과 가구 비용이 각 30%로 전체의 60%나 된다. 신부 가족은 '경제적으로 유복하며 안정되고 인상적이며 감명을 받을 수 있는 가정을 만들기 위해' 신랑 가족과 힘든 협상을 한다. 즉 신혼부부는 일반적으로 신혼살림 집이나 신혼 방에 모든 가구와 장식을 완전히 갖춘 후에야 이사를 한다. 역설적이지만, 이런 면에서 중국은 아주 저렴한 가정용품을 생산하여 아랍을 돕는다. 그런데 다른 비용도 동시에 올랐다. 특히 의료비와 교통비가 올라서 결혼하기 더 힘들어졌다. 이집트도 예외는 아니다. 더욱이 이집트의 결혼 비용은 다른 지역보다 훨씬 더 비싸다. 사우디아라비아의 결혼 비용은 4만 3000달러로 추산된다. 주택에는 비교적 비용이 덜 드는데, 이는 아파트를 사지 않고 임대할 수 있는 기회가 많기 때문이다. 그래도 신부 지참금, 결혼 예식, 신혼여행 등에 더 많은 비용이 든다.

결혼 비용은 모두의 걱정거리다. 이라크 난민들 때문에 다마스쿠스의 주택 가격이 마구 오른다고 불평하던 시리아 친구들이 떠올랐다. 시리아는 이라크에서 내분이 악화되던 2005년 이후에 1만 명으로 추산되는 이라크 난민을 받아들였다. 이라크 난민들은 비교적 부유한 사람들로 상당수가 다마스쿠스와 시리아의 다른 도시에서 주택을 임대하고 있었다. 좌절한 내 친구들은 집에서 박하차를 마시거나 내가 가끔 그들을 데리고 갔던 구시가지의 유일한 중국 레스토랑에서 닭 요리와 캐슈넛을 먹으며 이야기하던 때처럼 초조하게 두 손을 비비고 있을 것이다. 그들은 주택 가격이 오르면 결혼 계획을 몇 년 미뤄야 하기에 그동안은 부모와 계속 함께 살아야 할 것이다.

아랍의 여러 나라는 합동결혼식을 지원할 재정에 대해서도 충분히 우려하고 있다. 이집트에서는 200쌍 이상이 합동으로 결혼식을 하는 경우가 많다. 이드쿠의 작은 해안도시 야외 스타디움에서 신혼부부 65쌍이 합동결혼식을 올렸다. 그들은 가족과 친구 12명씩을 결혼식에 초대할 수 있었다. 텔레비전 출연자가 결혼식을 진행하는 동안 주지사도 참석했다. 팔레스타인의 무장 저항단체인 하마스도 합동결혼식을 지지했다. 2004년 8월 하마스는 팔레스타인인 신혼부부 60쌍을 시리아의 한 난민 캠프에서 결혼시켰으며 모든 부부에게 현금과 가정용품을 포함해 1500달러 상당을 제공했다. 이것이 처음은 아니다. 2005년에 하마스는 팔레스타인 도시인 웨스트 뱅크 지역의 나블루스 시에서 226쌍을 결혼시키기도 했다. 합동결혼식은 이제 아랍 전역으로 퍼졌고, 사우디아라비아처럼 부유한 나라에서도 흔한 일이 되었다.

그동안 아랍 정부들은 빈둥거리며 노는 청년들을 구제할 방법을 찾으려고 노력했다. 마침내 시리아가 해결책을 찾았는데 그것은 징병이다. 시리아 청년들은 일반적으로 2년간 군복무를 한다. 이 징병제도는 젊은이들을 거리에 방치하지 않는 데 일조했다. 그런데 모두가 군복무를 하는 것은 아니다. 운이 좋은 소수는 인맥을 이용해 군복무를 피할 수도 있다. 유일한 대안은 해외로 도피하는 것이다. 내가 이우에서 만난 젊은 시리아 무역상은 징병을 피해 중국으로 이민을 왔다. 쉬운 선택은 아니었지만 그는 3년간 중국어 회화를 배우고 상업 관계를 구축했다. 그것이 이라크와 접한 시리아 국경에서 3년간 군 생활을 하는 것보다 훨씬 유익하다고 생각했다. 그는 말했다. "중국에서 번 돈으로 군복무를 영원히 피할 수 있는 완벽한 와스타를 쌓았고 결혼도 했어요."

세계은행 전 총재 제임스 울펀슨은 "아랍 청년들이 좌절한 상태로 직업을 구하지 못하고 가정을 꾸릴 수 없다면, 불안과 불화 또는 심각한

폭력이 난무할 것이다"라고 말했다. 미국, EU, 러시아, 유엔을 위해 가
자 지역에 특사로 파견되었던 그는 워싱턴을 기반으로 한 정책연구소를
세워 아랍 세계에서 사회적으로 배척받는 청년들을 위해 일했다. 아랍
청년들에게 일자리를 제공하지 못한다면 엄청난 사회적 불안정이 야기
될 것이다. 아랍 청년들이 자기위안과 인생 목표를 찾으려고 노력하면
할수록 더욱더 종교적 동질감이 나타날 것이고 아랍 세계와 서구 간의
긴장은 일정 부분 종교 때문에 조성된다. 따라서 서구는 아랍 세계가 앞
으로 충분한 일자리 만들고 소득 증가를 창출하는 데 관심을 기울여야
한다.

중국의 성장도 아마 도움이 될 것이다. 중국은 2004년 이후 석유가
격이 세 배로 뛰는 데 중요한 요인이 되었다. 아랍 국가들은 이 뜻밖의
횡재를 대부분 일자리 마련에 사용했다. 사우디아라비아의 킹 압둘라
경제도시를 예로 들자. 이 야심 찬 프로젝트는 새로운 일자리 50만 개를
창출하고, 청년 남성 실업률을 15% 감소시키는 데 목적이 있었다. 2004
년 이전까지 사우디아라비아는 부채를 지고 있었기 때문에 이 국책사업
은 어려운 상황이었다. 그런데 유가 급등 후 사우디아라비아의 부채는
대부분 상쇄되었다. 만약 국제에너지기구의 예측이 옳다면, 중국의 석
유 수요 덕분에 향후 20년간 유가는 배럴당 60달러 이상에서 유지될 것
이다. 그 덕분에 아랍 정부들은 공공자본 프로젝트를 용이하게 추진해
서 청년들을 커피숍에서 끌어내 공장과 사무실에서 일하게 할 것이다.

중국, 아랍 세계, 아프리카 등 3대륙 간의 무역 흐름은 아랍 경제권
이 서비스 부문을 건설하고 석유의존도를 낮추게 도울 것이다. 이 3대
륙 간 무역은 아랍 청년들을 위한 수하물 취급자, 택시기사, 회계사 같
은 직업이 창출됨을 의미한다. 두바이를 보자. 두바이 항구는 아시아에

서 오는 수하물을 취급하는 세계 최대 항구다. 또 두바이는 연간 승객을 1억 2000만 명 수용할 수 있는 세계에서 제일 큰 신공항을 건설하고 있다. 기존 공항은 이미 아시아, 유럽, 아프리카뿐 아니라 중동까지 여행하는 여행객 수백만 명을 위한 중심지 구실을 하고 있다. 두바이의 금융 부문도 3개 대륙의 무역과 투자 흐름에 기여하고 있다. 두바이 주변 국가인 바레인과 카타르도 현재 두바이처럼 성공하려고 노력 중이다.

중국 역시 훨씬 더 강한 개인적 영향력을 지니고 있었다. 내가 이우에서 만난 팔레스타인 무역상 무함마드 나세르는 수년 전부터 이우에서 살고 있다. 그는 팔레스타인으로 돌아가 결혼할 수 있을 만큼 돈을 벌기 위해 몇 년 더 머물기로 계획했다. 그는 가자에서 태어났다. 그런데 가자 지역에 소요가 발생하는 바람에 고향에서 돈을 벌기가 어려웠다. 2007년 가자 지역의 실업률은 29%였다. 이우는 무함마드에게 새로운 희망을 주었다. 그가 하는 가죽 벨트 판매사업은 사우디아라비아 시장에서 크게 성공하여 많은 이익을 냈다. 무함마드는 중국인 직원을 2명 두었고, 방 4개짜리 사무실에 4피트 길이의 수족관도 갖추었다. 가자로 돌아가면 이와 같은 것을 가질 기회는 거의 없다.

관광사업도 성공의 기회를 제공한다. 관광객은 여러 아랍 국가, 특히 이집트·요르단·모로코·튀니지·시리아의 중요한 수입원이다. 중동의 관광지에서 중국말을 듣는 것은 이제는 아주 흔한 일이다. 중국인 관광객만이 아니다. 이들에게 기념품을 팔려는 아랍 행상인도 중국어를 한다. 카이로 시장의 상인들은 몇 마디 중국어밖에 할 줄 모른다. 하지만 그들이 이 몇 마디 중국어를 배우려고 시간을 들였다는 사실은 중국 관광객의 구매력이 높아졌다는 증거다. 이집트에서 중국 관광객은 2005~2007년에 7만 4000명으로 두 배나 증가했다. 2007년 8월, 중국

정부는 시리아 정부와 협정을 체결하여 중국 관광객이 시리아를 여행할
수 있게 했다.

그러나 좋은 소식만 있는 것은 아니다. 값싼 중국산 수입품의 범람
으로 현지 공장들은 어쩔 수 없이 문을 닫거나 새로운 공장이 문을 열
수 없게 되었다. 이우로 가는 비행기에서 나는 이집트인을 만났다. 그는
카이로에 있는 구두공장이 텅 비게 되어 한 해에 세 번씩 카이로와 이우
를 오가며 중국산 구두를 수입하는 사람이었다. 아랍 국가 모두가 크고
작은 영향을 받지만, 그중 이집트가 가장 큰 영향을 받는다. 풍부한 노
동력과 값싼 임금 때문에 이집트를 종종 '아랍 세계의 중국' 이라고 한
다. 시리아와 모로코 역시 위험에 처해 있다. 아직 노골적으로 드러나지
는 않았지만 값싼 중국산 수입품이 엄청나게 늘면서 곧바로 일자리가
사라질지도 모른다는 위험에 직면한 것이다. 중국 정부는 'Go Global'
정책과 아랍의 경제개혁을 도와주는 정책이 어느 한쪽으로 치우치지 않
게 균형을 잘 잡아야 한다.

식량 가격 역시 문제다. 값싼 중국 수입품 때문에 가정용품 가격 역
시 하락할 것이다. 중국 가정들은 별안간 생긴 소득을 고기나 콩 같은
식료품을 사는 데 쓴다. 이는 아랍 가정에는 나쁜 소식이다. 아랍은 세
계 최대 식량 수입국이다. 예를 들면 아랍과 이란의 밀 수입량은 세계
전체 수입량의 26%를 차지한다. 다행스럽게 중국은 필요한 밀 수요량
대부분을 직접 생산한다. 그러나 세계 밀시장으로 눈을 돌리면 그렇지
않다. 중국이 밀을 수입하게 되면 국제 밀 가격은 크게 올라갈 수 있다.
밀 가격이 오르면 아랍 전역에서 먹는 납작한 중동 빵 가격도 덩달아 오
를 것이다. 2008년에 카이로에서는 주식인 빵 가격이 크게 올라 식량폭
동이 일어나기도 했다.

식량 가격을 예측하기는 어렵지만, 값싼 중국 상품이 밀려드는데도 아랍 세계의 경공업 제조 부문이 성장할 수 있음을 보여 주는 여러 징후가 있다.

2008년 임금과 원자재 가격 인상으로 중국 수출업자들의 경쟁력이 떨어졌다는 징후들이 나타났다. 견실한 중국 통화도 효과가 없었다. 외국인 투자자들이 중국 대신 베트남에 공장을 세웠다는 정보도 나돌았다. 반면 중국 정부는 자동차, 노트북 PC같이 더 많은 이익이 남는 제품을 생산하는 공장들을 장려했다. 장난감과 섬유 같은 상품은 환경을 오염시키고 희귀한 자원을 소비하거나 이미 붐벼서 체증현상이 나타나는 운송 중심지에서 병목현상을 일으켜 별로 이익이 나지 않는 제품들이다. 중국 정부의 노력은 성공적이었고 아랍 세계는 중국의 값싼 소비재 수출품과 좀 더 쉽게 경쟁할 수 있는 좋은 기회를 얻었다. 심지어 급성장하는 중국 내수시장까지도 아랍 세계경제성장의 기회가 되고 있다. 결국에는 아랍 무역상들이 제품을 사기 위해서가 아니라 팔기 위해서 이우를 여행하게 될 것이다.

또한 아랍 세계는 다행스럽게도 세계 최대 소비시장에 가까이 위치하고 있다. 2007년도 유럽은 수입량이 2690억 달러로 미국에 이어 2위다. 더욱 괄목할 만한 것은 중국의 대유럽 무역량이 2000년에서 2007년 사이에 2250억 달러로 증가했으며, 이 수치는 이집트의 연간 GDP의 두 배에 달한다는 점이다. 이는 아랍 세계가 배워야 할 교훈이다. 만일 중국 공장들이 장난감이나 섬유제품 가격을 높게 책정한다면, 그때는 아랍 제조업들이 중국을 대신해 기회를 얻을 것이다. 이미 아랍 공장주들은 중국의 경쟁자들보다 적은 이익에도 만족하고 있다. 예를 들면 유럽·지중해 자유무역지역은 초기 무역협정을 확대하여 유럽연합과 중동 국가들 간 자유무역협정의 모체 역할을 하도록 만들어졌다.

아랍 세계는 또 서로 미묘한 균형을 이루고 있다. 아랍의 대규모 청년 인구에는 '인구 보너스 효과' 혜택이 내재한다. 아랍의 대규모 청년 인구는 '인구 보너스 효과'를 보여 줄 것이다. 동아시아 역시 1965~1990년 사이에 '인구 보너스 효과' 혜택을 누렸다. 아시아 정부들은 청년들이 홍콩의 수출공장과 방콕의 건설현장에서 일하게 했다. 그리하여 오늘날 '아시아의 기적'의 기초를 닦았다. 아랍 세계도 비슷한 기회를 얻고 있다. 그러나 결과는 예측할 수 없다. 라틴 아메리카도 부분적으로 '인구 보너스 효과'의 혜택을 얻었지만 서투른 정책결정으로 청년 노동력을 활용하는 데 실패했다. 아랍 경제권이 동아시아의 길을 따를 것인지, 아니면 실망스러운 라틴 아메리카의 길을 따를 것인지는 아직 알 수 없다.

아랍 세계가 '인구 보너스 효과' 혜택을 많이 받는 데는 분명 중국의 부상이 중요한 역할을 할 것이다. 젊은 여성의 실업률 변화는 아랍 정부가 자국 경제를 석유의존에서 벗어나 비석유 부문, 특히 제조업으로 전환시킬 수 있는지 가늠하는 자료가 된다. 아랍 세계는 네온사인 불빛이 화려한 선전과, 그곳의 수천 개 기숙사형 공장의 아랍 버전을 건설하고 싶어 하지는 않는다. 대신 아랍 세계의 사회적 특징, 특히 여성의 지위와 관련된 아랍 사회의 특성을 적용하면서 중국과 같은 경제성장 궤도에 진입할 수 있는 중간적인 경제개혁 유형을 택할 것이다.

미국과 유럽은 위태로운 결과를 맞이하고 있다. 중국의 성장으로 아랍의 경제가 성장한다면, 아랍의 청년 실업률은 떨어질 것이다. 하지만 청년실업이 증가한다면 좌절한 아랍 청년들이 사회 안정을 취약하게 만들 수 있는 위험도 있다. 그렇게 되면 아랍 정부들은 청년들에게 정통성을 고취시키기 위해 결과적으로 종교를 이용할 것이다. 일상적인 정치

생활에서 종교의 중요성이 커지는 것은 유럽에는 중요한 문제다. 서구의 외교정책, 특히 이라크와 팔레스타인 관련 정책에 대한 불만이 종교를 통해 표출되곤 한다. 그러므로 실업률의 증가는 아랍 청년들을 서구로부터 격리시키는 위험요소다. 중국의 부상은 서구에만 국한된 사건이 아니라 대부분의 아랍 국가, 그리고 잠재 실업자인 청년 인구와 서구의 관계에도 영향을 준다.

Chapter 6

THE NEW

중국, 세계 미디어 전쟁에 뛰어들다

SILK ROAD

중국, 세계 미디어 전쟁에
뛰어들다

중국, 알자지라 방송에 진출하다

알자지라 방송의 베이징 사무실은 톈안
먼(天安門) 광장 근처 한 아파트 단지의 위층에 있다. 에자트 샤흐루르 국
장을 만나기로 약속한 나는 추운 겨울날 호텔에서 나와 지양궈먼와이(朝
建外) 대로를 따라 서둘러 걸었다. 밤새 내린 눈은 아침의 교통 혼잡 때
문에 시커먼 진창으로 변해 있었으며 아파트 단지에 도착할 무렵 내 얼
굴은 꽁꽁 얼어붙었다. 샤흐루르가 시리아 북부 도시 알레포 출신이라
는 것은 그의 비서가 사무실 문을 열어 준 순간 바로 알 수 있었다. 그의
사무실은 유명한 알레포산 가구들로 가득 차 있었다. 아름다운 가구들
은 장미나 호두나무 소재에 자개 상감을 넣은 수공예품이었다. 내 아파
트에도 비슷한 가구가 몇 점 있다. 이런 가구들은 수세기 전 실크로드를

따라 중국으로 흘러 들어왔을 것이다.

　베이징에 10년 이상 거주한 샤흐루르는 알자지라 방송에서 일하기 전에는 팔레스타인 대사관 직원이었다. 그는 자신이 하는 일에 자부심을 갖고 있었다. 샤흐루르는 아랍 세계에서 중국을 분석하는 데 큰 역할을 했다. 그가 가장 크게 성공을 거둔 작품은 중국 국영방송에서 대여한 장비를 사용해 제작한 중국 관련 특별 방송 프로그램이다. 〈중국의 창〉이라는 프로그램으로 며칠에 걸쳐 약 3시간 동안 방영되었다. 이 프로그램은 엄청난 인기를 얻었으며, 알자지라 방송은 나중에 다른 아랍 국가에서도 이와 비슷한 프로그램들을 제작했다. 아랍 세계에 주재하는 중국 대사관들의 반응도 긍정적이었다. 그는 나중에 내 이메일로 DVD 복사 파일을 보내 주어, 나는 밤을 꼬박 새워 가면서 여러 편을 보았다. 이 프로그램은 서구와 알자지라 방송의 전형적인 결합은 아니었다.

　도하의 알자지라 방송 앵커가 '안녕'을 의미하는 중국어 '니하오(你好)'라는 말로 이 중국편 특별 프로그램을 소개했다. 이 특별 프로그램은 중국식 별장에 앉아 호수를 바라보는 베이징의 앵커 화면으로 넘어간다. 그 뒤로 3시간 동안 베이징의 앵커는 중국 외교부, 중국 국제 라디오 방송, 중국 문화부의 직원들과 인터뷰를 한다. 중국 직원은 모두 아랍어로 인터뷰를 했다. 앵커도 학생 두 명과 중국의 '자녀 한 명 낳기 정책'에 대해 인터뷰를 했다. 앵커는 '외동'이 된 것에 대해 어떻게 느끼는지 질문했다. 학생 한 명이 아랍어로 "별다른 느낌이 없어요. 특별할 것이 전혀 없거든요"라고 대답했다. 중국 무슬림에 대한 이야기도 여럿 있었다. 모스크에서 기도하는 무슬림들과 중국을 방문하는 아랍 이맘들을 환영하는 장면들도 있었다. 이 특별 프로그램은 이우의 이야기, 즉 이우의 전시장에서 아랍 무역상과 인터뷰하는 것으로 마무리를 했다.

알자지라 방송의 〈중국의 창〉은 아랍 세계의 발전에 미디어가 어떤 몫을 하는지 상징적으로 보여 주었다. 그다지 눈에 확 띄는 일은 아니고 오히려 수출, 유가, 아랍 국부펀드가 주목받고 있지만 미디어도 세계 균형의 재편에 중요한 영향력을 발휘하고 있다. 알자지라 방송은 아프가니스탄 전쟁 보도를 통해 서구의 시각에 도전하는 최초의 아랍 미디어로 주목받았다. 그리고 이라크 전쟁 중에 새로운 미디어의 위력을 보여 주며 위상을 확고히 했다. 알자지라 방송의 영향력은 실로 막강하다. 알자지라 방송은 아랍에서 사건을 보도하는 방식을 확 바꿔 놓는 데 성공했다. 이 방송은 또 아랍의 수도와 베이징이 직접적으로 의사소통할 수 있는 창구를 열었다. 그동안은 개발도상국들이 제 목소리를 세계로 전하려면 서구의 미디어에 의존해야 한다고 생각했다. 그러나 이제는 아니다. 알자지라 방송과 아랍 뉴스 방송국들의 부상은 세계 여론이 형성되는 방식에 새로운 영향력을 끼치고 있다.

베이징에 있는 알자지라 방송 지부를 예로 보자. 오늘날 평범한 아랍 가정에서 브뤼셀이나 워싱턴의 뉴스만큼이나 쉽게 베이징의 뉴스를 볼 수 있다. 간단해 보이지만 아랍 세계에서 중국의 입지를 끌어올리기 위해서는 극적인 조치를 취해야 했다. 중국 정부가 아랍 가정에 뉴스를 보내기 위해 아랍 방송국 이용을 늘린 것은 당연한 일이었다. 나는 샤흐루르에게 중국 당국이 태도 변화를 보인 것을 언제 처음 알았느냐고 물었다. "9·11 이후였습니다." 샤흐루르는 얼굴을 찡그리며 대답했다. "그러나 실질적인 변화는 2004년 이후, 그러니까 석유가격이 오르면서였습니다." 중국 정부는 아랍 산유국에 대한 의존도가 높아지자 걱정하기 시작했다. 샤흐루르는 서둘러 알자지라 방송에서 인터뷰할 수 있는 중국 관리들을 찾았다. 이는 '말은 적게, 행동은 많이'를 선호하며, 외국 미디어를 경계하던 국가로서는 큰 변화였다.

알자지라 방송은 중국 공무원과 인터뷰를 생방송으로 내보낸 첫 번째 외국 방송국이라고 주장한다. 나는 알자지라 방송의 이 주장을 믿지 않지만 후에 이 인터뷰 방송을 보긴 했다. 중국 외무부의 서아시아 지역국장 자이전(翟儁)이 2006년 11월 〈노 리미트〉에 출연했다. 그것은 BBC의 〈하드토크〉처럼 초대 손님에게 까다롭게 질문하는 프로그램이었다.

자이의 행동은 인상적이었다. 그는 거의 한 시간 이상 아랍어로 이야기했다. 프로그램 진행자인 아흐메드 만수르는 친근한 분위기로 인터뷰를 진행했다. 만수르는 중국에 대하여, 그리고 미국의 군사적 위협 등에 대해 질문했다. 대화는 점점 열기를 더했다. 만수르는 처음에 왜 유엔 안전보장이사국인 중국이 이라크 전쟁을 막기 위해 거부권을 행사하지 않았는지 물었다. 이때 자이는 이 질문을 피해 갔다. 나중에 자이는 중국과 이스라엘의 관계가 중국과 다른 아랍 국가들 간의 관계와 다르지 않다고 주장했다. 만수르가 반박했다. "거기에는 다른 점이 있습니다. 이스라엘은 중국과 군사기술을 교환하고 있습니다. 아랍과는 그러지 않습니다." 그러자 자이는 자리에서 안절부절 못하는 등 불안해 보였지만 이에 개의치 않고 만수르와 토론을 계속했다. 그는 마지막 10분 동안은 전화로 직접 시청자들의 질문도 받았다.

자이가 뉴스 방송에 출연한 것이 이것으로 끝이 아니었기 때문에 중국 정부는 그의 인터뷰가 성공적이라고 생각했다. 10년 전에는 중국 정부가 아랍 국민에게 직접 이야기하는 것은 거의 불가능했다. 하지만 지금은 그렇지 않다. 중국이 아랍 세계에 자신의 입지를 세우기 위해 알자지라 방송을 이용한다고 생각하는 사람은 몇몇 외교관과 아랍어 전문가들뿐이다. 알자지라의 베이징 지국은 오늘날 홍보활동이 얼마나 중요한가를 상기시킨다. 이제 중국 정부는 암만, 카이로, 두바이 그 외 다른 아랍 도시의 일반 가정에 직접 로비할 수 있다. 알자지라는 차츰 가열되는 세계 홍보전쟁에서 중요한 일격을 가한 것이다.

미국이 고군분투하는 전쟁이 바로 이라크 전쟁이다. 미국 정부는 회의적으로 생각하는 이라크 국민에게 미국의 업적을 인식시키려고 애쓴다. 그러나 자사 제품을 판매하는 데 세계 최고인 미국 기업과 달리 미국 정부는 한참 뒤떨어져 있다. 2007년 6월 퓨 설문조사에 따르면 팔레스타인인 가운데 미국의 과학과 기술에 호의를 가진 사람은 67%인 데 비해 미국 정부에 우호적인 사람은 15%에 불과했다. 유럽에 대해서는 좀 더 우호적이다. 지난 몇 년간 미국에 대한 반감이 줄어들기는커녕 점점 더 증가하고 있다. 아랍 뉴스 방송사들이 그들의 시각과 이미지를 아랍의 일반 가정에 직접 방송한 후 이와 같은 통계 조사가 나왔다.

나는 샤흐루르의 사무실에 있는 포스터에서 그들의 성공을 알 수 있었다. 그는 미소 띤 얼굴로 포스터를 가리켰다. 이 포스터는 탄알 자국으로 몽타주를 만들었는데 오른쪽 아래 귀퉁이에 흰색 글씨로 굵게 이런 글이 씌어 있었다. '만약 모두가 CNN을 본다면, CNN은 무엇을 볼까?' 나는 웃었다. 그 답은 알자지라 방송이었다. 이 포스터는 아랍 뉴스 방송국이 지난 10년간 이루어 낸 성공을 요약하는 것이었다. 알자지라는 CNN에 맞섰고 이겼다. 알자지라는 아랍 세계에서 일어나는 일을 보도하는 방식에서 서구 미디어의 독점을 깰 수 있었다. 알자지라 방송의 위대한 성취는 거리 모퉁이에서 미국 탱크와 맞서 싸우는 이라크 군 같은 강력한 이미지를 사용해서 그 지역의 '어젠다'를 확립하는 데 도움을 주었다.

알자지라 방송은 서구 미디어의 독점을 깨뜨렸을 뿐 아니라 같은 일을 하도록 다른 미디어도 격려했다. 과거에는 서구 미디어만큼 재정 능력을 갖는 것이 불가능해 보였다. CNN의 연간 지출은 5억 달러 이상으로 추정된다. 이는 규모가 작은 개발도상국에는 매우 큰 금액으로 새 방송국을 하나 세울 만한 정도다. 물론 알자지라 방송에도 돈 많은 후원자들은 있고, 아랍 세계처럼 자국이 아닌 다른 지역에서도 서구 미디어의 독점을 막을 수 있음을 보여 주었다. 그래서 다른 개발도상국이 알자지라 같은 방송을 갖고 싶다는 생각을 하게 된 것도 당연하다. 무엇보다 유럽의 미디어는 유럽인을 위한 것이어서 궁극적으로는 유럽의 시각에 충실할 것이기 때문이다.

중국은 특히 열성적으로 관심이 많은 국가다. 알자지라 방송의 사무국장이 여러 번 베이징을 방문했는데 처음 방문했을 때는 중국 외무장관을 만나지 못했으나, 결국에는 만날 수 있었다. 보도에 따르면 중국 외무장관은 알자지라 방송이 서구의 시각에 정면으로 맞서는 데 박수를 보내면서 열렬히 칭찬했다고 한다. 중국은 오랫동안 서구 미디어에 고통을 받았는데, 그럴 만한 이유가 있었다. 중국은 아직도 국내 언론을 검열하고 있지만 중국의 언론이 해외문제를 보도할 때는 중국의 시각에 맞게 보도하기를 바란다. 그런데 오늘날 중국어를 사용하는 많은 외신 기자는 영어권의 보도를 번역하는 수준에 그치고 있다. 이는 바람직한 상황이 아니다. 중국의 중동 전문 대변인이자 베테랑 외교관인 쑨 비간은 2003년에 중국 잡지와 인터뷰에서 이 문제를 설명했다.

"나는 중국 언론이 아직은 충분하지 않다고 생각합니다. 걸프 전쟁과 미국·이라크 전쟁에 대해 시기적절하고 효과적인 보도를 통해

CNN과 알자지라 방송은 자신들만의 영향력을 갖게 되었습니다. 만약 중국 언론이 영향력을 확대하려 한다면, 중동을 간과해선 안 됩니다. 중동은 항상 세계의 주목을 받으니까요." 그는 계속해서 말했다. "이슬람 세계와 관련된 이슈를 보도할 때, 우리는 우선 정확히 이해하고 있어야 합니다. 예를 들어 중국 정부는 모든 형태의 테러리즘에 반대합니다. 우리는 또 특별한 국가 또는 지역이 테러리즘과 연관되는 것도 반대합니다. 서구 사람 중에는 테러리즘이 이슬람 종교와 관련되었다고 생각하는 사람들이 있습니다. 하지만 이는 사실이 아닙니다."

중국 국영 통신사인 신화(新華)통신은 이에 동의한다. 2006년에 신화통신의 톈충밍(田聰明) 회장은 근본적으로 새로운 경쟁을 추구하겠다는 의사를 공식적으로 밝혔다. 톈 회장은 블룸버그나 로이터 같은 외국 자본으로 운영되는 통신사들을 목표로 삼았다. 그의 야망은 중국 국내시장에 국한된 것이 아니었다. 신화통신은 같은 해(2006년)에 외국 금융뉴스 통신사들에 그들의 금융상품을 신화통신을 통해 판매해야 한다는 새로운 규정을 적용함으로써 이익을 취했다. 그러나 알자지라 방송과는 비교도 안 된다. 무엇보다도 알자지라 방송은 서구 미디어가 아랍 세계에서 정치 뉴스를 보도하는 방식을 크게 변화시켰다. 신화통신도 마찬가지로 서구 미디어가 중국에서 경제 뉴스를 보도하는 방식을 바꾸려 한 것일까?

신화통신은 또 세계적인 야심을 갖고 있다. 사실 신화통신은 해외에 지국을 두고 있는 많은 중국 국영통신사 중 하나일 뿐이다. 런민르바오(人民日報)와 광밍르바오(光明日報)도 아랍 세계 전역에 보도 기지를 갖고 있다. 그러나 신화통신이 규모 면에서 훨씬 크다. 예를 들어 런민르바오는 아랍의 수도 몇 곳에 소수의 기자를 두고 있는 반면에 신화통신은 17

개 아랍 국가에 지국을 운영하며 본부는 카이로에 있다. 새로 지은 11층 짜리 건물에 현지 직원을 제외하고도 약 40명의 기자가 있다. 이 기자들은 중동과 아프리카에서 나오는 뉴스를 중국어, 아랍어, 영어로 보도한다. 이 건물은 자신을 알리는 하나의 성명서와 같다. 2005년 11월에 카이로 지국이 문을 열었을 때, 이집트 정보통신부 대변인은 신화통신에 대해 “서구 미디어보다 더 공정하고, 객관적이고, 포괄적이다”라고 칭찬했다.

신화통신이 알자지라 방송의 뒤를 이은 것인가? 그건 아니다. 신화통신은 여전히 수많은 장애물에 직면해 있으며, 더욱 중요한 것은 뉴스를 보도할 때 엄격한 규제를 받고 있다는 점이다. 나는 에자트 샤흐루르의 생각을 물었다. “신화통신에 있는 내 친구들은 알자지라 방송을 행운아라면서 아프가니스탄에서 전쟁이 일어나지 않았다면 그렇게 성공하지는 못했을 거라고 말한다. 하지만 꼭 그런 것만은 아니다”라며 그는 고개를 저었다. “우리는 아프가니스탄에서 뉴스에 접근할 수 있는 특권을 가지고 있다. 또 아프간 소식을 보도하는 데 있어 아무런 두려움이 없는 것도 사실이다. 나는 신화통신에 있는 내 친구들에게 전 세계가 뉴스에 굶주려 있을 때, 북한에 접근할 수 있는 특권을 갖고 있다고 말했다. 우리가 아프가니스탄을 이용한 것과 마찬가지로 그들도 북한을 이용해 명성을 얻는다.” 이것은 사실이다. 신화통신이 북한에서 발생한 사건에 아주 작은 부분만 조명하더라도, 신화통신은 세계적 명성을 얻게 되고 신뢰를 쌓게 될 것이다.

하지만 아직은 시기상조인 것 같다. 중국 정부는 여전히 신화통신을 강하게 구속하고 있다. 예를 들어 통신사는 기사를 두 가지로 작성한다. 첫째는 공식적인 발표이다. 둘째는 공식적으로 발표하기에는 너무 민감

한 사안들이다. 이는 주로 세계 어느 곳에서나 철저하게 문제를 파헤치는 저널리즘과 밀접한 관련이 있는 부패, 사회적 불안 같은 주제들이다. 신화통신의 편집장은 여전히 이러한 종류의 기사를 환영하지만 '내부 참조'를 표시하여 공산당 지도부로 급송한다. 실제로 신화통신은 북한 문제에 대해 신랄한 기사를 쓰는 편이다. 그러나 그 기사들은 불행하게도 선택된 독자들에게만 전해진다. 당 지도부가 국내외에서 발생한 사건을 통제하는 한 이런 기사들은 보도되지 않는다.

결론적으로 중국은 당분간 복사판 알자지라 방송을 만들 수밖에 없다. 중국 정부는 국내 미디어를 지나치게 통제한다. 그런데 알자지라 방송이 서구 미디어와의 경쟁에서 성공한 것은 중국과 다른 개발도상국에서 서구 미디어의 틀에서 벗어나 자체적인 어젠다를 만들겠다는 의지를 보였기 때문이다. 이것이 진정한 알자지라 방송의 효과다. CNN이 24시간 내내 뉴스를 독점하던 시대는 끝났다. 이집트 무역상이 이우에서 하드웨어를 사는 것이나 다마스쿠스 외곽에 있는 '차이나시티', 150달러까지 급등한 유가, 아랍 국부펀드와 펀드회사 본사 등의 찬란한 외형은 세계경제 균형 재편만큼이나 중요하다.

알자지라 방송에 대한 중국의 대처

서구는 대응하고 있지만 결과는 매우 복합적이다. 2004년 2월 미국 정부 산하 독립 기관인 방송위원회는 버지니아의 방송 기지에서 24시간 방송하는 아랍어 위성 텔레비전 방송국인 알후르라를 출범시켰다. 알후르라의 목표는 '중동에서 이 방송위원회의 반(反) 테러 방송정책을 지원하며, 미국의 정책을 설명하고 뉴스를 분석하고 정확한 기사를 제공함으로써 테러리스트의 미디어 활동에 대응하는 것'이었다. 방송위원회는 이보다 수년 전에는 아랍어 라디오 방송국 '사와'를 출범시켰다. 그리고 방송위원회는 이 두 개 방송사의 운영을 중동 방송 네트워크에 위임했다. 이 방송사들은 시작부터 논란이 휩싸였다. 신랄한 비판 속에서 이 방송사들은 〈미국의 소리〉의 아랍어 서비스 방송사로 대체됐고 전 직원이 집단적으로 불만을 토로하기도 했다.

알후르라는 '독립적인 시각'을 지지하는 시청자들을 잡는 데는 성공하지 못한 것 같다. 전통적으로 아랍인들은 모든 뉴스 방송을 시청하며, 정치 뉴스 매체로 알자지라 방송을 선호한다. 역사적으로 아랍 정부들은 국내 언론을 철저하게 통제했다. 오늘날 민간 통신사들은 대체로 정치적 목적을 가진 아랍 거물들이 소유하고 있다. 알자지라 방송도 예외는 아니다. 1990년대 말 이스라엘인이 프로그램에 출연할 수 있게 된 뒤부터 알자지라 방송은 친이스라엘 성향이라는 의혹을 받았다. 아랍어가 모국어가 아닌 사람들에게 아랍어 신문을 읽게 하는 것은 힘든 일이다. 단순히 신문을 읽는 것만으로는 충분하지 않으며 당신은 소유주의 정치적 견해가 보도내용에 반영된다는 것도 알아야만 한다. 알후르라의 문제는, 알자지라 소유주의 관심이나 〈알사피르〉나 〈알하야트〉 같은 아랍 신문들이 적어도 알후르라나 그 실질적인 소유주인 미국 정부보다는 아랍 중산층 가정에 더욱 친숙하다는 것이다.

알후르라의 경쟁자가 아랍 뉴스 방송국만은 아니다. BBC도 2008년에 아랍어 방송을 시작했다. 영국 국영방송은 1990년대 초에 아랍어 텔레비전 방송을 시도했다. 그러나 이 계획은 사우디아라비아 정부와의 불화로 무산되었다. 아이러니하게도 사우디·BBC 합작방송 채널에서 해직된 120명이 알자지라 방송 창립에 스태프로 참가했다. 이 합작방송 채널은 계속된 정치 분쟁으로 1990년대 말에 실패로 끝났다. BBC의 아랍어 뉴스 방송국을 현실화하려는 두 번째 시도는 비교적 방해를 받지 않았으며, 이 지역의 라디오 방송에 대한 60년 경험이 있는 기관을 활용하면서 좋은 입지를 확보했다. 프랑스24(프랑스의 뉴스 전문 방송국)도 2007년에 독자적인 아랍어 채널을 개설했다. 하지만 알후르라, BBC, 프랑스24 등은 여전히 아랍 세계에서 대중적인 입지를 확보하지 못하고 그저 목숨을 부지하고 있을 뿐이다.

미국 대사를 역임한 에드워드 제레지언(미국 라이스 대학 베이커 정책연구소장, 미국의 중동 정책전문가)은 〈미국 외교〉를 주제로 연구논문을 주도했다. 그 논문에 가장 좋은 해법이 있었다. 이 논문은 미국 하원 세출위원회가 위임한 연구로 2003년에 출판되었는데 국영 TV는 중동에서 성공할 수 없다는 결정적 회의론을 파헤쳤다. 이 연구논문은 수준 높은 프로그램은 알자지라 방송 같은 그 지역의 기존 채널을 이용해야 만들 수 있기 때문에 능력 있는 미국 공영방송이나 민간방송을 활용해야 한다고 주장했다. 아마도 이와 비슷한 충고가 BBC에 직접 전달됐을 것이다. BBC는 이미 오래전부터 수준 높은 프로그램들을 제작하고 있었다. 〈알샤르크 알아우사트〉의 한 사설은 많은 아랍인이 BBC에서 제작한 독자적인 아랍어 프로그램을 좋아한다는 통계 조사를 인용했다.

중국 정부는 올바른 길로 가고 있다. 중국 정부가 알자지라 텔레비전에 장비를 대여한 것은 현명한 결정이었다. 중국 정부가 최종 편집에 관여하지는 않았지만, 알자지라의 3시간짜리 중국 다큐멘터리는 아랍 세계와 중국의 역사적 관계를 밝히는 데 많은 시간을 할애했다. 그리고 남은 시간은 중국 자체를 답사하는 데 할애했다. 중국 정부는 무료로 아랍 세계에서 가장 인기 있는 위성 텔레비전 방송국을 이용했던 것이다. 같은 방송시간대에 미국의 중동방송인 알후르라보다 알자지라 방송의 중국 다큐멘터리를 시청한 아랍 가정이 훨씬 많았으리라는 것은 당연한 사실이다. 아이러니하게도 중국이 주요 언론의 홍보에 사용한 것은 시장의 힘이었다. 이 사례는 서구 정부에 중요한 교훈이 될 것이다.

중국 미디어의 세계 홍보전쟁

　　　　　　도전할 대상이 알자지라만은 아니다. 중국의 통치 체제는 미디어에서 그만의 전통적인 기법으로 뛰어나다. 노선을 고수하는 중국 정부의 능력 덕분에 아랍 세계에서 중국 정부는 호의적인 대접을 받는다. 예를 들어, 2007년 6월의 한 조사에 따르면, 중국에 호의적인 시각을 가진 요르단 사람은 43%인 데 비해 미국에 호의적인 시각을 가진 사람은 단지 20%인 것으로 나타났다. 국내 미디어에 대한 중국의 엄격한 통제가 아주 유리하게 작용한 것이다. 중국은 아랍 지역에서 발생한 사건을 보도하기 전에 주요 신문사들을 지도하는 설명회로 '취풍회(吹風會)'를 개최한다. 중국 통신원들에게 들은 얘기에 따르면, 취풍회에서는 중국과 아랍 세계의 관계를 다룰 때 정치보다는 경제문제에 초점을 맞추도록 지도했다. 중국 정부는 이 설명회를 통해 국내 미디어를 강력한 홍보수단으로 만들었다.

　그 선두에는 항상 신화통신이 있다. 중국에 직접 거주하는 아랍 저널리스트는 별로 없다. 그래서 아랍 대중을 위한 기사는 신화통신이 아랍어로 번역한다. 그렇게 하여 신화통신은 자사의 메시지를 '들려 줄' 광범위한 공간을 얻는다. 2006년에 신화통신은 아랍어 신문기사를 제

공하는 협정을 이집트의 〈옥토버 위클리〉와 체결했다. 〈옥토버 위클리〉
는 처음에는 주로 신화통신의 중국 국내 문제에 대한 보도만 받아썼다.
하지만 언젠가는 외국의 사건도 받아쓰게 될 것이다. 한편 신화통신은
중국이 아랍 세계에서 활동하는 내용의 기사만을 보도했다. 신화통신의
기사들은 후에 아랍어와 영어로 다시 번역되었다. 신화통신의 보도내용
이 아랍 세계에서 활동하는 중국에 대한 가장 중요한 정보원이 된 것은
아이러니다. 물론 신화통신의 메시지는 먼저 기사로 정확하게 보도된
후에야 비로소 중요한 정보원으로 인정받을 수 있었다.

중국 국영 통신사는 아랍 시청자들을 직접적인 목표로 삼았다. 이
런 사실은 2006년 6월에 시리아에서 개최된 중국 국제자동차박람회에
관한 아랍어 기사를 찾다가 알게 됐는데, 놀랍게도 그 박람회에 관해 아
랍어로 광범위하게 보도돼 있었다. 그래서 기사의 출처를 조사했다. 중
국의 라디오 인터내셔널CRI이라는 새로운 에이전시가 박람회 기사를 보
도했다. CRI는 중국판 〈미국의 소리〉로, 40개 이상의 언어로 방송과 출
판을 하고 있다. 이 사례에서 중국 통신사의 아랍어 부서가 아랍 세계에
발표하기 위한 기사만을 제작해 왔음을 알 수 있었다. CRI는 본래 1950
년대에 중국 공산당이 세계를 상대로 정치적인 목소리를 내기 위해 설
립했다. 그런데 중국의 시장개혁이 성과를 보이면서 통신사도 계속 발
전해 현재는 세계를 상대로 경제관계를 구축하는 데도 같은 성과를 보
이고 있다.

또 중국 국영 통신사는 아랍 세계에서 얻은 정보를 가르쳐 주는 중
요한 역할을 한다. 주요 무역산업 신문들은 정기적으로 아랍 경제의 시
장동향을 보도하기 위해 특파원을 해외에 파견한다. 그들은 아주 중요
한 자원이다. 예를 들어 〈인터내셔널 비즈니스 데일리〉는 1985년에 산

업자원부가 창간한 것이다. 내가 찾던 시리아 중국국제자동차박람회에 대한 내용도 〈인터내셔널 비즈니스 데일리〉에 자세히 나와 있었다. 이 신문사의 특파원은 〈신화경제뉴스〉 및 다른 신문사 기자들과 함께 박람회 투어에 초청받아 참석했다. 이 특파원은 베일을 쓴 시리아 여성들이 발코니에 기대어 서서 여행객에게 손을 흔드는 장면을 시적으로 묘사하고, 자동차 부문의 시장조건에 대해 집중적으로 보도했다. 중국의 자동차 제조회사들은 틀림없이 그의 기사를 읽었을 것이다.

중국 국영 통신사의 노력이 국제기사에 국한되는 것은 아니다. 해외 문제에 대한 취재도 늘어나고 있다. 예를 들면 통신사들은 새로운 시장을 찾는 중국 무역상들에게 큰 도움이 된다. 이우의 자싱(嘉興) 의류회사 해외영업부장 왕(王)은 2006년 8월 두바이 해외 지사로부터 전쟁이 벌어져 레바논의 소비재가 심각하게 부족하다는 정보를 들었다. 그는 국영 텔레비전 방송사인 CCTV로 레바논 전쟁을 지켜보다 전쟁이 끝날 즈음 소비재 상품 선적을 준비했다. 뉴스 포털 사이트인 시나닷컴과 피닉스 텔레비전의 다큐멘터리 방영물도 역시 중국 무역상들이 새로운 시장을 찾을 수 있게 돕는다. 두바이의 드래곤 마트에서 한 중국 여성 무역상에게 "왜 두바이인가?" 하고 물은 적이 있다. 그녀는 "아랍 세계에 대한 중국어 다큐멘터리를 보다가 바로 그곳에 기회가 있을 것 같다는 생각이 들었다"고 대답했다.

서구 정부들은 서서히 홍보전쟁에서 밀리고 있다. 소련의 붕괴 이후 홍보활동에 대한 관심이 줄어들었다. 소련이 붕괴된 직후인 1990년대 중반부터 미국 정부는 대부분의 홍보활동을 포기했다. 그중에는 1999년 미국 해외홍보처USIA를 해체한, 운명적인 결정도 있다. USIA는 미국의 공식기구인 정보부에 버금가는 기구였다. 소련이 더 이상 존재하지 않는데 정보부가 무슨 소용이 있었겠는가? 하지만 2001년 9·11 테러와 증가하는 중국의 경제적 도전은 냉전에서의 승리가 역사의 종언이 아니었음을 상기시킨다. 홍보는 또 다른 모양의 전쟁이다. 더욱이 서구 정부들은 다양하고 점점 세련되는 적들 앞에 있다.

서구의 미디어 독점 시대는 갔다

아랍도 서구 정부와 같은 실수를 범하고 있다. 그들은 중국의 미디어를 잘 다루지 못해 아랍 세계와 중국의 관계에 손해를 끼쳤다. 마샤오린은 중국 국영 신화통신의 수석 통신원이었다. 그는 아랍어를 구사하는 통신원으로 팔레스타인 가자 지역과 쿠웨이트에서 근무했으며, 신화통신을 떠난 후에는 뉴스 매거진 〈글로브〉의 편집장으로 있다. 그는 뛰어난 '중동 전문가'였으며 중국과 아랍 세계의 미디어 관련 이슈에 대해 이야기할 수 있는 적임자였다. 2004년에 그는 아랍 문제를 다룬 중국 신문 기사에서 아랍 정부들이 중국 저널리스트들을 상대로 로비하는 데 실패했다고 신랄하게 비평했다.

이스라엘은 같은 실수를 범하지 않았다. 일반적으로 이스라엘 담당 중국 기자들은 출국 전에 브리핑을 받기 위해 이스라엘 대사관에 초대된다고 마는 말했다. 그런데 쿠웨이트 대사관에서는 이와 비슷한 초대를 한 번도 한 적이 없다. 팔레스타인 대사관으로부터는 가자 지역에서 3년간 근무를 마치고 베이징으로 돌아온 뒤 단 한 번 초청을 받았다. 그 초대는 너무 초라했으며 시간적으로도 너무 늦었다. 마는 또 이스라엘 정부가 중국 원로학자와 뉴스 편집장 여러 명을 이스라엘로 초청했다는 글을 쓰기도 했다. 그 결과 중국학자와 신문 편집장 중에는 이스라엘에 우호적인, 즉 친이스라엘파가 많아졌다.

마의 기사를 보고 나는 기관지 〈광밍르바오〉의 기자 첸커친과 나눴던 대화가 떠올랐다. 그는 1960년대에 중국 정부의 지원을 받아 시리아에서 수년간 아랍어를 공부했다. 그 후 20년 이상 아랍에서 활동했으며, 그의 아랍어는 아주 훌륭했다. 그런데 첸은 최근 들어 예루살렘에서 일한다. 단지 몇 년간 일했을 뿐인데 그는 이스라엘에 더 관심을 보인다. 중국과 이스라엘은 1995년에 국교를 수립했고, 〈광밍르바오〉는 2년 후 이스라엘에 지국을 설치하게 됐다. 1997년에 이스라엘 지국으로 파견된 첸은 수년을 보낸 아랍보다 이스라엘을 더 중요하게 평가했다.

첸만 이스라엘을 중요하게 평가하는 것이 아니다. 인터넷의 부상과 중국 블로거 수의 증가로 중국 국내 미디어에서 아랍의 이슈를 토론하는 데 변화가 일어났다. 마샤오린은 블로거들을 위해 〈Abundant United Community〉라는 웹사이트를 개설했다. 이스라엘 보안군과 팔레스타인 젊은이들 간에 매일 일어나는 전투를 보도한 경험을 잊을 수 없는 추억으로 간직하고 있는 그는 '아이디어 나누기'를 권장하는 웹사이트를 만들고 싶어 한다. 나는 오래전에 아랍 문제만 다루는 중국어 저널에서 시리아 주재 중국 대사였던 션천지에가 쓴 아랍 관련 기사를 읽은 적이 있다. 션 천지에 대사를 만나려고 수소문하던 중에 나는 우연히 〈Abundant United Community〉에서 아랍 세계에 대한 마의 기사들 외에 션의 블로그도 찾아냈다.

마가 주장하는 것처럼 아랍 세계를 바라보는 대중의 감정은 최근 수년 동안 변화했다. 〈Abundant United Community〉 같은 중국 블로그 사이트 및 블로거의 확산도 부분적으로 책임이 있다. 중국 블로거들은 '취풍회'에 참석하지도 않고, 신화통신의 수석 편집장들에게 책임을 묻

지도 않는다. 그래서 중국 블로거들은 해외 문제에 대해 더욱 독자적인 의견을 말하는 경향이 있다. 이는 과거의 관행으로 보아 뚜렷한 변화다. 1950년대 말부터 중국 정부는 아랍 세계에서 사회주의 대의의 후원자로서 '반(反) 제국주의' 국가인 이집트, 시리아, 예멘 등 범 아랍 민족주의 정부들을 인정했다. 중국의 입장은 이스라엘보다는 아랍 국가들 편으로 기울어 있었다. 이런 변화는 개혁의 결과이며 특히 중국 블로거의 등장에 따른 것이다.

오늘날에는 10년 전에는 없던 이슬람의 호전성에 대한 우려가 크다. 이러한 우려가 어느 정도인지 측정하는 것은 매우 어려운 일이다. 그런데 2006년 7월에 이스라엘과 헤즈볼라 간에 격렬한 전투가 벌어졌을 때 나는 중국의 뉴스 포털 사이트 시나닷컴에서 운영하는 채팅 방을 살펴보았다. 처음 받은 인상은 대부분의 채팅 방이 이스라엘에 반대하여 레바논 편에 서 있다는 것이었다. 많은 사람이 이스라엘의 폭격으로 수많은 여성과 어린이가 죽은 것에 대해 분노하고 있었다. 하지만 이 점을 배제하고, 더 균형적인 시각으로 토론이 진행되었다. 심지어 이슬람의 호전성을 걱정하는 의견도 있었다. 아마도 검열을 피했기 때문에 가능했을 것이다. 이제 채팅 방은 검열 때문에 대중의 감정을 추적하는 최상의 공간은 아니다. 그래도 나는 마가 옳고, 아랍 세계를 향한 태도가 과거보다는 비우호적이라는 생각에 찬성할 수밖에 없다.

이것이 아랍 세계에 대한 관심이 약해지고 있다는 의미는 아니다. 사실은 정반대다. 시나닷컴은 레바논 전쟁을 위한 특별 홈페이지를 만들었는데, 이는 BBC와 CNN에서 만든 것과 거의 다르지 않다. 이 홈페이지는 최신 뉴스, 관련 지도, 주요 행위자의 인물 정보, 초기 분쟁의 시간 흐름도, 학자들의 논설 등을 제공하고 있었다. 이제 시나닷컴은 단순한 웹사이트가 아니라 세계의 지도자다. 2008년 2월 하루 조회수가 세계 21위였다. 반면 CNN은 46위, BBC는 48위였다. 외국의 문제를 보도할 때 영어 기사 번역에 지나치게 의존하는 시나닷컴은 진실을 파헤치는 저널리즘을 위한 공간은 분명 아니다. 하지만 시나닷컴은 아랍 세계에 대한 중국의 관심이 줄어든 것이 아니라 더 커지고 있음을 알리기 위해 레바논 전쟁에 대한 방대한 자료를 보도했다.

나는 얼마 후에 다마스쿠스에서 이러한 변화의 증거를 보았다. 내가 탄 비행기가 다마스쿠스 국제공항에 착륙하려 할 때 중국인 카메라 기자가 갑자기 좌석 맨 뒷줄에서 뛰어나왔다. 비행 중에는 그들을 보지 못했는데 카메라를 손에 든 그들은 어느 시리아 승객 뒤에 섰다. 선반에서 자신의 짐을 꺼내려고 애쓰던 그 시리아인은 처음에는 놀란 듯했으나 멈춰 서서 웃으면서 다른 승객들이 비행기에서 다 내릴 때까지 기자의 질문에 대답을 했다. 잠시 후 그 기자에게 말을 걸었다. 이름이 타오루인 그는 내 중국어를 듣고 놀랐다. 우리는 기내 통로에서 간단한 얘기를 나눴다. 타오와 그의 카메라 팀은 전쟁을 취재하는 피닉스 텔레비전을 위해 일한다고 말했다. 우리는 명함을 교환하고 다마스쿠스에서 만나기로 약속했다.

피닉스 텔레비전은 중국 미디어에서 독특한 방송으로 중국 본토 전역의 시청자들을 위해 만다린어로 방송한다. 홍콩에 본부를 둔 피닉스 방송국의 기사는 아주 자유롭다. 피닉스 텔레비전의 최고경영자인 리우 찬거러는 본토 정부와 밀접한 관계를 가진 인민해방군 중령 출신이다. 1996년에 설립된 이래 피닉스 텔레비전은 본토의 검열에 조심스럽게 대처하는 방법을 연구했다. 여전히 검열은 미디어의 자유를 제한하고 있다. 타오에게 가장 중요한 것은 방송국이 해외 문제에 특별한 관심을 가진다는 점이다. 오직 중국 본토에 있는 방송국만이 9·11 사건을 생방송으로 제공할 수 있다. 피닉스 사는 일반적인 중국 뉴스 네트워크가 미래에 추구해야 할 좋은 모델이다.

그때 다마스쿠스에서는 타오를 다시 만나지 못했지만 훗날 홍콩에서 만났다. 우리는 퇴근 후 주룽(九龍)에서 식사를 했다. 타오는 쿠바 여행에서 돌아온 직후여서 시차 때문에 힘들었지만 쿠바의 외무부 차관과 인터뷰를 했다고 기뻐하며 "CNN도 그렇게는 못 했어요"라고 말했다. 타오는 피닉스 텔레비전의 국제부 기자였다. 원래 중국 외무부에서 통역사로 일하다가 피닉스 텔레비전에 입사한 뒤 쿠바, 이란, 시리아, 투르크메니스탄에서 취재활동을 했다. 그는 또 전 미국 국방장관 도널드 럼스펠드도 만났다. 우리는 번쩍이는 마천루의 네온사인이 가득한 홍콩 섬의 전경을 볼 수 있는 한 레스토랑에서 만났다. 그 레스토랑은 북방식 중국요리로 유명했다. 음식이 나오기를 기다리는 동안 나는 타오에게 시리아 여행은 어떠했느냐고 물었다.

타오 일행은 베이루트로 여행했지만, 타오는 다마스쿠스에서 머물렀다. 매우 생산적인 일주일이었다. 시리아 주재 중국 대사는 여러 명의 시리아 고위 공무원과 약속을 잡아 주었는데, 그중에는 하마스와 헤즈볼라의 대표들도 있었다. 대사는 인맥이 좋았으며, 수완도 있었다. 타오는 우연히 시리아 부통령의 사위를 카메라맨으로 고용했는데 그 인연으로 시리아 부통령과 직접 인터뷰를 할 수 있었다. 시리아에는 드문, 특별한 인터뷰 카메라 앞에서 자연스럽게 자세를 취하는 부통령을 보고 타오는 깜짝 놀랐다.

피닉스 텔레비전과 다른 중국 미디어는 아랍 세계에 진입함으로써 서구 미디어의 독점 시대를 깨뜨리는 데 일익을 담당했다. 문제는 중국 시청자들이 시청 영상물에 크게 매료되지 않았다는 점이다. 2001년의 사건과 이슬람의 호전성이 부각되며 중국 대중은 아랍 세계에 두려움을 느끼게 되었다. 아랍 정부들이 중국 미디어에 대한 로비에 실패한 것은 아랍의 이익에 역행하는 것이다. 특히 이스라엘 정부가 지속적으로 중국의 친이스라엘파에 로비를 한다면 아랍은 더욱 더 어려워진다. 결과적으로 아랍 세계는 아랍 뉴스 방송을 통해 괄목할 만한 성공을 거두었고 또한 중국 미디어를 아랍 국가들에 도입해서 이익을 많이 얻었지만, 아랍 세계는 여전히 중국 민중에게 아랍 미디어를 매각하려고 상당히 노력하고 있다.

아랍 세계에서 중국 미디어의 전략적 성공

서구는 더 유익한 홍보전을 펼쳐야 한다. 아랍 국부펀드의 투자를 유치하거나, 아랍에미리트 항공에 로비하기 위해 에어버스 실무자들을 파견하거나, 사우디아라비아에서 석유를 더 많이 수입하는 것으로는 충분하지 않다. 이는 아랍 세계와의 경제적 관계를 강화하는 데는 도움이 되지만 친구를 얻게 하지는 못한다. 서구 정부는 아랍 뉴스 방송국을 이용해서 아랍의 일반 가정과 소통하는 방법을 배워야만 한다. 그들은 또 아랍 세계에 긍정적인 이미지를 심기 위해 중국이 적용하여 성공한 '전통적인' 전략기술을 사용하는 방법을 배워야 한다. 아랍 세계에서 서구의 도전적인 홍보전쟁은 옛것과 새것을 혼용하는 것이다.

미국 감사원은 2007년에 워싱턴 정치인들 앞에서 이와 비슷한 점을 주장했다. 미국 감사원은 국무부에 '선거운동 방식의 접근'을 추천했다. 이는 핵심 메시지를 규정하고, 목표인 청중을 확인하여 구분하고, 정보를 제공하기 위해 청중조사를 활용하고 필요한 노력을 재확인하라는 충고였다. 그들은 특별히 아랍 뉴스 방송국을 이용하거나 중국 방식의 '취풍회' 접근방법을 추천하지는 않았다. 그러나 함축적 의미는 있다. 어떻게 해야 국무부가 아랍 청중에게 다가갈 수 있을까? 미국 감사원의 제안은 기업의 마케팅 이사가 최고경영자에게 내놓을 만한 전략과 다르지 않다. 이는 국무부가 대중 외교 노력에 있어 더 상업적으로 접근해야 한다는 효과적인 조언이다.

설문조사 기관 퓨_{pew}는 최근 몇 년간 미국에 대해 적대감을 느끼는 아랍인의 수가 급격히 증가했음을 보여 준다. 물론 미국은 아랍에 대해 엄격한 정책 대안을 갖고 있다. 모두가 행복하기를 기대할 수는 없다. 하지만 미국의 공공외교그룹the U.S. Group on Public Diplomacy은 이렇게 설명했다. "우리는 듣는 것도 실패하고 설득하는 것도 실패했다. 미국 방송은 아랍 청중을 이해하려 노력하지 않았으며 그들이 우리를 이해할 수 있게 돕지도 않았다. 우리는 그것을 용납할 수 없다." 유럽도 또한 이슬람의 이익에 역행하는, 뒤늦은 사회적 편견 때문에 고통받고 있다. 특히 대규모 이슬람 인구 증가로 인한 자국내 긴장으로 고통받고 있다.

중국은 분명히 서구가 성공하지 못한 곳에서 성공했다. 정부가 여전히 갖고 있는 중앙 선전부 같은 다양한 정보기관과 국가위원회에 직접 보고를 하는 신화통신이 도움이 되었다. 이 구조는 아마도 냉전의 유물일 것이다. 하지만 베를린 장벽이 무너진 지 약 20년 동안 아랍 세계뿐 아니라 모든 개발도상국과의 관계를 강화하려는 중국의 노력을 지원하기 위해 이들 정보기관은 국내 미디어를 효과적으로 활용해 왔다. 역설적으로 서구의 정부가 그들의 메시지를 서구 언론에 파는 데 익숙해지는 동안, 중국 정부는 아랍 사람들에게 자국의 메시지를 팔기 위해 미디어를 이용하는 방법을 학습해 왔다.

귀 기울여야 할 아랍 미디어

서구는 아랍 미디어에 귀를 기울여야 한다. 오늘날 아랍 투자자들은 세계 금융시장에서 중요한 역할을 한다. 첫째, 아랍 세계의 해외자산 1조 4000억 달러는 세계 금융시장이 가진 유동성의 원천이다. 그래서 아랍 국부펀드가 서브프라임 모기지 위기에 미국 금융 시스템의 안정화에 한몫을 할 수 있었다. 둘째, 유가가 높아지는 데는 일부 중국도 책임이 있다. 또한 아랍 세계는 앞으로 석유생산 비율을 늘릴 것이다. 그러므로 미래의 석유 거래, 정치 불확실성에 대한 모험, 심지어 인플레이션, 소비자의 요구, 이윤 등 아주 평범한 것에 대한 예보 등 아랍 세계에 관련된 정보는 투자자들에게 매우 중요하다. 이 모든 것은 금융 자산 가격에 영향을 준다. 그러므로 일반적인 통화거래 사무소는 이런 뉴스를 갈망한다.

내가 일하던 홍콩의 거래소도 다르지 않았다. 커다란 플라즈마 텔레비전이 벽면을 따라 20피트 간격으로 걸려 있고 모든 텔레비전은 24시간 내내 뉴스 채널을 방영하며 실시간으로 세계의 건강을 체크했다. 거래자들은 가로 세로로 세 개씩 놓인 컴퓨터 화면 뒤에 앉아 있었다. 적어도 하나의 컴퓨터는 주요 통신사로부터 받은 뉴스를 '연방준비은행의 버냉키 인플레이션 경고' '영국 12월 주택가격 하락' '일본 후쿠이 은행 엔화 강세 우려' 등 간결한 헤드라인의 끊임없는 흐름 형식으로 토해 냈다. 거래사무소에서는 어떤 것도 당신의 주의를 벗어날 수 없다.

마치 1000피트 위에서 전 세계를 내려다보는 것 같았다. 거래소를 벗어나면 정보의 흐름은 끊기고, 세계는 갑자기 축소된다. 습관적으로 대부분의 거래자들은 완벽하게 차단되는 것을 막기 위해 긴밀한 암호처럼 그들의 블랙베리를 사용한다.

2006년 7월에 나는 거래소에서 레바논 전쟁의 초기 단계를 지켜보았다. 커다란 플라즈마 텔레비전 화면은 이스라엘이 베이루트 국제공항을 처음 공격하는 장면을 보여 주었다. 미사일이 명중한 활주로 위로 작은 연기구름들이 떠 있었다. 전쟁은 소규모로 시작됐으나 급격히 확대되었다. 얼마 안 되어 레바논 난민 행렬이 커다란 화면에 나왔다. 유가는 배럴당 10달러 가까이 올랐고, 투자자들은 스위스 프랑같이 안정적인 곳으로 자산을 빼돌렸다. 미국 연방준비은행이 이자율을 17번이나 연속해서 올린 뒤 불확실성만 더 커졌다. 거래사무소에서 우리는 1000피트 거리에서 세계를 지켜보았다. 우리 눈을 피할 수 있는 것은 아무것도 없다. 그것이 가능할까?

다마스쿠스의 생생한 경험들

일주일 뒤에 나는 다마스쿠스에 도착했다. 공항은 텅 비어 있었다. 난민들은 어디에 있을까? 입국장에서 만난 한 친구와 같이 시내로 차를 몰았다. 다마스쿠스에서 몇 시간 거리인 서쪽에서는 여전히 전쟁이 치열했지만 무기력한 다마스쿠스를 깨우지는 못했다. 참으로 지독한 여름의 열기가 도시를 축소시켜 항상 무기력하게 만들었다. 내가 기억하는 다마스쿠스는 금융시장에서 거의 완전히 차단된 도시였다. 인터넷이 보급되긴 했지만, 구시가지의 분위기에 흠뻑 젖어 거리를 산책하고 일시적이나마 바깥세상을 잊어버릴 수 있었다.

그런데 나는 상점 창문을 통해 회색 건물과 먼지가 날리는 거리를 배경으로 노란색으로 요란하게 빛나는 헤즈볼라의 깃발이 걸린 것을 보고 충격을 받았다. 1년 전에는 불가능했던, 헤즈볼라에 대한 대담한 지지 성명이다. 시리아 정권은 통치에 대한 도전이나 특히 이웃 국가에 기반을 둔 종교운동에는 관용을 베풀지 않는다. 1980년대 시리아 정권은 이슬람주의자들의 봉기로 값비싼 내전을 겪었다. 그 결과 하마 시 일부가 파괴되고 수천 명이 목숨을 잃었다. 시리아 정권은 국내 이슬람주의 운동에 대해 엄격한 통제를 유지하고 있다. 이와 같은 통제는, 인기는 없지만 이웃 국가가 무너지는 상황에도 시리아가 비교적 사회 안정을 유지해 많은 사람의 신뢰를 받았다. 그렇기 때문에 헤즈볼라의 깃발은 충격이었다. 게다가 거기에는 단순한 깃발이 아니라 헤즈볼라의 정신적 지도자인 셰이크 나스랄라의 초상화를 그린 포스터도 붙어 있었다.

아직도 서구 미디어는 그 깃발에 대해서 아무런 언급도 없다. 시리아가 여전히 국내외 미디어를 엄격히 통제하는 것은 전혀 도움이 되지 않는다. 오히려 나는 헤즈볼라 깃발이야말로 아랍의 거리에서 전쟁에 동원할 수 있는 적절한 상징이라고 생각했다. 적어도 일시적이지만 그 깃발은 시아파 무슬림과 수니파 무슬림 간에 의견 차이를 줄이기도 했다. 이집트나 사우디아라비아처럼 수니파 무슬림이 장악한 정부에서도 일반 국민의 정서를 오판했다고 인식했을 경우에는 그들의 정책을 철회할 수밖에 없다. 사우디아라비아는 헤즈볼라의 행동에 '위험한 모험주의'라는 꼬리표까지 붙였다. 내가 시리아에서 만난 수니파 무슬림은 이집트와 사우디아라비아를 맹렬하게 비난했다. 이는 시리아 정권이 헤즈볼라의 깃발을 용인하고 시리아 거리에서 분노를 발산하게 용인한 것이 현명한 결정이었음을 보여 준다. 또한 미국과 이스라엘을 반대하는 여론은 아랍의 여론을 하나로 통일하는 능력을 보여 주기도 했다.

나는 후에 친구의 초대로 금요예배 기도 소리를 들을 수 있었다. 우리는 '대통령의 다리President's Bridge' 근처 버스 정류장에서 만났다. 이 도시에 산재하는 모스크들처럼 이 모스크도 미니버스를 타고 30분을 가야 했다. 만원 버스는 무심히 창밖을 바라보는 젊은 남자들이 대부분이었다. 젊은 아가씨 두 명이 청바지를 입고 요란한 플라스틱 장신구를 하고 앞자리에 앉았다. 창문은 열려 있었고, 미풍이 다마스쿠스의 열기를 도시 끝으로 날려 버리고 있었다. 20분 뒤에 도시의 변두리에 도착했다. 이 지역은 '전원지역'이라고 했다. 수십 년 전에는 오렌지 나무가 무성했을 텐데 도시가 확장되면서 오렌지 나무는 더 멀리 외곽으로 밀려났다. 한때는 시골의 오솔길이었을 길을 따라 2층 주거용 건물과 상점들이 들어서 있는 이 도시는 계획되지 않은 느낌이 들었다. 우리가 탄 버스는 다른 미니버스들을 거칠게 추월하여 마침내 모스크 앞에 도착했다.

모스크 그 자체는 특별할 것이 없었다. 콘크리트 벽돌로 지은 먼지 낀 4층짜리 건물에 첨탑이 딸려 있었다. 이맘은 1층에서 설교 중이었다. 모스크는 만원이어서 우리는 바깥에서 설교를 들으며 기다렸다. 이맘은 문어체 아랍어를 썼다. 그것이 문제였다. 내 문어체 아랍어는 정치적 토론을 할 때에는 괜찮지만 종교적 토론은 무리였다. 나는 틈틈이 설명해 달라고 타이시르를 성가시게 했다. 이맘은 기도 전에 30분간 설교를 했다. 그는 이스라엘과 미국을 무작정 광범위하게 비난하기 전에 레바논 전쟁에 대해 설명했다. 그런데 이는 그의 설교에서 아주 일부일 뿐이었다. 그는 바로 이슬람 공동체에 대한 이야기로 옮겨 갔다. 시리아 정권은 모든 이맘과 그들의 설교를 가까이서 지켜보고 있다. 그럼에도 나는 더욱 열정적인 연설을 기대했다.

예배자들은 금요예배 모임을 끝내고 천천히 건물 밖으로 무리지어 빠져나왔다. 건물 앞 작은 공간이 수백 명의 남자로 가득해지자 여름 태양의 열기는 더욱 뜨거웠다. 그러나 대다수는 열기는 아랑곳없이 상냥하게 대화를 나누고 있었다. 이는 종종 미디어에서 보여 주던 장면이 아니었다. 미국과 이스라엘에 적대적인 어떠한 행동도 없었다. 여느 때와 다름없는 평범한 하루 같은 느낌이 들었다. 다른 곳도 이와 비슷하리라고 생각하는 것은 무리일지도 모르지만, 모스크 밖의 차분한 분위기는 런던이나 뉴욕과 거의 비슷한 홍콩의 주식거래 사무소를 당황하게 만든 공황 상태와 너무나 달라서 나는 무척 놀랐다. 거대한 플라즈마 텔레비전 화면들이나 뉴스를 전하는 컴퓨터들 그리고 실시간 뉴스 메시지 전달 시설 등에도 불구하고 그 거래소들이 과연 정확한 정보를 받고 있는지 확실하지 않았다.

통화거래 사무소들이 잘못하고 있는 것은 아니다. 하지만 사람은 경험에서 더 유용한 지식을 얻는 법이다. 거래소들은 정보를 갈망하고 거래자들은 제일 좋은 뉴스를 공급받기 위해 한 달에 수천 달러를 쓴다. 그들은 통신사 수십 곳에서 헤드라인 뉴스를 받고 있다. 그러나 거래자들이 텔레비전 화면이나 컴퓨터를 통해 읽는 뉴스와 다마스쿠스에서 벌어지는 사건들이 일치하지 않는 것은 정보들이 여전히 빗나가고 있음을 암시한다. 정확하지 않은 정보를 듣고 투자하는 거래자들은 대개 손해를 본다. 틀린 정보를 듣고 투자하는 정부는 단순히 돈만 잃는 것이 아니라 더 많은 것을 잃는다. 하지만 정확하고 좋은 뉴스도 있다. 아랍 뉴스 방송국의 부상은 아랍 세계를 보고, 아랍 거리의 목소리를 생생하게 들을 수 있는 좋은 기회를 창출한 것이다. 이것은 아주 중요한 기회다.

Chapter 7

THE NEW

중국에서 떠오르는
아랍어

SILK ROAD

중국에서 떠오르는 아랍어

아랍어의 부상

통역사를 구하려고 몇 군데 연락을 취했다가 실패했을 때, 호텔 로비 안내원이 내게 마구오밍을 소개해 주었다. 당시 이우는 성수기여서 통역회사의 아랍어 통역사들도 덩달아 바빴다. 호텔이 외국 무역상들로 꽉 찼기 때문에 나는 호텔 안내원에게 도움을 청했다. 그는 하루 통역비가 500위안이라며 여러 군데 전화를 건 끝에 통역사 한 명을 내게 소개해 주었다. 우리는 함께 택시를 타고 통역사인 마를 만나러 갔다. 날씨는 몹시 추웠다. 우리 차가 길 옆에 섰을 때 마는 허연 입김을 내뿜으며 손을 재킷 주머니에 깊숙이 집어넣고 있었다. 그는 차문을 열고 재빨리 올라탔다. 내 소개를 하고 아랍어로 짧게 몇 마디 나눈 후 통역비를 물었다. "하루에 200위안($30)입니다." 그가 중국어로 답했다.

별안간 앞좌석에 정적이 감돌았다. 얼굴에 실망이 가득한 호텔 안내원은 내게 몸을 돌려 "좋은 가격이네요"라고 말했다.

사실 그는 마에게 미리 전화를 걸어 외국인이니 500위안을 받으라고 했었단다. 500위안을 둘이서 나눠 가지려는 심산이었던 것이다. 그래서 호텔 안내원이 나와 함께 택시를 타고 온 것이었다. 그런데 마는 나를 속이고 싶지 않았다고 말했다. 그는 신장 성에서 태어난 무슬림이었다. 신장은 중국 북서부의 대부분을 차지하고 있으며 실크로드의 긴 구간을 포함하고 있다. 마는 이맘 또는 이슬람 종교 지도자로 일하고 싶어서 신장에서 10년 동안 신학을 공부했다. 그는 자치구의 수도 우루무치의 전문학교에서 신학을 공부했고 이슬람 학교에서 공부를 마쳤다. 하지만 경쟁이 너무 치열해서 이맘 직을 구할 수가 없었다. 아랍어를 뛰어나게 잘하는 우수한 졸업생이었지만 1990년대 말에는 아랍어를 쓸 데가 없었다. 그런데 2004년 이후 이우에 수많은 아랍 무역상이 밀어닥치면서 모든 것이 변했다.

처음에는 마에 대해 회의적이었지만 그럴 필요가 전혀 없었다. 교육을 받은 신학도인 그의 문어체 아랍어는 훌륭했고 또 이집트와 시리아 방언도 알았다. 45세 정도로 보였으며, 누비 재킷 때문에 몸매가 더 땅딸막해 보였다. 넙데데하고 혈색 좋은 얼굴에 고집스럽게 보이는 가는테 안경을 쓰고 있었다. 마는 서쪽으로 거의 3000킬로미터나 떨어진 곳에서 태어난 무슬림이지만 이우의 다른 중국 사람과 전혀 차이가 없어 보였다. 1000만 명이나 되는 후이족은 중국 전역에 흩어져 살고 있다. 마는 뭔가를 강조할 때마다 걸음을 멈추고 내 팔을 꽉 움켜잡는 버릇이 있었다. 이것은 아랍 남자들의 습관으로 마를 다른 중국 사람과 구분할 수 있는 유일한 차이점이었다.

나는 이우에서 아랍 무역상이 좋아하는 것을 찾아내기 위해 마를 고용했다. 그 후 몇 시간 동안 우리는 아랍어로만 대화를 나누었다. 마는 그의 고객들이 가장 좋아하는 상가로 나를 안내했다. 처음 간 곳은 사우디아라비아 메카의 '카바' 신전과 코란 모양으로 장식한 금목걸이 모조품을 파는 보석상이었다. 정말이지 터무니없을 정도로 싸서 목걸이 10개 한 묶음이 20센트도 안 되는 가격에 팔리고 있었다. 나는 금년 말쯤 다마스쿠스로 가서 그곳에서 팔 만한 물건이 무언지 알아볼 요량으로 모조품 목걸이 몇 묶음을 샀다. 마에게 아랍어로 시리아 사람들이 어떤 목걸이를 좋아하는지 물었다. 보석 상인이 "저는 몰라요"라고 중국어로 답했다. 마는 "아랍 사람들은 다 똑같아요"라면서 내게 눈을 찡긋했다. 그로부터 몇 시간을 나는 그와 끝도 없이 늘어선 이슬람 장식품과 아랍풍 은제품, 플라스틱 피라미드, 스카프, 물파이프 등이 가득 찬 시장 가판대 사이를 헤집고 다니며 흥정을 했다.

영어는 세계의 언어다. 아랍과 중국 무역상은 대부분 통역사에게 맡기지 않고 영어로 이야기하는 것을 선호한다. 하지만 모두 그런 것은 아니다. 그 결과, 이우의 통역사업은 급속히 번창했다. 이우에서 활동하는 아랍어 통역사는 1000명 정도로 추산되는데 중국 후이족이 대다수를 차지한다. 일찍이 실크로드 무역상의 후예인 무슬림 소수민족은 주로 이슬람 학교에서 아랍어를 공부했다. 작은 모스크도 있지만 이맘과 이슬람 학자들을 교육시키기 위해 공식적으로 등록된 교육기관은 10군데다. 중국 이슬람연합에 의하면 1980년대 초에 중국에서 운영되는 아랍어 교육기관은 2곳에 불과했는데 지금은 학생 수 1만 명 정도인 아랍어 교육기관이 100개 이상으로 추정된다.

린샤(臨夏)는 전형적인 중국 도시다. 이우에서 비행기로 두 시간 거리에 있는 이 도시는 광활한 사막과 중앙아시아를 가로질러 길게 뻗은 산맥들이 시작되는 지점에 있다. 또한 이 도시는 실크로드와 가까워 1000년 전에는 아랍 상인들이 지나는 곳이었다. 오늘날에는 아랍어 학원 광고판이 이 도시의 중심가 여기저기 어지럽게 걸려 있다. 많지는 않지만 사원 정문에도 아랍어를 가르친다는 안내광고를 붙여 놓았다. 미래의 통역사들이 중국 해안 지방이나 수출 공장으로 떠나기 전에 아랍어를 배우는 곳이다. 이런 통역학교는 후이족이 지난 20년간 경제개혁에 어떻게 적응했는지, 그리고 시장경제에서 자신들에게 알맞은 직업을 어떻게 찾았는지를 보여 주는 예다.

후이족은 또한 아랍 세계와 중국의 관계 강화를 입증하는 근본적인 변화를 확실하게 보여 준다. 그들은 중국 정부가 만들어 낸 거대한 전략의 일부분이 아니다. 그보다는 대부분이 젊은이인 중국 무슬림 수천 명은 이를 가난에서 벗어날 수 있는 기회로 삼았다. 지난 20년간 경제개혁 덕분에 자유로워진 후이족이 그들의 종교를 일자리 창출의 기회로 활용한 것이다. 아랍 세계와 중국 사이에 무역활동이 활발해진 데 힘입어 중국은 값싼 소비상품을 쉽게 팔 수 있게 되었다. 그런데 이우를 비롯해 다른 중국 도시로 아랍 무역상들을 유치하는 데 중요한 역할을 한 것은 종교와 가난을 잘 이용한 후이족뿐이었다. 아랍 무역상들처럼 후이족도 실크로드의 비단천을 짜 맞추는 훌륭한 실올들이었다.

그러나 후이족 중국인들은 실크로드 이야기의 한 부분일 뿐이다. 중국의 다수인 한족(漢族)도 역시 아랍어를 공부하고 있다. 아랍어를 공부하는 학생 수에 대한 공식 집계는 없지만, 일자리를 찾는 사람들이 취업정보 검색 엔진에 기록한 출신 민족을 보면, 1000명이 넘는 아랍어 통역사가 있는 것으로 추산된다. 그중 3분의 1이 한족이다. 이 많은 사람이 베이징에서 공부를 하고 있다. 베이징의 외국어대학교는 특히 인기가 있다. 이 대학은 미래의 중국 외교관을 양성하는 곳이다. 아랍어과는 이슬람 사원 모양으로 디자인된 작은 건물에 있으며 건물의 녹색 돔이 주변 건물과 독특한 대조를 이룬다. 겨울철에 그곳을 방문한 적이 있는데 건물의 돔이 눈에 덮여 아랍 세계의 먼지나 열기와 비교되는 색다른 풍경이었다. 린샤의 사설 교육기관 및 우중(吳忠)의 전문대학과 마찬가지로 이곳의 외국어대학에서도 수백 명의 아랍어 통역사를 양성하고 있다.

베이징의 엘리트 언어교육원에서 공부하는 한족 중국인은 외교부나 중국 사회과학원 같은 정부기관에서 일을 하게 되는 경우가 많다. 2006년 1월 사우디아라비아 왕이 베이징을 방문했을 때 사우디 대표단은 주최국이 아랍어를 유창하게 구사하는 데 깜짝 놀랐다. 사우디아라비아의 은행가 술탄 아타르는 "교사들은 모두 그 지역 중국인들인데 아랍어가 유창했다. 속어 같은 것은 하나도 사용하지 않았다"고 회상했다. 나는 또 "베이징에서 아랍어를 구사하는 중국 관료들을 만났을 때 깜짝 놀랐으며 즐거웠다"고 이야기하는 아랍 관료들이나 기업인들을 자주 만날 수 있었다. 아랍어를 잘하는 중국인을 만나는 것은 중국 정부가 알자지라 방송을 통해 아랍 세계를 대상으로 지속적으로 벌이는 홍보전쟁의 영향일지 모른다.

실제로 알자지라 방송의 〈중국의 창〉이라는 3시간짜리 장편 다큐멘터리에서 아랍어로 인터뷰를 한 중국 관료의 수는 정말 엄청났다. 후에 아랍 뉴스 방송사는 이란과 터키에서도 이와 유사한 다큐멘터리를 제작했는데, 말하는 측면만 비교한다면 차이가 많이 났다. 알자지라 방송의 베이징 지국장은 "우리는 번역을 해야 했습니다. 이란이나 터키 정부는 중국처럼 아랍어를 구사하는 관료를 양성하지 못했습니다"라고 설명했다. 이란과 터키가 아랍에 바로 인접해 있는데도 말이다. 다른 예로 자이전이 알자지라 방송의 〈노 리미트〉 프로그램에 출현했던 일을 들 수 있다. 자이는 아랍어로 대담하며 아랍 사람들과 공감하고 있다는 사실을 실증적으로 보여 주어 그의 동료들이 베이징을 방문하는 아랍 손님들에게서 받는 것과 똑같이 긍정적인 반응을 아랍 시청자들로부터 이끌어 냈다.

중국 정부는 이미 오래전부터 대외 홍보활동에서 언어의 중요성을 인식했다. 중국 대학교에서는 1943년부터 아랍어를 가르쳤다. 1960년대 초부터 중국 공산당은 다마스쿠스를 비롯한 아랍 국가의 수도에 언어 연수생들을 파견했다. 현재 펜실베이니아 대학교 아랍어 교수인 무함마드 마무리 박사는 1980년대 초에 베이징을 방문했다. 당시 그는 많은 중국학자와 관료들은 만났는데 대부분이 아랍어를 구사했다고 말했다. 중국 정부는 오랫동안 언어교육에 우선순위를 두었다. 2001년 9월에 일어난 사건의 결과물로 아랍어를 구사하는 관료의 수가 늘어난 것이 아니라 아랍 국가들과 관계를 수립하려는 중국 정부의 노력이 맺은 결실인 것이다.

아랍 세계와 중국의 관계는 피상적으로 단순하게 볼 것이 아니다. 아랍 세계는 중국의 저가 소비재가 절실하게 필요하고, 반면 중국은 아랍 세계의 원유를 갈망한다. 하지만 양측의 관계는 더 광범위한 바탕 위에 구축되었다. 앞 장에서는 미디어의 중요성에 대해 논의했다. 그리고 이 장에서는 언어의 중요성에 초점을 맞춘다. 중국에서 아랍어를 구사하는 사람이 늘고 있다는 사실을 아는 사람은 별로 없다. 많은 아랍인과 중국인이 계속 영어로 대화를 할 것은 분명하다. 그러나 이우의 아랍어 통역사들같이 평범한 사람들의 노력으로 아랍과 중국이 서로 단단히 이어지고 있다. 다른 한편으로는 아랍어를 구사하는 베이징의 중국 관료들도 아랍 세계와 가교를 건설하려는 중국 정부의 신중한 전략의 일환이다. 언어는 관계를 만들어 나가는 데 보이지 않는 중요한 수단이다.

서구, 특히 영어권 국가는 얼마나 다른가. 2001년의 사건과 그 뒤를 이은 이라크 침공으로 아랍어를 구사하는 관료가 부족하다는 사실이 드러났다. 만약 서구 국가들이 중국 정부처럼 아랍어를 구사하는 관료들을 적극적으로 활용했다면 그런 일은 분명 일어나지 않았을 것이다.

압데라힘 푸카라는 알자지라 방송의 워싱턴 지국장이다. 모로코 출신인 푸카라는 영국에서 박사학위를 받았으며 경쾌한 악센트의 영어를 구사한다. 어느 날 밤 그와 통화를 했다. 나는 알자지라 방송과 아랍어로 정례적인 인터뷰를 한 미국 관료의 수를 물었다. 그는 "한 명도 없다"고 대답했다. 나는 도저히 믿을 수가 없었다. 미국은 아랍 세계에서 중요한 전략적 도전에 직면해 있다. 미국이 이라크 하나를 점령하는 데도 여러 해가 걸렸다. 그런데 알자지라 방송과 아랍어로 정례적인 인터뷰를 할 수 있는 관료가 한 명도 없다는 것이다. 내가 〈중국의 창〉을 시청한 지 얼마 되지 않았기에 아랍어를 구사하는 수많은 중국 관료와 미국의 상황은 극명하게 대조되었다.

푸카라는 "한 사람이 있었습니다"라며 기억을 떠올렸다. 그의 이름은 알베르토 페르난데스였다. 나는 페르난데스의 인터뷰가 다른 점이 있었는지 물었다. 푸카라는 "그렇다"고 대답했다. "효과가 매우 강렬했어요. 아랍어를 잘했을 뿐 아니라 미묘한 문화적 차이점도 날카롭게 지적했습니다. 그래서 아랍 청중에게 한층 가깝게 다가갈 수 있었습니다." 페르난데스는 미국 국무부 근동지역 담당국장이었다. 아랍어를 노련하게 구사하던 이 사람은 이집트, 이라크, 요르단, 쿠웨이트, 시리아, 아랍에미리트 등지에서 수년간 살았으며 아랍어로 수십 번 인터뷰를 했다. 중국 외교부의 자이전처럼 페르난데스도 알자지라 방송에 출연하기 위해 사전준비를 철저히 했다. 몇 마디 농담을 준비하거나 아랍 사람처럼 화를 내는 연습을 했다.

그런데 2006년 페르난데스는 엄청난 여론의 비난에 휩싸였다. 그는 알자지라 방송에서 다음과 같은 말을 했다.

"미국이 이라크에서 어떤 기록을 남겼는지는 역사가 결정할 것입니다. 하느님의 의지로 우리는 최선을 다했습니다. 그러나 나는 가혹한 비판의 여지도 있다고 생각합니다. 미국은 이라크에 오만했고 어리석은 짓을 저질렀습니다."

국무부는 페르난데스의 말이 와전되었다고 주장했지만, BBC 모니터링 서비스는 후에 그가 오만과 어리석음이라는 단어를 사용했다는 사실을 확인했다. 그것은 불운한 사건이었다. 페르난데스가 알카에다를 동정하고 있다는 비난이 쏟아졌다. 그를 지지하는 사람들은 그가 단지 청중에게 더욱 가까이 다가가기 위해 그랬을 뿐이라고 주장했다. 그의 동료들에 의하면, 페르난데스는 처음에는 국무부 고위 관리들의 도움을 받아 꽤 여러 달 직책을 유지했다. 그러나 결국 자리를 지키지 못하고 2007년 6월에 수단 공사로 발령을 받았다. 아랍에 반미 여론이 급증하고 있을 때 페르난데스는 오히려 밀려난 것이다. 자이전이 아랍 뉴스방송에 출연했을 때 중국 정부는 미국 정부가 했던 것처럼 그렇게 철저히 검토하지는 않았을 것이다. 대신 2008년에는 자이가 승진할 것이라는 소문이 무성했다.

페르난데스 사건은 아랍어를 구사하는 다른 미국 관료들에게 부정적인 영향을 주었다. '메시지에만 충실해라. 실수하면 경력에 치명적이다.' 페르난데스를 대신할 만한 사람이 별로 없어서 적의를 가진 기자들과 인터뷰를 할 때에는 사실을 제대로 설명하기가 힘들었다. 현재 국무부는 아랍 세계에 근무하는 모든 외교관을 위해 일일 브리핑 자료를 제공하고 있다. 이 자료는 외교관들이 메시지 내용에 충실할 수 있도록 돕는다. 그런데 문제는 바로 거기에 있다. 세계가 점점 좁아져서 지나치게 의도적인 메시지는 리야드에 있는 아랍인 청중이 아니라 대서양에 있는 미국인 청중을 위한 것이 되기 때문이다. 그래서 미국의 메시지는 아랍인들에게 미국에 대한 편향을 강요하는 경향을 띤다.

더 근원적인 문제점도 있다. 쉽게 말해 아랍어를 유창하게 구사하는 서구 외교관이 많지 않다는 점이다. 중국에서 나타나는 사회 밑바닥의 변화와 정부 전략의 조화가 서구에서는 즉각적으로 드러나지 않는다. 이 문제점은 특히 미국 정부에 심각하다. 미국 연방회계감사원의 제시 포드는 2006년 8월 상원 외교위원회에 아랍 전문가 부족 현상에 대해 보고했다. 미국 감사원은 중동 지역에서 언어능력을 필요로 하는 직책 중 37%가 필요한 언어능력을 갖추지 못했다고 지적했다. 그런 걱정을 그가 처음으로 한 것은 아니다. 전 국무장관 제임스 베이커와 전 미국 국회의원이자 이라크 정세평가를 책임진 리 해밀턴이 이끄는 이라크 연구 그룹 10인위원회는 다음과 같이 보고했다.

'이라크에서 군사·민간 차원에서 기울인 우리의 노력은 미국인의 언어능력 부족과 문화에 대한 이해 부족으로 불리한 상황에 처해 있다. 우리 대사관 직원 1000명 중 아랍어를 하는 사람은 33명이며 그중 유창한 사람은 6명밖에 안 된다. 이라크인들과 효율적으로 충분하게 의사소통을 해야 하는 분쟁에서 우리는 자주 불리한 상황에 처한다. 아랍어를 유창하게 할 수 있는 군 장교나 민간 관리가 너무 부족하여 미국은 이라 크에서 임무를 성공적으로 수행하지 못하고 있다.'

나쁜 소식만 있는 것은 아니다. 아랍어를 공부하는 서구인의 수가 늘고 있다. 미국언어학회는 학생 수가 2002년 1만 584명에서 2006년 2만 3974명으로 증가했다고 발표했다. 미국 정부는 국가안보언어정책을 통해 아랍어 교육에 상당한 노력을 기울이고 있다. 이 계획은 학교에 외국어 프로그램을 구축하고 외국어를 가르치는 교사를 더 많이 채용하기 위해 예산을 할당하는 것이다. 또 해외에서 외국어 공부를 희망하는 학생들을 지원하는 예산도 할당했다. 이 계획의 성공을 속단하는 것은 시기상조이지만, 아랍어를 공부하는 학생의 수는 확실히 증가했다.

이와 비슷한 뉴스를 카이로 아메리칸 대학의 아랍어 연수원장인 자이납 타하 박사에게서 들었다. 아메리칸 대학 건물은 1900년대 초에 건설되었다. 현재 이 대학은 '해방의 광장'에 있지만 그곳의 혼잡한 교통 상황과는 전혀 다른 광경을 보인다. 대학 건물 내부는 흰색으로 칠한 담과 갈색 목재 패널로 조용한 오아시스와 같다. 이 연수원은 아랍어를 공부하는 사람들에게 가장 인기가 있는 곳이다. 지난 5년간 아랍어 연수 지원자는 3배 증가했다. 타하 박사는 "지원자가 너무 많습니다. 우리는 지원자를 다 받아들일 수 없습니다."라고 말했다. 그녀는 카이로 아메리칸 대학에서 아랍어를 공부하는 외국인 학생 수가 700명 정도로 5년 전에 비해 두 배 정도 증가한 것으로 추산했다. 카이로의 다른 언어 연수원의 학생 수도 500명 정도는 될 것이다. 몇 년 전과 비교하면 놀랄 만한 증가다.

타하 박사는 "취업 전에 언어능력을 키우려는 대학원생이 대부분이지만 아랍어 수강을 신청한 학부생의 수도 급격히 늘었습니다"라고 말했다. 가장 크게 증가한 것은 1년간 해외 언어연수 프로그램 지원자들이다. 이 정도까지 될 줄은 예상하지 못했다. 미국 학부생들은 경력을 쌓기 위해 베이징에서 12개월 동안 중국어를 배우는 것이 일반적이다. 타하 박사의 말이 맞다면 미국 학부생들은 경력을 쌓는다는 이유로 카이로를 찾을 것이다. 이는 정말이지 괄목할 만한 변화다. 미국 고용주들이 중국어를 할 줄 아는 졸업생을 구하는 것과 같은 방법으로 아랍어를 할 줄 아는 졸업생을 찾는다는 것을 의미하기 때문이다. 시장의 힘이 작용해서 아랍 전문가 수요가 증가함에 따라 아랍 전문가들이 공급되고 있다.

다마스쿠스에서 언어 전문대학을 운영하는 무함마드 이스칸다르라는 친구에게서도 비슷한 이야기를 들었다. 무함마드도 학생 수가 급격히 증가하는 것을 주시하며 학생들이 바라는 바가 달라진 것도 알았다. "지금 미국 학생들은 특정 지역 방언을 배우려고 합니다. 시리아나 팔레스타인 방언을 가르쳐 달라고도 하는데 이는 전에는 없던 일입니다. 유럽 사람들은 아직도 극히 일부 방언 수업과 함께 문어체 아랍어를 배우려고 합니다." 이와 같은 변화에도 이유가 있다. 9·11 사태와 이라크 전쟁 이후 아랍 전문가에 대한 재정지원이 늘어났다. 그리고 많은 학생이 국무부나 안보 분야에서 일을 하기 바란다. 다시 말해 아랍 전문가들의 공급은 수요의 증가에 따라 반영된다.

그런데 그 정도로 충분한지 모르겠다. 미국 국무부는 아랍어를 가장 배우기 어려운 언어로 분류하였다. 아랍어 구사자는 언어능력에 따라 최하위 1등급에서 최고 5등급까지 5단계로 나뉜다. 5등급은 아랍어가 모국어인 사람에게 해당된다. 3등급과 4등급 사이에는 아주 중요한 차이가 있다. 3등급은 1 대 1 대화는 가능하지만, 식당 같은 곳에서 여러 사람과 집단적으로 열띤 토론을 하기는 힘든 실력이다. 원칙적으로 미국 국무부는 4등급 아랍어 구사자가 많기를 바란다. 4등급은 알자지라 방송의 카메라 앞에 서서 아랍인 가정을 상대로 미국의 정책을 설명할 수 있는 수준을 말한다. 2004년도 미 국무부에는 3등급 직원이 정확히 200명 있었으며 4등급 직원은 27명뿐이었다. 2007년 바그다드 주재 미국 대사관에는 3등급 혹은 그 이상의 실력을 갖춘 직원이 10명뿐이며 이런 현실을 개선하는 데는 많은 시간이 필요하다. 아랍어를 공부하는 학생의 수가 증가하긴 하지만 4등급 아랍어 구사자는 여전히 부족한 상황이다.

해결해야 할 과제도 많다. 첫째 미국 관료들은 아랍 세계에서 연장 근무하는 것을 꺼린다. 2006년 5월 미국 감사원 보고에 의하면 외교관의 평균 해외근무 기간은 2.7년이지만, 무슬림 국가에서는 2.1년이다. 더욱이 치안이 불안한 국가에서는 채 1년도 되지 않는다. 그리 놀랄 일이 아니다. 무슬림 20개국 중 치안 위험이 있는 국가는 15개국이나 된다. 치안 위험국으로 분류된 이라크 같은 곳으로 가는 관료에게는 가족 동반을 허용하지 않는다. 그러니 누가 가족과 1년 이상 떨어져 살고 싶겠는가? 문제는 3등급자가 4등급으로 아랍어 실력이 향상되려면 1년 이상이 필요하다는 점이다. 실제로 미국 감사원은 '단기간 주재 근무는 언어능력을 향상시키지 못하며 관료들이 대인관계를 구축하는 능력에 한계가 있다'고 지적했다.

둘째, 누가 진심으로 4등급 아랍어 구사자가 되고 싶어 하겠는가? 지난 10년간의 사건을 토대로 판단하면 이라크 같은 전쟁지역은 업무 경력을 쌓기 위해 연장 근무를 맡을 가능성이 높다. 모두에게 그런 것이 아니라 어떤 사람에게는 매력적인 조건이 될 수도 있다. 2007년 11월

콘돌리자 라이스 미국 국무장관은 아랍 근무 지원자가 부족하면 강제로 보내겠다고 위협적으로 말했다. 당연히 아랍어 구사자들은 미국 국무부 명단 맨 위에 있었다. 이 명단에 오르는 것을 피한 4등급 능력을 가진 사람이 얼마나 많을까? 적대적인 환경에서 작전을 수행하는 것 또한 어려운 일이다. 2007년 6월 퓨의 조사에 의하면 이집트, 요르단, 모로코, 팔레스타인인의 20%만이 미국에 대해 긍정적인 감정을 가졌다. 수년간 이 지역에 거주하는 관료에게는, 미국의 정책을 옹호하는 일이 그리 달가운 일이 아니다.

'푸스하', 실크로드의 토대가 되다

물론 아랍어만 '가장 배우기 어려운' 언어로 분류되는 것은 아니다. 미 국무부는 중국어도 '가장 배우기 어려운' 언어로 분류했으며 이외에 한국어와 일본어도 추가했다. 그렇다면 중국어 구사자 부족 현상도 일어나야 한다. 그런데 그렇지가 않다. 나는 1990년대 초 요르단에서 처음으로 아랍어를 공부했으며 후에 시리아와 레바논에서도 계속 아랍어를 공부했다. 그리고 거의 10년이 지나서 늦게 중국어를 배웠다. 그 후 나는 중국어를 유창하게 구사하는 외국인을 수십 명 만났지만 아랍어를 유창하게 구사하는 사람은 손에 꼽을 정도였다. 왜 그럴까? 첫째, 많은 외국인, 특히 여성은 중국에 살면서 중국어를 배우기가 아주 쉽다. 둘째, 최근 중국의 급성장은 더 많은 일자리를 창출했다. 그런데 내면을 면밀히 조사한 결과 아주 흥미롭고 확실한 이유를 찾아냈다. 시리아의 수도 다마스쿠스에서 만난 중국 학생 4명이 처음으로 그 이유를 내게 설명해 주었다.

아부 누르 연수원은 아시아와 아프리카의 외국인 신학생을 위한 교육기관으로 유명한데 그곳에 학생 4명이 재학했다. 다마스쿠스 교외의 부촌인 하므라를 걷다가 포장하지 않은 작은 장난감을 길가에 펼쳐 놓은 학생들과 마주쳤다. 학생들은 여름방학 동안 학비를 벌고 있었고 친척들이 매달 한 번씩 새로운 물건을 보내준다고 했다. 내 소개를 하자 학생들은 중국어를 할 줄 아는 외국인을 시리아에서 만난 것이 너무나 놀랍다며, 집으로 초대해 식사를 대접했다. 학생들은 살리히야의 구시가지에 살고 있었다. 살리히야는 경치가 아름다운 곳으로 카시운 산의 나지막한 산비탈을 따라 좁은 골목이 미로처럼 얽혀 있었다. 아랍인들은 11세기 십자군의 예루살렘 대학살을 피해 살리히야에 정착했다. 위험할 정도로 경사가 가팔랐으며 그만큼 집세도 쌌다.

다음 날 학생들 집을 찾아갔다가 집 정문 앞에서 리를 만났다. 그는 무더워서 그런지 반바지 차림에 꽃무늬가 그려진 비닐 앞치마를 입고 있었다. 차림새는 이상했지만 리의 음식 솜씨는 일품이었다. 그가 만든 단단국수(妲妲面)와 어향돈육(생선소스를 곁들인 돼지고기 요리)을 기다리면서 다른 학생 3명과 이야기를 나누었다. 우리는 줄곧 내 홍콩 휴대전화로 중국 팝송을 들었다. 리, 유, 롱이라는 세 학생은 네이멍구(內蒙古) 북부지방 출신이었다. 그리고 넷째 수는 중국 중부 헤난(河南) 성 출신이었다. 그들은 고향에 돌아갈 수 없었다고 했다. "시리아 비자 받기가 어려워요. 나는 방콕에서 비자 신청을 할 수밖에 없었어요. 시리아 대사관 바로 옆에서 식당을 하는 친구가 있는데, 그 친구가 시리아 대사관 직원을 알고 지내서 비자 신청을 도와주었어요"라고 리가 설명했다. 하지만 학생들은 귀국하지 못했다. 학생들은 "중국 사람들은 하나같이 돈을 최고로 여겨요(배금주의)"라며 불만을 터뜨렸다.

처음에는 아랍어와 중국어를 섞어 이야기했지만 학생들의 아랍어 실력이 너무 빈약해서 결국 중국어로 이야기를 나누었다. 학생들에게 공부는 어떻게 하는지 물었다. 리는 넌더리가 난다는 듯 주먹으로 탁자를 치며 "처음엔 격식체 아랍어를 배웠어요. 길거리에서도 격식체로 말해야 한다고 했거든요. 그런데 별 쓸모가 없었어요. 그래서 구어체 아랍어 방언 공부를 시작했어요. 그런데 너무 어려워요. 같은 말인데도 방법이 너무나 많더라고요"라고 말했다. 그의 말에도 일리는 있다. 격식체 아랍어와 많은 변형을 가진 구어체 아랍어의 차이를 알아내는 것은 학생들에게 어려운 과제다. 아랍 사회에서 완전한 언어능력을 갖추려면 격식체와 비격식체 아랍어를 다 배워야 한다. 반드시 그렇게 해야 한다. 그런데 대부분 단일 언어종인 전형적 격식체 아랍어만 배운다.

격식체 아랍어란 무엇인가? 격식체 아랍어는 공식석상에서 사용하는 언어다. 예를 들어 집에서는 방언을 즐겨 사용하는 알자지라 방송의 앵커도 방송에서는 격식체 아랍어를 사용한다. 무엇이 다른가? 아랍어는 이슬람을 전하는 수단이자 코란의 언어다. 즉 아랍어는 예언자의 이야기와 말씀을 전하는 언어다. 이집트인이냐, 이란인이냐, 미국인이냐 상관없이 무슬림이라면 누구나 아랍어를 기능적으로 읽고 쓸 수 있어야 한다. 간신히 코란을 읽을 정도밖에 안 되는 실력이라도 말이다. 아랍어는 코란을 만들었으며 코란은 사실상 궁극적인 아랍어 문법책이다. 코란은 아랍어의 언어 규칙을 정한다. 무슬림 학자들은 아랍어의 변화에 의외로 관대하다. 결론적으로 격식체 아랍어인 '푸스하'는 집과 거리에서 사용하는 구어체 아랍어와 근본적으로 다르다.

영어 교수 네일 파킨슨의 일화는 이런 문제를 잘 설명해 준다. 파킨슨 교수는 격식체 아랍어 푸스하를 사용해야 한다고 열정적으로 주장하

는 이집트 친구 얘기를 해줬다. 그 친구는 푸스하를 유창하게 해야 한다
며 집안에서도 가족끼리 푸스하만 사용하기로 했단다. 어느 날 파킨슨
교수는 이집트 친구, 그리고 친구의 딸과 만원 버스를 탔는데 붐비는 승
객 때문에 아버지와 딸이 조금 떨어져 서 있었다. 그래서 아버지와 딸은
가까이 가려고 푸스하로 크게 서로를 불렀는데 그때 버스 안이 웃음바
다가 되었다고 했다. 비공식적인 상황에서 격식체 아랍어를 듣는 것이
승객들에게는 생소했던 것이다. 이것이 아랍어의 딜레마다. 격식체 아
랍어 푸스하는 알자지라 방송의 앵커나 무슬림 학자들이 사용하는 언어
이기는 하지만 일상의 대화에서 사용하는 언어는 아닌 것이다.

이런 이유로 푸스하는 황혼의 세계에 존재한다. 아랍인들은 푸스하
를 진정한 아랍어라고 생각하면서도 일반적으로는 쓰지 않는다. 대신
이라크, 모로코, 시리아의 구어체 방언을 사용한다. 타하 박사는 "구어
체 방언을 언어라고 생각하지 않는 아랍인이 많다"고 말한다. 이것은
영어를 사용하는 사람들이 셰익스피어의 언어, 즉 16세기 중세 영국의
언어를 진정한 영어라고 말하는 것과 같다. 그들은 분명 집이나 거리에
서 영국 영어, 미국 영어, 호주 영어를 사용하지만 공식석상에서는 셰익
스피어의 영어를 사용할 것이다. 그런 이유로 3억 인구의 아랍인들은
매일 구어체 아랍어 방언을 사용하면서도 대부분 구어체 아랍어를 진정
한 아랍어로 인정하지 않는다.

격식체 아랍어 푸스하는 '실크로드'를 이루는 중요한 토대다. 변화
에 대한 아랍어의 저항은 세계 이슬람 공동체의 유대관계를 강화시켰
다. 푸스하는 국적과 관계없이 무슬림이 공유한 경험의 한 부분이다. 아
랍어 푸스하는 다마스쿠스의 시리아 노점상 파디와 이우의 중국인 통역
사 마가 공유한 고전적 유산이기도 하다. 또 더욱 세계화되는 세계에 존

재하는 강력한 응집력이다. 아시아, 중동, 동아프리카의 이슬람 공동체들은 1000년 전에 세워졌던 무역관계를 다시 복원하고 있다. 아랍 투자자들도 '이슬람 회랑'을 따라 투자한다. 또한 푸스하를 할 줄 아는 사람이 넘쳐나는 나라는 사원이나 할랄 푸드처럼 이슬람 투자자들을 끌어들이는 모든 요건을 갖추었다. 푸스하는 구세계의 도구이지만 신세계에서도 활용할 수 있는 도구다.

후이족 중국인들은 이러한 연관성을 증명한다. 후이족은 절대다수인 한족에 동화되지 않으려고 끊임없이 저항해 왔다. 명(明) 나라의 중국화 정책에 직면해서도 완강하게 저항했다. 후이족은 예배할 수 있고 아랍어를 공부할 수 있는 사원을 걸어서 갈 수 있는 거리에 거주하는 경향이 있다. 중국 역사가들은 그런 경향을 후이족의 탄력성으로 생각한다. 이를, 크게 분산하고 작은 것에 집중한다는 의미에서 '대분산 소집중(大分散小集中)'이라고도 한다. 분산되지만 초점을 유지하였기 때문에 후이족은 수세기 동안의 지배압박에도 민족의 정체성을 보존할 수 있었다. 후이족은 같은 이유로 오늘날까지도 중국 전역에 있는 소규모 이슬람 학교에서 아랍어 공부를 계속하고 있으며 아랍 무역상들을 맞이할 이슬람 공동체를 남겨 두었다.

중국 정부는 푸스하의 힘을 인정했다. 중국 정부는 후이족과 한족이 아랍어를 공부하는 것을 용인하였으며 이를 장려했다. 중국 정부 부처와 연구기관은 아랍어를 구사하는 대학졸업자를 적극 고용했다. 서구도 중국처럼 아랍 세계의 응집력인 푸스하의 중요성을 인정하기 시작했다. 또 많은 서구 관료가 자국의 여론을 의식하지 않고 아랍 미디어 앞에서 푸스하로 이야기하게 했다. 아랍어 구사자의 수요가 증가하자 서구 학생들, 특히 미국 학생들에게 아랍어를 가르치기 시작했다. 그러나 아랍어 교육 장려만으로는 충분하지 않다. 새롭게 부상하는, 숙련된 아랍어를 구사하는 인력이 아랍 세계에서 근무기간을 연장하여 거주하면서 아랍 문화에 동질감을 느끼며 일반 아랍 가정과 유대관계를 구축하려고 노력해야 한다.

아랍어를 이용해 아랍 세계에 접근하려는 중국

무함마드 마무리는 1980년대 초 투니스 대학에 재직할 때 아프리카 최초로 중국어 학위 프로그램을 개발했다. 훗날 그는 중국 관료의 초청으로 베이징을 방문했다. 당시 중국은 경제개혁 초기로 문화혁명이 끝나고 마오(毛) 주석이 사망한 지 얼마 되지 않은 때였다. 마무리는 몇 달 동안 중국 각지를 여행했다. 그가 중국에 관심을 갖기 시작한 것은 런던에서 공부하던 학생 때였다. "중국 식당에 앉아 있었는데 중국인 웨이터 두 명이 종이에 글을 써서 서로 의사소통을 하고 있었습니다. 이유를 알아 봤더니 두 사람이 서로 다른 방언을 사용하기 때문이었습니다." 이는 불과 30년 전 일이다. 오늘날 중국 웨이터들은 보통화를 사용해 의사소통을 한다. 이 점이 부상하는 아랍 세계와 부상하는 중국을 구별할 수 있는 언어적 차이점이다.

아랍어 푸스하와 중국어 보통화는 가정이나 직장, 거리에서 폭넓게 사용된다. 그러나 1900년대에 중국도 아랍 세계와 같은 난관에 직면했다. 무엇이 달라졌는가? 중국 정부는 수십 년간 공격적인 언어개혁 정책을 펼쳤다. 오늘날 대부분의 중국인은 지역 방언뿐 아니라 보통화로도 의사소통을 할 수 있다. 다마스쿠스에서 만난 중국인 학생 4명도 예외는 아니었다. 학생들은 자기 지역 방언을 사용했지만 함께 이야기할 때는 의사소통을 위해 보통화를 사용했다. 전혀 부자연스럽지 않았다. 이것은 언어를 배우는 외국인 학생에게는 희소식이다. 지역 방언은 잊어라. 보통화만 할 수 있으면 충분하다. 그렇다면 언어개혁이 가능했던 중국과 달리 아랍 세계에서는 왜 그렇게 되지 못했는가? 종교의 영향력 때문이라는 어렵지 않은 답이 나온다. 그런데 중국 공산당은 중국어를 영구히 바꾸어 놓았다.

1912년에 청나라의 마지막 황제가 퇴위했다. 황제를 폐위시킨 중국 민족주의자들은 제국주의에서 비롯된 심각한 차별제도를 청산하려고 노력했다. 그들은 제국의 제도가 대중과 교육받은 상류 계급을 차별했다는 신념에서 격식어를 청산 목표로 삼았다. 교육받은 상류 계급에만 언어를 배울 돈과 시간이 있었다. 그래서 중국 민족주의자들은 중국 북부 지역의 거리에서 주로 많이 사용되는 언어를 새로운 격식어로 사용하게 했다. 그것은 실로 기념비적인 일이었다. 붓질 한 번으로 어마어마한 인구에게 혜택을 준 것이다. 중국 북부 지방만 벗어나도 격식어와 구어체 방언 사이에 차이가 있었다. 그런데 후에 보통화라는 이름이 붙은 새로운 형태의 이 격식어는 아주 배우기 쉬웠다. 당시 민족주의자들은 그 점을 알아채지 못했지만, 자신도 모르는 사이에 공산당의 부흥을 도왔다. 중국 공산당은 혜택을 받은 대중으로부터 지지를 끌어 내 1949년에 중국을 장악했다.

중국 공산당은 권력을 강화하기 위해 언어개혁의 속도를 높였다. 언어개혁은 농촌 지역을 주요 목표로 삼았다. 농촌 인구는 중국 공산당의 중요한 기반이었지만 지역 방언을 주로 사용하며 문맹으로 고통받고 있었다. 마오쩌둥 주석은 이 문제를 인식했다. 마오 주석은 후난(湖南) 성에서 태어났으며 그의 정치경력도 이곳에서 시작됐다. 후난은 상대적이

긴 하지만 여전히 가난하다. 1949년 마오 주석은 "언어는 인민과 가까워져야 한다. 우리는 인민이 문화혁명의 무궁무진하고 풍부한 자원임을 깨달아야 한다"라는 유명한 연설을 했다. 과거 황국이 복잡한 구실을 내세웠던 것처럼 공산당 노동자들은 보통화를 내세웠다. 실제로 중화인민공화국 수립 열흘 만에 공산당은 베이징에 언어개혁을 위한 국가기구를 설립했다.

중국의 언어개혁 기구는 심각한 도전에 직면했다. 첫째는 중국 문어체의 복잡성이었다. 공산당원들은 중국 성인 문맹자가 기본 한자 2000개를 배우는 데 보통 5년이 걸린다고 주장했다. 그런데 베트남에서는 그렇지가 않았다. 베트남 성인은 문어체를 100시간만 배우면 대중문학 작품을 읽을 수 있었다. 베트남 문어체는 한때 중국어 한자를 사용했지만 지금은 알파벳으로 전환했다. 문맹인 인민들이 읽을 수 없다면 홍보물 제작이 무슨 소용이겠는가? 그래서 중국 교육부는 1950년대 초에 가장 많이 사용되는 한자 1500개를 간소하게 정리한 한자표(간체자)를 소개했다. 회의에 참석한 어느 인민군 대표는 군사학교의 사관후보생들이 500개의 간체자를 배우는 데 걸린 시간이 번체자로 배울 때의 3분의 2밖에 안 된다고 말했다. 실로 놀라운 변화였다.

간체자는 단지 문어체가 아니었다. 정부의 정치운동에 대한 지지세력을 동원하려는 공산당원들에게도 구어체는 역시 문제였다. 각 가정과 노동현장을 방문한 공산당원들은 지역 방언으로는 의사소통을 하기 힘들다고 불만을 토로했다. 중국 공산당은 이미 중국 북부에서 사용되는 방언을 국가 표준어로 지정했지만 표준어 사용을 효과적으로 장려할 수 있는 돈이 없었다. 중국 공산당은 표준어 사용을 효과적으로 장려하지는 못했지만 학교와 공문서에서는 표준어를 사용하게 했는데 이것이 효과가 있었다. 2004년에 14만 명을 대상으로 한 조사통계에서는 중국인의 53%가 보통화를 구사할 수 있었다. 특히 제대로 교육받은 젊은 층을 중심으로 보통화의 사용이 증가했다. 보통화 사용 비율은 60~69세의 인민은 31%인 반면, 15~29세의 젊은 층에서는 상당히 높게 나타나 70%에 달했다.

중국의 급속한 성장이 값싼 노동력과 낮은 위안화 가치 덕분이라는 것은 쉽게 알 수 있다. 언어개혁이란 무엇인가? 아이러니하게도 중국 공산당은 오늘날의 시장경제를 위한 중요한 토대를 마련하였다. 마구오밍은 신장 지구의 고향에서 수천 마일이나 떨어진 이우에서 이 지역 현지 주민과 보통화로 의사소통하며 아랍어 통역사로 일한다. 언어개혁은 중국 모델의 중요한 구성요인이다. 언어개혁으로 미국 노동인구의 3배에 달하는 4억의 중국 근로자들이 일자리를 찾아 중국 전역을 헤집고 다니게 되었다. 아직도 노동이동이 제한되어 유동적이지 못한 유럽연합도 부러워할 만한 변화다. 또한 두 자릿수의 중국 경제성장을 이루게 한 버팀목도 중국 노동시장의 놀라운 유연성이다.

아랍 세계에서 중국이 성공을 거둔 것도 노동시장의 유연성 덕분이다. 유럽연합보다 더 큰 국가의 전역에서 능력 있는 관료들을 선별하여 베이징이나 아랍 국가 수도에 배치할 수 있는 능력은 중국의 중요한 경쟁력이다. 이와 마찬가지로 이우 주민의 사업수완과 후이족 출신 통역사들의 언어능력을 결합시키는 능력 역시 중국의 중요한 경쟁력이라 할 수 있다. 역사적으로 한때 강성했던 두 힘(아랍 세계와 중국)의 부상을 우리가 살펴보면 두 세력 간의 결정적 차이가 언어에 있음을 알 수 있다. 중국, 정확하게 말해 중국 공산당은 내부통합을 선택하여 이 대국을 결속하는 수단으로 언어를 사용했다. 하지만 이와는 대조적으로 아랍 세계는 외부통합을 선택하여 거대한 이슬람 공동체를 결속하는 수단으로 언어를 사용했다.

중국 정부는 중국의 성공사례를 외부로 전파하고자 했다. 중국은 더 많은 아랍인들이 중국어를 사용하도록 권장했다. 카이로의 중국경제사무국에 근무하는 라다를 예로 들어 살펴보자. 그녀는 중국 정부와 이집트 정부의 장학금으로 베이징에서 1년간 중국어를 배웠다. 그렇지만 이것은 시작에 불과했다. 라다는 "아직까지는 저 같은 사람이 많지 않아요"라고 말했다. 아랍 사람은 대부분 영어로 이야기하거나 중국에 체류하는 동안은 통역사를 고용한다. 아랍 세계에는 1940년대에 학교를 설립한 이래 6만 명의 졸업생을 배출한 베이징 외국어대학교와 견줄 만한 교육기관이 없다. 베이징 외국어대학교는 중국 정부가 외국어를 선택한 중요성을 보여 주는 상징이다.

중동 지역의 중국어학교는 몇 개 되지 않았다. 팡즈행이 전형적인 예다. 그는 다마스쿠스의 유일한 중국어학원 교사다. 이 어학원은 중국 대사관의 지원을 받고 있지만, 2007년 초까지 학생 수는 수십 명밖에 되지 않았다. 팡은 중북부 산시(山西) 성에서 태어났다. 새삼 놀랄 일도 아니지만 그는 후이족 출신이다. 중국 대사관은 아부누르 연수원에 재학 중이던 팡을 중국어 교사로 채용하기로 결정했다. 학교의 발전상에 대해 물어 보았다. 팡은 "아직은 진척이 느리죠. 대다수 시리아인들은 아직도 영어를 배우고 싶어 합니다. 그래도 우리는 점진적으로 더 많은 학생을 유치하려 합니다. 특히 부유층 가정이나 이미 중국과 무역을 하고 있는 집안 출신 학생들을 말입니다"라고 대답했다.

중국 정부는 최근에 카이로와 레바논에서 '공자 아카데미'라는 중국어학과를 지원하고 있다. 출발이 아주 좋다. 아랍 무역상들이 이우의 통역사를 더 이상 필요로 하지 않을 때가 언젠가는 올 것이다. 그런데 그때가 오면 아랍 세계는 다양한 언어를 사용하던 서구와 비슷한 경험을 하게 될 것이다. 아무튼 현재는 다행히도 아랍어를 구사하는 후이족 통역사와 한족 관료들이 도와준다. 아랍 세계는 이슬람 공동체와 푸스하 문어체 아랍어를 사용하여 형성된 유대관계를 유지할 것으로 보인다. 이는 중국 정부가 전략적으로 아랍 세계에 접근했던 방법과는 대조적이다.

점점 더 중요해지는 아랍어와 중국어

영어의 성공은 처음에 대영제국의 힘에 의존했으며 최근에는 미국의 문화적 · 경제적 우월성에 영향을 받고 있다. 그런데 시대가 바뀌고 있다. 동양의 부상은 영어권에 대한 도전으로 나타났다. 아랍 세계와 중국 전역에서 온 학생들이 영어를 배우고 있는 것은 분명하지만 최근의 사태가 보여 주는 것처럼 영어 구사만으로는 충분하지 않아서 군사 정보분석관들은 아랍어를 공부하고 투자은행가들은 중국어를 공부한다. 고무적인 현상은 아랍어와 중국어를 공부하는 서구 학생의 수가 증가하는 점이다. 이제 아랍 세계와 중국이 자신들의 언어를 중요하게 생각하고 있다는 사실은 이 역사의 양대 세력이 상호관계에서는 물론이거니와 세계와 어떤 식으로 관계를 맺어 나갈지를 설명하는 데 도움이 될 것이다.

그러면 서구는 어떻게 대응해야 하는가? 언어 교육은 좋은 출발이다. 베이징에 있는 서구 학생의 수가 어마어마하다는 것이 중국어의 중요성을 입증한다. 카이로와 다른 아랍 국가들의 수도에서 서구 학생들의 수가 크게 증가하는 것도 역시 아랍어의 중요성을 입증하는 것이다. 그러나 어려운 문제도 많다. 첫째는 미 국무부의 분류에 따라 더 많은 수의 3등급 구사자를 4등급 구사자로 향상시키는 일이다. 언어 구사력을 향상시키려면 외국에서 수년간 체류하면서 공부해야 한다. 그러면 인센티브가 있는가? 아마도 없을 것이다. 서브프라임 모기지 사태가 벌어지기 전, 서구 경제권은 1970년대 이래 거의 지속적으로 성장하는 최고 절정기를 경험했다. 그때는 집안 사정이 어려워서 해외에 공부하러 나가지 못하는 학생은 그리 많지 않았을 것이다.

결과적으로 중국은 유리한 지점에 있다. 중국의 개발도상국 지위는 일반 중국 시민에게 새로운 삶을 위해 언어공부를 하도록 문호를 개방하는 것을 의미한다. 전부 그렇지는 않지만 중국 서부 지방에서 끝없는 가난에서 벗어날 수 있는 방법으로 아랍어를 공부하는 후이족 중국인들을 생각해 보라. 베이징 언어대학 학생들의 경험도 같은 교훈을 준다. 정부 관리가 되는 일은 아주 치열하다. 많은 학생은 언어공부가 해외취업 기회를 얻는 데 도움이 되기를 바란다. 이와 같은 경쟁과 기회의 결합은 아랍어 공부에 더 큰 인센티브를 준다. 시장의 힘이 그 증거다. 같은 시장의 힘이지만 그것은, 해외보다는 국내경제에 기회가 더 많고 오직 영어만 사용하는 서구에서는 불리하게 작용한다.

Chapter 8

THE NEW

새로운 힘의 중심축, 서구에 영향을 끼치다

SILK ROAD

새로운 힘의 중심축,
서구에 영향을 끼치다

작은 움직임이 모여 큰 변화를 일으키다

이 책의 이야기는 세계 역사의 재편을 알리는 서막의 신호들이다. 그렇지만 이 지각변동을 나타내는 첫 알림은 정부나 다국적 기업이 아니라 수천 명의 아랍인과 중국인 개인 무역상이 운영하는 기업들이다. 이는 대중사회에서 일어나고 있는 변화다. 그와 같은 특징은 중요하다. 누가 이우에서 활동하는 아랍 무역상이나 다마스쿠스에서 활동하는 중국 무역상을 주목하겠는가? 그들의 무역활동이 어떻게 서구의 생활에 중요한 영향을 끼치는지는 분명하지 않다. 그러나 이들 무역상은 세계경제를 재구성하는 더 강력한 무역조류의 상징이다. 이와 같은 도전은 중력의 중심이 서양에서 멀어져 동양으로 움직이게 하는 실질적인 힘을 구체적으로 설명한다.

이우를 방문하는 아랍 무역상은 한 해에 20만 명 정도 된다. 베이징과 광저우 같은 도시에도 아랍 무역상이 수만 명 있다. 바로 그들이 카이로에서 두바이까지 모든 아랍 도시에 중국 상품이 홍수처럼 밀려오게 한 주인공이다. 물론 아랍 무역상만 활동하는 것은 아니다. 아랍에도 마찬가지로 중국 무역상이 수만 명 있다. 중국인 해외여행 인구는 2000년 1050만 명에서 2007년에 4100만 명으로 증가했다. 많은 중국인이 일자리를 찾는 것이 국가의 건강에 중요하다는 사실을 잘 알고 있다. 이는 국내가 아니라 해외에서 일자리 창출을 의미하는 것이다. 이들 개개인의 이야기가 현재 일어나고 있는 세계경제 변화를 가장 잘 설명한다.

이미 2001년 이전에 변화의 물결이 일기 시작했다. 1990년대 초 요르단 대학교 학급 동료인 중국인 아담의 이야기다. 아담의 부친은 아랍 국가와 무역을 하려는 야망을 가졌다. 그래서 그는 아들을 요르단에 보내 아랍어를 배우게 했다. 아담은 저장 지방에서 왔다. 그의 고향은 이우에서 그리 멀지 않았던 것 같다. 당시 나는 아담의 내력이 얼마나 중요한지 알지 못했다. 무엇보다도 그때까지는 중국의 역할이 미미했다. 1991년 중국의 GDP는 고작 4000억 달러로 브라질과 호주의 중간 수준이었다. 그런데 오늘날 중국의 GDP는 3조 달러고, 중국과 아랍 세계의 교역량은 넘쳐나고 있다.

이 변화의 물결은 2001년 이후부터 엄청난 힘을 갖게 됐다. 2001년 9·11 사건, 같은 해 12월 중국의 세계무역기구 가입, 그리고 2004년 유가폭등 등 일련의 사건은 변화에 속도를 가했다. 그런데도 서구 미디어는 아랍 세계와 중국 간 교역량의 엄청난 증가에 대해 거의 침묵하고 있었다. 이는 놀라운 일이었다. 이런 사건들이 세계의 다른 편에서 발생했으며 한 가지 외국어를 사용하는 문화권에서 일어났다. 서구는 아프가니스탄 전쟁(2001), 이라크 전쟁(2003), 국내 테러 위협, 각 가정에 값싼 중국 상품이 홍수처럼 유입되어 직업 안정성을 해치는 현상 등에 관심이 쏠려 있었다.

이런 위험은 경제적인 도전이 아니라 사회적인 도전이었다. 중국은 아랍 세계의 최대 수출국으로 2002년에는 영국을 앞질렀으며 2006년에는 독일도 앞섰다. 중국은 수년 안에 미국마저 앞지를 것으로 예상된다. 그런데 정말 이런 일이 일어날까? 중국 무역의 대부분은 작은 소비 상품으로 장식품류, 망치, 시계 등이다. 이 상품들은 이우 전시장에서 단 몇 달러에 팔리는 물건들의 전형이다. 이런 상품은 서구의 경제성장에 통계적인 영향을 주지 못한다. 미국과 영국은 수출업자들이 차지했던 아랍 시장을 중국에 빼앗긴다 해도 경제적 손실은 비교적 미미했다. 그런데도 값싼 중국 수출품이 범람하면서 서구의 많은 공장이 문을 닫고 일자리가 없어졌다. 미국과 영국은 이미 고통을 받고 있다.

아랍 세계와 중국 간에 많은 상품의 뒤를 이어 사람들이 몰려왔다. 이우의 거리는 이집트, 시리아, 예멘 무역상들로 소란스럽다. 중국 여성들이 사우디아라비아의 여성고객들을 직접 만나려고 두바이 공항으로 온다. 다마스쿠스 구도시의 무역상들은 면화 무역을 위해 상하이에 조그만 사무실을 차린다. 하지만 서구에서는 그렇게 하지 않는다. 까르푸나 월마트 같은 대형 유럽 회사들은 중국 상품을 구입하여 서구 시장에 수출하는 것이 목적이다. 오늘날 해외에 거주하는 서구 무역상들에게 다른 이유는 없다. 무엇보다 지난 20년 동안 서구의 경제는 힘차게 성장했다. 그래서 자국 내의 주택, 의료, 교육 수준은 아주 높다.

서구라고 항상 그랬던 것은 아니다. 니얼 퍼거슨은 저서 《콜로서스》에서 1900년대 초 해외에 사는 영국인의 수를 조사했다. 1931년 인도에 거주하는 영국인은 16만 8000명 정도였다. 당시 영국 인구는 4600만 명이었지만 지금은 6000만 명이다. 이런 숫자는 무얼 의미하는 걸까? 첫째, 영국은 아직도 세계 최강의 제국이며, 둘째, 더욱 중요한 점은 많은 영국인이 국내보다는 해외에서 더 많은 기회를 찾고 있다는 점이다. 아일랜드인과 스코틀랜드인은 영국의 식민 지역에서 엄청난 몫을 차지했다. 홍콩의 수많은 기업, 예를 들어 자딘 매시슨은 조국을 떠난 후 절대로 귀국하지 않는 스코틀랜드 기업인들이 세운 유통회사다. 그들은 모든 기회가 영국이라는 방해물과 느리게 성장하는 북쪽 지역에 제한되어 있기 때문에 조국을 떠난 것이다.

오늘날 아일랜드인과 스코틀랜드인들은 어디에 있는가? 고향을 돌아보자. 2008년 스코틀랜드의 실업률은 5%에 불과했다. 그나마 일부 실업자는 생활보호 지원금으로 보호받고 있다. 이제는 일을 하러 해외로 떠나 봐야 인센티브가 없다. 더군다나 스코틀랜드 회사들은 점점 세계화되고 있어 외국과 무역을 하기 위해 해외로 떠날 이유가 없다. 예를 들면, 스코틀랜드왕립은행은 중국과 중동 전역에 지사를 둔 세계 굴지의 은행이다. 또 에든버러 본사에는 직원이 3250명 있다. 많은 직원이 이메일, 전화, 화상회의 등을 이용해 중국과 중동 은행 업무에 종사하고 있다. 출장여행은 정기적으로 외국 현지 지점을 방문하는 정도다.

오늘날엔 아일랜드인과 스코틀랜드인 대신 아랍인과 중국인들이 그 자리를 차지하고 있다. 무역장벽으로 인한 경기침체는 아랍인과 중국인들에게 돈 벌 기회를 주었다. 대부분의 아랍 국가는 1990년 이후 세계무역기구에 가입했거나 가입협상을 진행 중이다. 중국은 2001년에 세계무역기구에 가입했다. 이들은 평균 소득이 비교적 낮기 때문에 무역하기에 좋은 점이 더 많다. 이들은 또 더 많은 도전을 하고 있다. 예를

들면 시리아 무역상들은 이우를 1년에 여러 차례 방문, 다마스쿠스에서
팔 중국 물건을 사 감으로써 이윤 폭을 키운다. 반면 중국 무역상들은
국내의 치열한 경쟁에서 벗어나 해외에서 큰 이익을 얻으려 애쓴다.
100년 전에 일어난 일들이 다시 일어나고 있는 것이다.

아일랜드인과 스코틀랜드인들은 가난을 등지고 조국을 떠난 것을
후회하지 않는다. 그러나 여기에는 엄청난 대가가 따른다. 오늘날의 인
구 규모와 비교할 때 수십 년 동안 해외에서 살려고 하거나 평생을 해외
에서 살려고 하는 서구인은 점점 줄어든다. '세계는 평평하다'는 이야
기를 자주 듣는다. 세계는 평평하다(가까워졌다). 그리고 얄팍하다(피상적
이다). 저가 항공요금과 초고속 통신의 발달로 서구인의 해외여행 기간
은 점점 짧아지고 있다. 서양은 동양과 더 친숙해졌지만 이해의 깊이는
100년 전보다 더 피상적이 됐다는 얘기다. 정작 옆에서 같이 일하는 사
람을 제대로 알지 못하는 것과 같다. 현지 지식을 얻기 위해 수년간 해
외에서 살려는 서구 사람들이 적어진 것만 보면 서양이 아랍 세계와 중
국에 대해 배우는 능력을 잃은 것 같다.

아일랜드인과 스코틀랜드인들의 경험에서 교훈을 얻을 수 있다. 그
들은 수년 동안 자주 해외에서 살았다. 많은 사람이 현지 언어로 직접
말했다. 한 가지 언어, 특히 배우기 힘든 언어를 유창하게 구사할 수 있
는 가장 좋은 방법은 오랜 기간 해외에 체류하는 것이다. 아랍에서 체
류하는 기간을 연장하는 것을 꺼리는 사람이 많은 것은 미국 국무부가
아랍어를 유창하게 구사하는 사람을 많이 찾기 힘들기 때문이다. 영국
외무성은 문제될 게 없다. 영국에는 아랍어를 잘하는 사람이 많은데 이
는 대영제국의 유산이다. 1990년대 말 카이로의 한 회담에 참석한 영
국인이 아랍어로 유창하게 자기소개를 하는 것을 본 적이 있다. 청중은

놀라서 술렁거렸다. 누구일까? 그는 오만에서 수년간 근무했던 전직 대령이었다.

서구가 아랍 세계의 부상에 부응하려면 현지 지식을 배워야 한다. 아일랜드인과 스코틀랜드인의 예를 통해 배워야 한다. 정보기관이 이라크에서 총체적으로 실패했던 이유는 현지 지식이 부족했기 때문이다. 현지 지식이라는 것은 능숙한 언어능력으로 외국에서 공부해야만 가질 수 있는 문화이해와 관계가 있다. 미국의 어느 정보분석가는 이라크연구그룹에 다음과 같이 충고했다. "정보를 가져오는 사람에게 너무 의존해서는 안 된다. 보고받은 내용을 이해하지 못한다면 그 정보는 가치가 없어진다." 후에 이 이라크 전문기구는 "미국 국방부와 정보기관의 인적·물적 자원 투자가 충분하지 못해 군대 내 미국인 남녀에게 가해지는 정치·군사적 위협을 이해하지 못했다"고 고백했다.

카이로와 다마스쿠스에서 아랍어를 공부하는 미국 학생의 수가 늘고 있다는 사실은 고무적이다. 하지만 이 학생들이 6개월 정도 공부해서는 국무부 언어능력 3등급을 4등급으로 올리는 데 그칠 것이다. 외교관들이 척박한 험지를 신청하도록 유도하는 것은 미국 국무부의 당면 과제다. 2005년 유럽 지역 지원자는 15 대 1이었으나 아프리카나 중동, 중국은 각각 4~5명밖에 지원하지 않았다. 더욱이 아프리카와 중동의 오지 67군데는 신청자가 전혀 없었다. 간단히 말해 영국 식민청에서 근무한 아일랜드인과 스코틀랜드인에게 주었던 인센티브 같은 현대식 등가원칙이 없는 것이다. 이것이 문제다.

그러면 아랍어를 구사하는 사람에게 유리한 점은 무엇일까? 석사학위 소유자이며 5년 근무경력을 가진 미국 국무부 직원의 2008년 연봉은 약 5만 4000달러였다. 직책과 능력에 따라 소득이 많을 수도 있다.

아랍어를 유창하게 말하려면 아랍 세계에서 적어도 3년 이상은 살아야 한다. 사실 외국인이 아랍어를 유창하게 한다는 것은 거의 불가능한 일이다. 더욱이 아랍의 많은 지역이 가족과 함께 여행할 수 없는 '나홀로 근무 지역'이다. 이 지역에서 수년을 근무하고 나면 공직자는 이때부터 늘 그렇듯이 주목을 끌지 못하는 워싱턴 당국의 아랍 정책에 대해 방어적이 될 것이다. 과연 대안은 무엇일까? 어느 미국 투자은행의 연봉 20만 달러짜리 직업을 가진 사람은, 현금이 넘쳐나고 연 6.4% 경제성장을 하는 아랍 산유국에서 돈을 벌려고 혈안이 될 것이다. 오늘날은 시장이 지배하는 시대다.

아랍 세계에 대한 서구의 홍보 노력이 신랄하게 비판을 받기도 한다. 전 미국 국방장관 도널드 럼스펠드는 미국 공보부가 국무부로 통합된 후에 이런 글을 썼다. '이 나라는 미국의 메시지를 세계 사람들에게 강력하게 전달하던 가치 있는 정부 기구를 잃었다.' 그의 후임자인 로버트 게이츠는 더 신랄하게 비판했다. '많은 사람이 군대와 정보를 축소하는 데 익숙해졌다. 이는 세계의 다른 한편을 통제하고, 돕고, 의사소통을 할 수 있던 미국의 능력마저 빼앗은 아주 근시안적인 결정이다. 냉전시대에 가장 중요한 구실을 했던 소프트 파워를 약탈한 것이다.' 로버트 게이츠는 신규 해외봉사 공무원의 고용동결 결정으로 비난을 받았으며 공보부를 해체한 장본인이기도 하다.

서구가 벤치마킹할 것을 찾고 있다면 왜 아랍 세계에서 활동하는 중국을 주시하지 않는 것일까? 중국 라디오 인터내셔널은 아랍 신문에 정기적으로 중국의 활동상을 게재한다. 신화통신도 이집트의 〈옥토버 위클리〉 같은 아랍 신문에 아랍어와 영어로 기사를 싣는다. 좋은 소식은 미국 공보부를 다시 만들 수도 있다는 것이다. 이러한 변화를 알리는 신호들도 있다. '아랍과 무슬림 세계의 민간외교정책 자문그룹' 의장 에드워드 제레지언 박사는 "미국 국무부 외교·공보담당 차관 카렌 휴스는 자문그룹이 추천한 업무의 75%를 이행했다"고 설명했다. 이러한 신속한 반응은 미국에 대한 부정적인 보도에 정면으로 맞서기 좋은 방법이다. 알자지라 방송에 미국 관리들의 출연을 비공식으로 금지하던 것도 철회했다. 또 미국의 지역 대변인 사무실을 두바이에 개설하여 아랍 언론의 모든 질문을 관장하게 했다.

그러나 결과를 얻기 위해서는 시간이 필요하다. 아프리카와 인도에서 수년간 살았던 아일랜드인이나 스코틀랜드인같이 현지 지식을 얻어 외국에서 성공하려면 시간이 필요하다. 에드워드 제레지언 의장은 "변화가 일어나고 있다"고 말한다. "미국 국무부는 더 많은 노력을 하며 올바른 방향으로 가고 있다. 그러나 더 많은 노력이 필요하다. 또한 우리는 더 많은 숫자가 필요하다. 노력을 계속해야 한다. 우리는 다음 세대의 아랍 지도자들을 위한 기초를 마련해야 한다. 이는 지금 당장이 아니라 수십 년 후의 우리를 도울 것이다." 서구의 정부들은 선거 때마다 예측불허의 변화가 일어난다는 생각을 떨쳐버리고 아랍 현장에서 수개월이 아니라 수년 동안 로비 활동을 해야 한다. 서구 정부들이 정말 아랍 국가들과 싸우고 싶지 않은지는 아직도 확실하지 않다.

과연 실크로드는 계속 이어질까

이 책에서 유가는 매우 중요하다. 석유 가격이 배럴당 30달러가 아니고 배럴당 80달러라면 아랍 세계는 수십억 달러의 추가 수입을 얻을 수 있다. 그런데 유가가 항상 높은 가격을 유지할 수 있을까? 내가 제시한 가정은 중국이 오일 소비의 균형 방정식을 변화시키고 있으며, 영원할 수는 없지만 적어도 장기간 고유가가 계속된다는 가설이다. 인도 같은 다른 석유소비경제권이 부상하면 이보다 더한 결과가 나타날 것이다. 세계에너지기구와 많은 산업분석가가 이와 비슷한 가설을 발표했다. 그러나 여기에 전적으로 동의하는 것은 아니다. 석유가격이 다시 처음의 낮은 가격으로 내려갈 수 있다는 주장도 있다. 만일 그렇게 된다면 아랍 세계는 중국산 DVD 플레이어나 미국 기업을 사기가 힘들어질 것이다.

이것이 실크로드의 마지막을 의미하는 것인가? 아니다. 아랍 세계와 중국 간의 교역량 강도는 실제로 석유가격 선에서 변동할 것이다. 실질적인 교역량의 변화는 단순하게 석유가격에 연관된 것만은 아니다. 아랍 세계와 중국을 연결하는 문은 수세기 동안 닫혀 있었지만 지금은 다시 열렸다. 이 실크로드의 문은 유가가 다시 배럴당 30달러로 떨어진다 해도 계속 열려 있을 것이다. 이 책에서 조사한 이야기들은 단기간에 발생한 유가파동에 영향을 받지 않는, 내면 깊숙이 감춰진 시대 흐름의 결과물이다. 향후 수십 년 동안 실크로드 이야기가 계속 이어질 수 있는 해답으로 특별한 변수 세 가지가 있다. 첫째는 빠른 경제성장과 사회 안정을 강조한 중국 부상의 성장 모델이다. 둘째는 아랍 국부펀드의 성장이며, 셋째는 지리적 중요성, 특히 '이슬람 무역회랑' 의 등장이다.

아랍 세계의 중국 성장 모델과 서구의 대응책

사회 안정과 빠른 경제성장 원칙의 토대 아래 구축된 중국식 성장 모델은 서구의 성장 모델에 대한 강력한 도전이었다. 왜 그럴까? 그것은 믿을 만한 이야기다. 중국을 방문한 한 아랍 지도자는 이 나라의 빠른 성장을 보고 충격을 받았다. 호스니 무바라크 이집트 대통령은 1983년에서 2007년까지 아홉 차례나 중국을 방문했다. 당시 중국 경제는 3000억 달러에서 3조 달러로 열 배나 성장했다. 시리아 부통령 압둘 카담 역시 2001년부터 시리아 경제보다 앞서가는 선전 경제를 지켜보며 같은 생각을 했다. 이제 국제통화기금과 세계은행은 잊자. 중국이 무엇을 제의하든 그것은 특히 시장경제에 첫걸음을 내딛는 국가들과 관계가 있다. 서구의 성장 모델은 최종 목표이며 처음에는 고통스러운 몇 단계를 극복해야 한다고 많은 사람이 생각한다.

중국 모델은 서구에 위협이 되는가? 절대로 그렇지 않다. 중국 모델도 특히 시장중심 경제와 높은 생활수준을 추구하는 서구형 모델과 유사한 토대 위에 세워졌다. 중국 정부는 이 성장목적을 위해 워싱턴이 중심인 국제기구의 권고에 크게 의존했다. 당시 중국은 개도국에 전달하기 위해 국제기구의 권고를 재포장했다. 고로 베이징 세미나에 참석한 시리아 관리들은 세계은행과 국제통화기금 등이 제시한 충고와 비슷한 충고를 들었다. 더욱 중요한 사실은 중국 정부가 워싱턴의 경제 권고를 아주 그럴듯하게 포장한다는 것이다. 시리아 정부 관리가 베이징 세미나 장에서 나와 거리를 걸어 보면 중국 수도 한복판에서 어떤 경제개혁이 일어나는지를 보고 충격을 받을 것이다. 이런 방법으로 중국은 아랍 세계의 경제개혁을 위해 치어리더 노릇을 하고 있다.

경제는 중요한 문제다. 나는 아랍 세계에 있으면 항상 편안하다. 몇 번 불안한 적이 있는데 그것은 엄청난 청년실업군이 나타났을 때다. 이 점은 세계 모든 국가가 마찬가지다. 아랍 세계에서 한 젊은이가 직업을 얻는다는 것은 참으로 힘든 일이다. 그 청년은 올바른 인맥부터 충분히 쌓아야 한다. 그전까지는 청년은 불확실한 세상에서, 결혼도 하지 않고, 그냥 성인이 되는 것을 기다리며 사는 존재다. 청년이 좌절해서 정부와 소원해지는 것이 가장 위험하다. 아랍 세계의 문제는 적어도 고용을 높이는 것으로 해결할 수 있다. 중국 모델로 이 문제가 해결된다면 중국 모델은 환영받을 것이다.

정치 역시 중요한 문제다. 중국 모델은 두 가지 면에서 아랍 정부를 사로잡는다. 첫째, 중국 모델은 정권교체 없이 빠른 성장을 약속한다. 서구에서는 경제개혁을 정치개혁에 연계시키는 경향이 있어서 아랍 관리들은 경제개혁을 정치개혁을 위한 '트로이 목마'로 생각한다. 그러나 중국의 경험은 그렇지 않다는 것을 아랍 사람들에게 보여 준다. 특히 시리아를 보면 분명히 알 수 있다. 따라서 중국 모델의 선택 여부는 아랍 세계의 사회 안정도에 따라 달라질 것이다. 오늘날 이라크, 레바논, 팔레스타인은 10년 전부터 상대적으로 불안한 지역이었다. 아랍 정부들은 중국이 이룩한 것을 부러운 시선으로 바라볼 수밖에 없다.

둘째, 중국 모델은 서구로부터 독립을 보장한다. 예를 들어 이집트는 서구의 원조와 조언 등으로 여러 번 혜택을 봤다. 호스니 무바라크 대통령은 아직도 중국을 찬양하는 사람이다. 나는 이집트 관리들이 주기적으로 서구를 부정하는 중국을 칭찬하는 말을 들었다. 물론 이집트는 서구의 우방이다. 하지만 영국이 1882년에서 1936년까지 이집트를 지배했다는 사실은 자긍심이 강한 이집트엔 아픈 상처다. 이집트 리더십은 때로 서구에 도전하고 아랍 세계에서 경제·역사적 우월성을 주장할 수 있는 완전한 독립을 원한다.

서구는 어떻게 대응해야 할까? 자연스러운 장소에서 경제개혁에 대한 서구식 브랜드를 적극적으로 개발하는 것이다. 예를 들면 아랍 관리들에게 서구식 성장 모델을 교육하는 것이다. 실제로 서구식 모델은 아랍의 상황에는 적합하지 않지만 그럼에도 더 자유로운 사회를 희망하는 아랍 관리들에게는 호소력이 있다. 서구 국가들은 아랍 관리와 학생들이 서구를 방문하도록 장려해야 한다. 미국 국무부가 주관하는 국제방문프로그램을 통해 이런 정책이 이미 실시되고 있다. 미국 국무부 교육문화국은 전·현직 국가원수 200여 명과 각료급 인사 1500여 명이 이 프로그램에 참가하고 있다고 평가한다. 이 프로그램은 좋은 출발이다. 이 프로그램의 확대는 아랍 세계와 가교를 놓기 위한 중요한 사업이다.

아랍 세계에 있는 미국 대학들도 중요한 활력소다. 하지만 교육의 힘을 간과하는 경우가 많다. 베이루트 아메리칸 대학, 레바논 아메리칸 대학, 카이로 아메리칸 대학 등은 세계적으로 유명한 교육기관이다. 이 대학들은 이 지역 문제에 대응하는 미국의 외교정책으로부터 워싱턴에서 생각하는 것보다 훨씬 더 독립성을 유지하고 있다. 이 대학들은 단지 이 지역의 미국 교육기관 역할만 하는 것이 아니다. 지난 5년 동안 많은 미국 대학이 아랍에 캠퍼스를 세웠다. 그중에는 조지타운 대학, 조지 메이슨 대학, 카네기 멜론 대학 등이 있다. 미국 학위는 무척 매력적이어서 수많은 현지 교육기관이 미국 교육기관과 공동학위제를 실시하고 있다.

미국 의회 위임단체인 민간외교자문그룹AGPD이 2003년에 작성한 〈아랍과 무슬림 국가에 대한 미국 민간외교 보고서〉에는 '아랍인과 무슬림은 오늘날까지 미국에 대해 극히 부정적인 견해를 갖고 있지만 미국의 교육에 대해서는 긍정적이다'라는 내용이 나온다. 그 보고서는 또 '전통적인 미국식 자유교육을 받은 아랍인과 무슬림은 개방적이며 미국인과 공동 관심사를 이야기할 수 있는 생각 깊은 대화자' 라고 보고했다. 아랍 세계에 설립된 미국 대학을 돕는 것은 비교적 많은 비용이 들지만 기능적으로는 민간외교의 효율적인 형태다. 그러나 결과가 나타나려면 수십 년은 아니어도 몇 년은 걸린다. 오늘날 많은 아랍인이 미국의 친구로 미국식 교육을 받고 있다. 미래에는 더 많은 아랍인이 미국식 교육을 받을 것이다.

서구는 아랍 투자가와 함께 사는 법을 배워야

물론 석유가격이 오르는 것은 아랍 국부펀드의 부상을 위한 무대다. 그런데 현재 많은 아랍 산유국은 갈수록 더 석유가격과는 무관해지고 있다고 주장한다. 산유국들은 석유소득을 법인소득으로 전환하고 있다. 다우존스의 소득평가는 국제 원유가가 평균적으로 아랍 산유국의 경제 건강지수와 관계가 있다는 것을 보여 준다. 상위 그룹은 쿠웨이트, 카타르, 아랍에미리트 등이다. 이들 산유국의 외국자산은 1조 달러 이상으로 평가되지만 아직도 3개국의 인구는 통틀어 310만 명 정도다. 국민 1인당 소득은 약 32만 달러가 된다. 연간 5%의 소득이 되돌아온다고 가정하면 이들 산유국의 외국자산은 건강한 수입원이 틀림없다. 특히 아랍에미리트는 갈수록 세계의 주요 산유국이 아니라, 거대한 지주회사처럼 보인다. 이 나라는 이미 석유가 고갈된 미래를 준비하고 있다.

아랍 국부펀드는 세계 금융시장에서 중요한 역할을 계속할 것이다. 앞으로 10년 동안 아랍 펀드의 힘은 더 막강해질 것이다. 유가는 하락할 것이고 아랍 산유국들은 대부분 무역흑자를 유지할 것이다. 연간 소득은 현재의 자산평가로 1조 4000억 달러이다. 또 이 자산은 재투자될 것이다. 특히 쿠웨이트와 아랍에미리트는 자신들의 펀드를 금융에만 투자할 것 같지는 않다. 쿠웨이트는 아주 대표적인 투자원칙 예외국가다. 쿠웨이트는 이라크전 전후복구 사업을 재정적으로 지원하는 데 국부펀드를 사용했다. 국제통화기금은 세계의 국부펀드가 2012년까지 10조 달러가 될 것으로 평가한다. 그중 절반 이상을 아랍 국부펀드가 차지할 것이다.

서구는 세계 금융시장의 주역인 아랍 투자가들과 함께 사는 법을 배워야 한다. 어떤 위험이 있는가? 이런 국부펀드는 돈보다 권력에 관심을 가진다. 2008년 1월 다보스 세계경제포럼의 한 패널 토론에서 아랍 국부펀드가 심각하게 다루어졌다. 전 미국 재무장관 로런스 서머스는 단지 암시하기 위한 목적으로 한 회사에 투자되는 펀드의 위험부담을 우려했다. 아랍 국부펀드는 아랍으로 취항하는 항공 노선을 제의하거나 아랍에서 비즈니스를 하는 은행을 원할 수도 있다. 또 아랍 국민 챔피언에 도전하는 경쟁자를 무능하게 해 달라고 요구할 수도 있다. 이는 처음 있는 일도 아니다. 1980년대에 미국 펜션 펀드들은 남아프리카 공화국과 사업하는 회사에는 투자하지 않았다. 아랍 국부펀드도 같은 방법으로 이스라엘과 사업을 하는 기업에 투자하지 않을 수도 있지 않을까?

그러나 그럴 가능성은 별로 없다. 첫째, 아랍 국부펀드는 특이하기 때문이다. 아랍 국부펀드는 대부분 아랍 걸프 국가들의 지배계층인 소수의 왕족이 책임을 맡고 있다. 아랍 통치자는 대부분 미국에서 교육을 받았다. 그들은 또 비교적 적은 인구를 통치한다. 따라서 아부다비와 두바이의 거리는 카이로, 다마스쿠스, 리야드의 거리에 비해 사회적으로 휘어잡는 힘이 없다. 즉 사회여론을 형성할 힘이 없다. 아랍 국부펀드는 새로운 경제현상도 아니다. 쿠웨이트 투자청은 약 20년 동안 영국 석유회사 BP와 메르세데스 벤츠의 주식 절반 이상을 소유하고 있다. 아랍 세계가 실제로 미국 경제에 타격을 주려 했다면 이미 아랍 세계는 아주 효과적인 무기인 석유를 사용했을 것이다. 1970년대 말 이후 아랍 세계는 정치무기로 석유를 사용하지 않았다. 1980년대 초 이스라엘이 레바논을 점령하고, 1991년과 2003년 미국과 이라크 사이에 두 번의 전쟁이 있었고, 최근에는 헤즈볼라와 이스라엘이 전쟁을 했는데도 아랍 세계는 석유자원을 무기로 사용하지 않았다.

물론 아랍 국부펀드는 석유 수출금지조치에 비하면 잠재력 있는 예민한 종목이다. 로런스 서머스 장관은 아랍 펀드가 미국의 한 항공사를 아랍 국가로 이전하라는 제의를 할 수도 있다는 이유를 알고 우려를 금치 못한다. 하지만 아랍 국부펀드도 워싱턴 당국이 아랍의 행동을 면밀히 분석 조사할 것이라는 점을 알고 있다. 바로 이 때문에 그들은 로비스트들에게 많은 시간을 허비한다. 아랍 산유국들은 뉴욕과 아랍 국가 수도 간 부정기 증편항로에서 얻을 이득보다는 미국의 적대행위로 빚어질 위험부담이 훨씬 크다는 사실 또한 잘 알고 있다. 실제로 워싱턴 당국이 아랍 산유국의 자산을 동결하면 아랍 국부펀드는 너무 많은 것을 잃는다. 이와 같은 결론은 9·11 사건이 희미해지는 상황에서 심각해 보일 수 있다. 그러나 미국 정부의 권한을 외국 금융자산 이동을 규제하도록 확대한 미국 애국법의 여파는 아직도 아랍 세계에 영향을 끼치고 있다. 그리고 아랍 국부펀드는 자신이 미국의 손님이라는 사실을 잘 알고 있다.

대다수 서구 국가는 과도한 규제에서 보호받으려는 장치로 규제법을 갖고 있다. 금융, 미디어, 텔레콤 분야는 외국인이 소유하는 것을 절대 금한다. 새로운 규정을 만드는 것보다는 현 규정을 강화하는 것도 유용한 조치다. 자율규제도 중요한 역할을 한다. 2008년 국제통화기금은 아랍 세계를 포함해 전 세계의 25개 국부펀드와 국가 소유 펀드에 대해 가장 현실적인 가이드라인을 작성하기 위해 실무진을 구성했다. 더 많은 규제와 투명한 투자환경이 조성된 국부펀드가 중국의 CNOOC와 DP월드의 미국 자산 입찰과정에서 보여 주었던 보호주의를 강조할 것 같아 보이지는 않는다.

베이징에서 시리아 외교관에게 서구와의 관계에 대해 물은 적이 있다. 난 그때 아주 유익한 충고를 들었다. "좋은 시리아 사람도 있고 나쁜 시리아 사람도 있다. 차이점은 중국은 좋은 사람과 나쁜 사람을 구별할 줄 안다는 점이다. 서구는 아직 이를 구별하지 못한다." 서구가 좋은 사람과 나쁜 사람을 구별하는 방법을 배우는 것은 중요하다. 서구도 이미 배우기 시작했다. DP월드의 P&O 입찰과정에서 미국이 처음에 보인 열정이 식은 후 아랍 국부펀드가 미국 자산을 구매하는 데는 별다른 장애물이 없었다. 그러나 또 다른 테러 공격으로 인해 그와 같은 아랍의 구매입찰을 다시 한 번 강렬하게 반대할 수도 있는 진짜 테스트는 아직도 나타나지 않았다. 서구, 특히 미국에 대한 도전은 좋은 사람이 많고 나쁜 사람이 적다는 점을 확인시킬 것이다. 만일 그렇지 않다면, 미국은 최대 채권자들이 투자에 대해 두려움을 느껴 위험해진다. 금융시장의 파생효과는 곧바로 확산될 것이다.

서구는 텔레비전을 더 많이 보아야 한다. 하지만 CNN보다는 알자지라 방송과 아랍 위성방송들을 보아야 한다. 분명 선입관은 있다. 아랍인 대부분도 이를 인정한다. 그러나 선입관은 하나의 관점이다. 아랍 국부펀드가 부상하면서 선입관이 없이는 이와 같은 관점을 이해할 수 없게 되었다. 단 몇 초 차이로 중요한 정보가 손익의 차이로 나타나는 세상이 되었다. 중동에서 심각한 분쟁이 일어나는 동안 투자은행 매매입회장에 설치한 알자지라 영어방송에 채널을 맞춘 대형 플라즈마 텔레비전을 얼마나 오랫동안 보게 될지 궁금하다. 더 공격적인 헤지펀드는 시장을 공격할 기회를 잡으려고 이미 그런 행동을 하고 있다.

실크로드, 단순 무역로를 넘어서다

세계가 너무 많이 변했기에 실크로드는 과거의 영광을 다시 찾을 수 없을지도 모른다. 1600년대 실크로드를 따라 무역이 번성할 때 미국은 세계경제의 1%에도 미치지 못했다. 오늘날 미국은 세계경제의 약 20%를 차지하고 있다. 교통수단의 연결도 크게 발달하여 중국으로부터 서구까지 중국산 DVD 플레이어를 선적하는 데 30일가량 소요된다. 중국은 브라질과 교역하는 것이 시리아와 교역하는 것만큼 쉽다. 그렇다면 실크로드는 국제경제와의 연결성을 정말 상실한 것인가? 아직 아니다. 실크로드는 무역로 이상의 의미를 가진다. 실크로드는 실크로드 경제권과 함께 그 지역의 역사, 지리, 종교적인 유대관계를 갖고 있다. 이와 같은 많은 것들이 지난 400년 동안 그 관련성을 잃었다. 하지만 중국의 부상, 석유가격 인상, 9·11 사태 이후의 여러 사건으로 실크로드는 되살아나 다시 주변 지역과 유대관계를 맺어 가고 있다.

여러 사건을 관련지어 보면 흥미로운 역사성의 힘이 발견된다. 1600년대 중국은 세계경제에서 절정기를 구가했다. 같은 시기에 중국의 무슬림 제독 정허(鄭和)는 중국의 마지막 해양 원정대를 맡았다. 그 후 얼마 되지 않아 실크로드의 무역은 쇠퇴했으며 명조는 아랍 무역상들을 현지 주민에게 동화시키기 위해 강제로 중국에 거주하게 했다. 오늘날엔 그 역류현상이 일어나고 있다. 중국은 다시 한 번 경제대국으로 부상하고 있다. 중국의 개방정책으로 과거 400년의 실습기간이 끝난 것이다. 아랍 무역상이 떼로 몰려 중국으로 돌아오고 있다. 중국 당국은 더 많은 아랍 무역상을 끌어들이기 위해 모스크를 짓고 있다. 다른 한편에서는 중국의 알자지라 방송지국이 중국 무슬림에 관한 다큐멘터리를 방영하고 있다.

이 책의 이야기 속에서 지리적 접근성은 매우 중요하다. 예를 들면 두바이의 부상을 보라! 두바이는 1600년대 아시아, 중동, 아프리카를 연결하는 역할을 했다. 오늘날엔 호르무즈 해협과 무스카트 해협의 걸프 도시들을 상대로 같은 역할을 하고 있다. 두바이를 거점으로 하는 아랍에미리트가 세계에서 가장 빠르게 성장하는 항공회사를 갖고 있는 것은 이상한 일이 아니다. 두바이는 베이징과 요하네스버그까지 모든 도시로 물건을 선적할 수 있다. 중국건설은행이 최초로 3개의 해외지점을 개설하겠다고 발표하면서 두바이, 도하, 런던을 택했다. 중국건설은행은 아프리카와 중동으로 진출하려는 중국 기업들을 지원할 계획이다. 이런 경제활동의 움직임은 지리적인 문제와 많은 관련이 있다. 아랍 세계는 아시아, 아프리카, 유럽의 3대륙의 교차점에 있다. 이는 중국의 부상과 중국 무역이 전 세계와 연결될 수 있는 지리적 혜택이다.

아랍 국부펀드도 중국의 실크로드와 비슷한 길을 따라가고 있다. 아랍 펀드는 처음엔 서구 경제권에 투자했지만 점차 이슬람 회랑 주변의 경제권에 투자 비율을 높이고 있다. 이 무역로는 동아프리카에서 곧장 중국으로 연결되는 지역이며 대부분 세계 무슬림 국가들을 포함하고 있다. 이슬람 회랑 지역도 수세기 전부터 무역로 구실을 했다. 아랍 무역상뿐 아니라 아시아와 서구 무역상에게도 마찬가지다. 최근에는 이슬람이 경제의 힘이라는 사실이 분명해지고 있다. 예를 들면 이슬람의 사모펀드 규모가 5년 사이에 3배가 되어 2007년에는 200억 달러가 됐다. 아랍 펀드는 이슬람 정신의 원칙 아래 투자하고 있다. 빠르게 성장하는 이슬람 경제권에 아랍 펀드가 투자하는 기회도 점점 늘고 있다.

이런 현실에 미국은 어떻게 부응할 것인가? 과거 100년 동안 미국은 세계를 장악했다. 새로운 세계를 창조했으며 구세계는 동양보다는 서양을 선망하게 했다. 이는 중요한 교통의 혁신을 이뤘고 실크로드 같은 중요한 무역로에 대한 이론적 근거를 취약하게 만들었다. 그런데 구세계는 다시 일어났다. 유럽이 아니라 중국과 아랍 국가들이다. 이는 미국에 대한 도전이다. 뉴욕에서 베이징이나 카이로 또는 두바이까지 오는 데 대략 14시간이면 충분하다. 실크로드와 이슬람 회랑의 부상은 미국에 대한 지리적 도전이다. 이런 일들은 글자 그대로 미국이 아닌 다른 세계에서 일어나고 있는 것이다.

2000년 미국과 EU 간의 무역은 전 세계 무역의 6.5% 정도를 차지했지만 지금은 아시아와 중동이 부상하면서 4.5% 미만으로 줄었다. 미국 기업들은 성장하는 아시아, 아프리카, 유럽 3대륙 간 무역에 직접 뛰어드는 방법을 찾아야 한다. 서구는 위치상 이 3대륙에서 더 많은 무역 혜택을 볼 수 있을 것이다. 이 지역에는 유럽·지중해 자유무역지대를 구성하는 지중해 연안 아랍 7개 국가가 있으며, 역내교역을 활성화시킬 수 있는 잠재력을 가진 중요한 조치가 이루어졌다. 런던에서 두바이까지 항공으로 7시간밖에 걸리지 않는다는 점은 아주 중요하다. 대규모

투자은행들이 중동 영업을 위해 뉴욕이 아닌 런던에 거래소를 두고 있다는 사실도 놀랄 일이 아니다.

런던은 최고보다는 최적의 유리한 지역이다. 영국 금융산업은 아랍 세계가 부상하는 역사적 흐름을 지배하고 있다. 석유가격 인상으로 아랍 투자가들은 큰 혜택을 봤다. 2001년 사건들은 투자가들의 발길을 뉴욕에서 런던으로 돌려놓았다. 아랍과 개도국의 수많은 기업은 기업성장을 위해 해외주식을 발행하고자 한다. 그러나 이는 미국 법정에 서게 되는 위협, 또는 엔론 사건 이후 미국 증권거래위원회의 조사, 부담되는 주식 상장기업 요건 등의 우려를 안고 있다. 그래서 많은 기업이 미국에서 해외주식 발행을 기피한다. 런던은 이론적으로 뉴욕의 대체지역이다. 2007년에 런던은 뉴욕보다 훨씬 많은 이슬람 은행의 주인이 됐다. 뉴욕이 세계 외환거래의 17%를 차지하고 있으나, 런던은 34%를 차지하고 있다.

석유 안보를 위해 서구가 노력해야 할 점들

이 책의 이야기들은 세계경제 질서의 재편에 대한 증거들이다. 그럼에도 서구는 석유 안보를 가장 크게 걱정하는 것 같다. 석유는 아랍 세계와 중국의 전체 교역 중 40% 정도를 차지한다. 더욱이 석유거래는 점점 더 늘고 있다. 중국은 세계 연평균 석유소비 증가분의 40%를 차지하며 아랍 세계는 세계 석유공급의 28% 정도를 차지한다. 국제에너지기구IEA가 옳고, 중국의 석유 증가분과 아랍의 석유공급 비율이 꾸준히 높아진다면 석유는 아랍 세계와 중국 관계에 계속해서 중요한 영향력을 끼칠 것이다. 그러나 이런 분석은 대개 양국 간의 수학적인 관계일 뿐이다. 그것은 당장 실질적인 관계를 의미하는 것은 아니다. 만약 아무것도 거래하지 않게 된다면, 양국의 정치관계에는 많은 장애물이 나타날 것이다.

첫째, 중국이나 사우디아라비아는 쉬운 상대가 아니다. 베이징의 번쩍거리는 불빛과 가라오케는 사막의 둔덕이나 리야드의 개인 가정에서 멀리 떨어져 있는 외침이다. 보수적인 이슬람 국가와 전에 사회주의였다가 점점 자본주의 성향을 띠는 아시아 국가, 즉 사우디아라비아와 중국은 서로 불안하다고 주장할 것 같다. 가장 중요한 것은 중국과 사우디아라비아는 공통되는 역사가 하나도 없다는 점이다. 지난 5년 동안 양국관계는 우호적이었다. 그러나 오늘날까지도 사우디아라비아에 사는 중국인은 거의 없으며 중국에 사는 사우디아라비아인은 더더욱 없다. 극소수 사람만 왕래하는 것은 양국관계를 건설하는 데 더 큰 장애가 되고 있다. 틀림없이 양국관계는 계속 강화되겠지만 그들이 가야 할 길은 너무 멀다.

대조적으로 미국과 사우디아라비아는 좋든 나쁘든 간에 역사를 공유했다. 제2차 세계대전 후 미국은 중동에서 압도적인 군사력을 갖게 되었다. 미국 석유회사들은 사우디아라비아의 석유산업 건설을 도왔다. 오늘날 사우디아라비아에는 미국인 수천 명이 일하고 있다. 이는 양국이 상대방이 어떻게 일하는지를 더 잘 이해할 수 있는 요소다. 사우디아라비아는 9·11 사건과 이후 여러 사건을 경험하며 미국 의존도를 줄이려 노력하고 있다. 그러나 양국관계를 완전히 단절시키려는 의도는 아직 없다.

중국이 사우디아라비아에 제의한 것이 무엇인지는 분명하지 않다. 석유 구매를 제외하면 아마도 방위산업 하드웨어일 것이다. 사우디아라

비아는 유가가 높게 기록되는 한 펀드나 자금이 필요 없다. 부유한 아랍
투자가들은 사우디아라비아에 투자하려고 한다. 사우디아라비아는 킹
압둘라 경제도시 건설예산으로 250억 달러를 책정했다. 이는 중국이 크
게 늘린 아프리카 전체에 제공하는 경제 원조액보다 훨씬 많다. 그러면
사우디아라비아에 필요한 것은 무엇인가? 기술이다. 오래된 낡은 유정
에서 석유를 채굴하는 기술이나 전투기의 항공전자공학 기술 같은 것이
다. 그러나 지금은 미국이 사우디아라비아에 이런 기술을 판매할 적절
한 때가 아니다.

　서구는 중국의 석유 갈증에 어떻게 대응할 것인가? 서구는 중국이
서구의 석유안보를 신뢰할 수 있게 애써야 한다. 서방이 중국을 도와
국제에너지기구IEA에 가입시키는 것도 좋은 출발이다. 이 기구는 1970
년대 석유파동의 충격으로 창설된 국제기구다. 석유 분야는 투명하지
않기로 악평이 나 있다. 중국이 중동 석유에 개입하면서 사태를 더욱
심각하게 만들었다. 따라서 2007년 1월 중국이 국제에너지기구 회의에
옵서버 자격으로 초청받은 것은 고무적인 일이다. 정식 회원국은 이 국
제기구를 도울 수 있다. 100명 이상의 분석가로 구성된 조사팀이 미래
의 중국 석유 수요를 더 좋은 쪽으로 예측했다. 이 분석은 다른 국가들
이 중국의 석유 수요와 중국의 석유 갈증을 이해하게 도울 것이며 또한
중국도 세계 석유시장에서 자신의 위치를 확인하는 데 도움을 받을 것
이다.

　서구는 또 중국의 대체연료 개발과 에너지 보존 노력을 도와야 한
다. 2006년 베이징과 워싱턴 당국은 중미전략경제대담를 개최했다. 이
그룹은 1년에 두 번 만나 경제와 금융 이슈를 토론한다. 초기에 3번이나
이 회의에 참석했던 어떤 이는 에너지 보존에 대해 이야기할 때 중국 관

리들이 고통스러워했다고 기억했다. 2007년 9월 미국 에너지국 관리들은 중국의 12개 주요 산업체에 대해 평가를 내리고 중국 산업체의 에너지 절약 실천을 위한 조언을 했으며 중국 정부는 이를 받아들였다. 또한 미국 에너지국은 중국 팀을 교육하고 더 세밀한 평가장비를 제공했다. 이런 조치는 양국관계를 위한 좋은 출발이며 고무적이다. 더 효율적인 중국의 석유소비는 전 세계에 도움을 줄 수 있는 저유가시대로 전환할 가능성도 있다.

중미경제안보조사위원회의 최근 보고서는 아랍 세계에서 중국이 경제적으로 깊숙이 개입할수록 이 지역 안정에 대한 관심이 더욱 높아질 것이라고 분명하게 주장했다. 틀림없이 중국은 아랍 세계에서 수동적인 입장을 취할 것이다. 미국은 중동 지역 안정을 보장하기 위해 지원할 것이며 호르무즈 해협을 통한 석유수송로를 보호할 것이다. 미국에 대한 도전은 중국이 심사숙고해야 할 이해관계다. 예를 들면 2003년 미국의 이라크 침공을 중국은 반대했다. 일본과 달리 중국은 중동에서 미국의 모험주의를 아주 불쾌하게 생각한다. 그런 행동은 고유가시대를 만들기 때문이다. 따라서 미국은 수년이 걸리더라도 중국이 이 지역에서 군사력을 확장하도록 자극하는 행동을 피해야 한다.

중국의 이슬람 소수민족 문제

이슬람은 이 지역을 움직이는 힘의 중심이다. 중국은 지금까지 자국 내 무슬림 인구를 잘 관리했다. 공식적인 통계에 의하면 중국 무슬림 인구는 시리아나 사우디아라비아 인구와 비슷해 2000만 명에 달한다. 중국이 국내 무슬림 문제로 중동관계를 악화시킬 것 같지는 않다. 서구가 아랍 세계와의 관계를 강화하는 것 이상으로 중국은 국내 무슬림 시민들을 유효적절하게 이용할 것이다. 유럽 언론매체들이 중국 정부와 무슬림 주민 간에 충돌이 자주 일어난다고 보도하는데 이는 납득이 잘 되지 않을 수도 있다. 그러나 모든 중국 무슬림이 똑같은 것은 아니다. 가장 중요한 차이점은 후이족과 위구르족에서 찾아볼 수 있다. 이 두 소수민족을 합치면 중국 무슬림 인구 2000만 명 중 1800만 명을 차지한다.

위구르족은 후이족과는 전혀 다르다. 위구르족도 무슬림이지만 그들은 종교뿐 아니라 그들의 역사를 통해 일치감을 가진다. 위구르족은 중국 서쪽 신장 성에 밀집해 있다. 또한 수도인 우루무치(烏魯木齊)는 베이징에서 비행기로 4시간 정도 걸린다. 이는 런던에서 모스크바까지 가는 비행시간과 같다. 위구르족은 그들 조상이 타림 분지에서 왔다고 주장한다. 1760년대에 청조(淸朝)가 공식적으로 신장 지역을 통치하였지만 그 후 러시아에 이 지역을 빼앗겼다. 1949년 국민당을 패배시킨 후 중국 공산당은 곧바로 신장 지역을 병합했다. 그 후부터 위구르족은 하나의 투르키스탄 국가로 독립하기를 원하면서 분리주의 대의로 일체감을 가진다. 1990년 4월 악토 폭동은 위구르 분리주의자들과 중국 인민 해방군 사이에 계속되고 있는 무역충돌의 시작이었다.

위구르족 분리주의자들은 틀림없이 중국 정부와 계속 충돌할 것이다. 그러나 마구오밍 같은 후이족 출신 통역관은 아랍 무역상의 통역관으로 계속 일할 것이다. 또 다른 후이족인 자이준도 외무부에서 일하며 알자지라 방송에 계속 출연할 것이다. 중국 정부에 대한 도전으로 후이족과 위구르족의 균형이 깨지고 있다. 2005년 미국 국무부가 작성한 종교 자유에 대한 보고서는 이 두 소수민족의 균형을 설명하고 있다.

이 보고서에는 중국 정부가 인종문제로 불안한 지역에서는 종교의 자유를 통제하고 있지만 그 외 지역에서는 허용하고 있다는 내용이 있다. 중국 정부는 또 메카로 순례를 떠나는 무슬림 시민에게 경우에 따라 정부 보조금을 지급하며 후이족이 장악한 지역에는 실질적으로 모스크를 짓고 있다고 보고했다. 중국 정부는 이슬람 성직자인 이맘을 교육시키는 10개의 종교교육기관과 이슬람 고등교육을 하는 10개의 대학을 승인했다.

이것이 종교의 자유는 아니다. 그러나 중국 정부는 적어도 이슬람에 대해 관용을 보이고 있다. 예를 들면, 신문들은 2007년 메카를 순례한 중국 무슬림 수를 보도했다. 매년 메카 성지순례를 하는 사람이 200만 명 이상인 데 비해 중국 무슬림 순례자는 상대적으로 적은 1만 700명이다. 이 숫자는 중국 무슬림 인구의 규모와 비교해도 적은 숫자다. 그렇지만 성지순례를 실시한다는 사실만으로도 아랍 세계에 유용한 메시지를 보내는 것이다. 많은 아랍 국가도 중국처럼 부족주의 환경인 소수민족의 인종분리주의 운동에 직면해 있다. 이런 점은 중국 정부의 입장을 동정할 수도 있다. 하지만 아랍 국가들이 이해할 수 있는 상황이라도 위구르족에 대한 탄압을 부정적인 대응으로만 보는 것은 무리다.

해외 무슬림 극단주의자들이 중국 영토를 공격하는 것은 틀림없이 아랍에 큰 충격을 줄 것이다. 가장 유력한 공격 후보지는 홍콩의 금융가일 것이다. 알려진 바에 의하면 9·11 사건 이후 중국 본토의 아랍공동체는 심한 감시를 받고 있다. 그래도 수많은 아랍 무역상이 물밀듯이 중국 비자를 발급받고 있다. 중국 영토에 대한 공격은 가혹한 보복공격을 자극하는 것이다. 그것이 가능할까? 무엇보다도 중국 정부는 중동 지역에 대해 불간섭 원칙을 고수하며 정치보다는 경제에 집중하고 있다. 중국은 더욱 보안기관을 강화하고 있으나 실질적으로 해외 무슬림의 이민이 존재하지 않기 때문에 중국을 공격할 가능성은 적다. 하지만 중국과 아랍 무슬림 세계의 양국관계가 더욱 발전할 가능성 때문에 이와 같은 공격의 시나리오를 무시할 수만도 없다.

아랍의 개인 무역상을 주목하라

이 책에서 이야기하는 경제변화의 중요성을 서구가 확실하게 인식하고 있는지는 분명하지 않다. 언어장벽은 분명 도전이다. 언어장벽의 문제는 영어와 마찬가지로 아랍어 또는 중국어에서 똑같이 일어나고 있다. 나는 영어판 신문들이 아랍 세계의 부상에 대한 정보기사를 싣는 것처럼 아랍 정보기사를 싣는 중국어판 신문들을 아랍 세계 또는 중국에서 찾아볼 수 있었다. 세계 교역량의 패턴으로 보아 이미 변화가 일어나고 있음을 알리는 경고음이 울리고 있다. 그런데 지금까지 서구의 관심을 끄는 것은 실제로 수십억 달러에 달하는 아랍 국부펀드뿐이다. 1000달러 정도의 구매활동을 하는 아랍의 개인 무역상들은 유럽의 레이더 스크린에 거의 나타나지 않는다. 하지만 이 개미군단이 합쳐지면 세계경제를 재구성하는 데 영향력을 행사할 만한 액수가 될 것이다.

실제로 아랍 무역상의 힘이 얼마나 중요한지 두 가지 예를 인용하여 설명하겠다. 2006년 중국 총리 후진타오는 아랍 청중들에게 "유례없는 역사적 변화들이 오늘날 세계에서 일어나고 있다"고 상기시켰다. 그는 중국의 옛 속담도 인용했다. "우리가 역사를 거울로 삼는다면 왜 왕조들이 바뀌었는지 이해할 수 있다." 2008년에 800억 달러 규모가 넘는 미국 사모주식투자펀드 회사인 칼라일 그룹의 창업자 데이비드 루벤스타인도 동의하면서 이렇게 말했다. "우리는 세계경제가 주기적으로 순환하고 있음을 안다. 중심이 변하지 않을지도 모른다는 것은 우리의 욕망일 뿐이다. 그러나 세계경제의 중심은 유럽과 미국에서 중동과 아시아로 옮겨 가고 있다." 세계에서 가장 인구가 많은 국가의 지도자인 후진타오와 세계 최대 사모주식투자펀드 회사의 대표인 루벤스타인. 이 두 사람이 역사적인 세계 재편을 동시에 이야기하기 시작했고, 이제 서구는 그들의 이야기에 귀를 기울여야 한다.